批评新视野丛书

主编　黄继刚　胡友峰

明代《庄子》接受研究

中央高校基本科研业务费专项资金资助项目『中国审美意象超越性研究』（16LZUJBWZY026）成果

白宪娟　著

武汉大学出版社
WUHAN UNIVERSITY PRESS

图书在版编目(CIP)数据

明代《庄子》接受研究/白宪娟著. —武汉：武汉大学出版社,2017.5
文艺批评新视野丛书/黄继刚,胡友峰主编
ISBN 978-7-307-18370-4

Ⅰ.明…　Ⅱ.白…　Ⅲ.①道家　②《庄子》—接受学—中国—明代　Ⅳ.B223.55

中国版本图书馆 CIP 数据核字(2017)第 067204 号

责任编辑:李　琼　　责任校对:李孟潇　　版式设计:马　佳

出版发行:**武汉大学出版社**　　(430072　武昌　珞珈山)
　　　　　(电子邮件:cbs22@ whu. edu. cn　网址:www. wdp. com. cn)
印刷:虎彩印艺股份有限公司
开本:720×1000　1/16　印张:14.5　字数:206 千字　插页:1
版次:2017 年 5 月第 1 版　　2017 年 5 月第 1 次印刷
ISBN 978-7-307-18370-4　　定价:58.00 元

总　序

　　黄继刚、胡友峰两位博士主编了一套书系，让我为之写一个总序，我欣然从命，其原因有二：首先是对于该书系的内容比较感兴趣；其次是觉得该套书系的作者视角比较有特点。

　　现分别来说：其一，该套书系的内容是"文艺批评新视野"，这个视角符合我们文艺发展的时代性。众所周知，文学艺术作为意识形态之一，是特定经济社会之反映。当前时代已经进入到后现代社会，是对于现代之反思与超越。我们可以用不同的名称来形容这个后现代社会，可以称之为"共生的时代"，以之与传统的各种"中心论"相对；可以称之为"生态文明时代"，以之与传统的工业文明时代相对；可以称之为"网络时代"，以之与传统的纸质文化时代相对；可以称之为"东方文化复兴时代"，以之与传统的"西方文明中心论"相对，还可以称之为"跨文化研究时代"，以之与传统界限明晰的研究相对，如此等等，不一而足。该套书系几乎包括了上述各个方面的内容，黄继刚的《空间的现代性想象》以文学中的景观书写为研究对象，可谓是一种典型的跨文化研究；胡友峰的《媒介生态与当代文学》是对于电子媒介时代的文学研究对象和审美属性的探讨；戴孝军的《和谐与超越：中西传统建筑审美文化比较》与何飞雁的《彩调的审美文化研究》也是一种跨文化多元性研究；康毅的《露西·伊丽格瑞近期思想研究》与何书岚的《中国诗学中的人权思想研究》都是对于人之生存状态的一种开放式研讨；而李鹏飞的《中古诗歌用典美学研究》则是对于中国古代诗学的全新探赜。总之该套书系给我们展示的是一个全新视角，也给当下的文艺理论研究带来了清新的学术气息，这无疑是值得鼓励和倡导的。

　　其二，是该套书系的作者都是"75后"、"80后"的年轻博士，这一代学者是将来我国文艺理论研究的生力军，也是文艺理论研究的未来。而我们都已经进入 21 世纪第二个十年的后半期，真的是喟叹日月如梭，时光荏苒，像我这样毕业于 20 世纪 60 年代初期的学人都早已经步入老年，更遑论我们的师辈。因此，新的一代与一代新人的崭露头角已经是时代精神与学科发展的必然要求，本丛书的作者们就属于这样的新一代，他们在本套书系中表现出来的锐气才力与研究实力正是这些新人们发展前景的美好表征。我期待并盼望着这些年轻的朋友们能够快速成长，飞得更高，取得更多更好的学术成就。这也是我在济南三伏天的炎热之中写了如上寄语的真实用意所在。

曾繁仁 *

2016 年 7 月 18 日

---

　* 曾繁仁，山东大学前校长，终身教授，现任国务院学位委员会文学、艺术学评议组召集人，长期以来担任国家社科基金评审专家，教育部"长江学者"评审组中国语言文学、新闻学、艺术学组组长。

写在前面的话

我们当下已经身处一个科学主义盛行的时代，科技似乎从未停止过大规模前进的步伐，而文艺的地盘逐渐被蚕食并日益边缘化，科学实用的意向将人文虚致的精神挤到了墙角，"爱因斯坦遭遇马格利特"①的强弱悬殊已经越来越不成比例。如今我们将文学的中心/边缘、实用/无用等问题拿来讨论，这本身业已昭示出现代文化的基本困境：它时时处在工具理性和实用精神的压迫之中，所为甚微。这一情形也正是目前文艺研究者不得不面对的逼仄现实。文艺研究活动作为一门"学问"和一种特殊的审美情感，可能并不创造直接的经济价值，也无法参与到社会形态的具体建构过程当中，它更多的是提供了关于人之存在的不同价值观念。所以，尽管粗粝的生存需求和社会压力时常将文艺研究者从思想的高峰拽下，抛入到现实环境的无尽撕扯当中，但是"学问"本身自有其意义。胡塞尔现象学曾经帮助我们区分界定了两个概念：指明和证明，就文艺研究活动而言，其并不证明什么，但是它时时在向我们指明，这些为它看见和指明的东西，就是可能性，即人生、世界何以展开、如何展开的可能性，这一可能性并非要将自己的观念视为唯一原则而强加于人，而是提供一种内省的思想方法来帮助我们破除灵魂的栅栏，并使得自我呈现出应然的状态。借此，我们保持一份"未敢翻身已碰头"的谦逊和惶恐，在自己营造的精神天地和思想涟漪中自得其乐，在书斋当中的"玄思妙想"、"坐而论道"都可谓是对当下

---

① "爱因斯坦遭遇马格利特"（Einstein Meets Magritte）是 1995 年在布鲁塞尔召开的跨学科学术研讨会，其旨在探究不同学科的边界以及对话交流的可能性。

甚嚣尘上之功利关怀的最好回应，毕竟审慎执着的学术追寻仍然要比琐碎无序的日常生活荣耀得多，正如尼采在《快乐的智慧》中所言，假若能参悟读懂自己的灵魂，自身那种须臾不可或离的意义将徐徐呈现，而"生命之于我们，意味着不断将自身以及所遭遇的一切转化为光和火"①。就此而言，文艺研究也许不会使我们富有，但却会使我们终得自由。

文艺研究者素以学术研究中的"思"、"史"、"诗"视为自身的存在方式，并在一种不知足的引颈前瞻氛围中昭示出应对未来的能力。而学术研究上的承传有自、薪火绵延更是需要吁请青年文脉的加入，尤其是需要聆听"75后"、"80后"学者所发出的声音。就此，编者虽不敢妄言此丛书会"雏凤清于老凤声"，但是年轻学者们不囿于陈说、溯迎而上的努力还是应该值得肯定和鼓励的。就这套《文艺批评新视野丛书》而言，语境化的分析和历史性的考察是我们甄选文丛时的唯一判断标准。所谓"求理于问答之外"，作者们大多能够透过浓重的历史烟雾来重新论证理论之自明性，其论著或者是隐含着一种新的提问方式，或者是用新方法来开启新视野，或者是以新角度来探讨新问题，整体上兼具学术差异性和理论互文性之特征，而作者们许多篇章的文本分析巨细靡遗、秘响旁通，也堪称精彩。编者希冀本套丛书能够抛砖引玉，在学界产生更多有价值的理论思考和学术回应，当然也因编者缺乏经验，谬误在所难免，还请业内方家批评指正。

最后，非常感谢康毅、李鹏飞、何书岚、何飞雁、戴孝军、潘国好、白宪娟等好友的信任，诸君大多师出名门，受过严格而系统的学术训练，他们勤勉刻苦，笔健如犁，耕耘不辍，在各自的研究领域拓荒不止，开垦出一片片长满创意的新田地。当编者发出邀请，各位作者欣然将各自的博士论文纳入到我和友峰兄策划主编的这套丛书当中，孔子云"以文会友，以友辅仁"；少陵云"文章有神交有道"，此谓也。

---

① 尼采著，王雨译：《快乐的智慧》，中国社会科学出版社1997年版，第4页。

我想接下来应该是编者宣读完开场白之后，默默退下，而诸位优秀的思想演员将在这之后陆续登场亮相——

黄继刚　胡友峰

2016 年 4 月

目　　录

绪　　论

　　20 世纪六七十年代，德国康士坦茨大学的一批年轻学者掀起了一场文学、美学理论风暴。在随后的几十年里这场飓风席卷全球，所到之处，刷新了人们对文学、美学研究的认识，转换传统思维模式，引发了文学、美学研究格局的调整。这场风暴的特色在于对读者中心地位的突显，强调对读者接受和审美反应的研究，"接受美学"一名因之而得。之后，该文学理论以其创新性、合理性、开放性发展成为容纳众多流派的理论形态。该派创始人尧斯、伊瑟尔在阐释学、现象学的理论基础上，引进、提出了"期待视野"、审美经验、本文—作品、召唤结构等核心概念，有力地支撑起这一理论流派。接受美学理论于 20 世纪 80 年代初传入我国，90 年代的学术界便已进入对此理论的理性研究阶段。今天，学术界已经拥有了一批接受美学理论研究及其指导下的文学研究成果。可以说，人们对此理论早已不陌生，但作为本书展开的理论基础，仍有对之进行描述的必要性。

　　尧斯、伊瑟尔都倡导接受美学，但理论侧重点有所不同。伊瑟尔偏重于具体本文的微观研究，提出了召唤结构的美学概念，细致区分了本文与作品两个概念的不同，突出读者在本文与作品转化中的重要作用。而尧斯则在其文学史的宏观研究中形成了其接受美学的理论要点，"他把文学史看成'读者的文学史'，认为'文学作品从根本上讲是注定为这种接受者而创作的'"①。随着尧斯接受美学思想的深入，他将研究重心转移到审美经验的相关研究中，"在

---

① 朱立元：《接受美学》，上海人民出版社 1989 年版，第 15 页。

尧斯看来，审美经验是接受与接受史研究的核心问题"①。综合两位接受美学代表人物的理论主张，我们可将其接受美学的主要观点归为两方面：一是对文学存在读者之维的强调，二是对审美经验的重视。对此下文将分而述之。

首先，对文学存在读者之维的强调。接受美学将作者、作品、读者纳入文学本体论的范围，认为"文学是作为一种活动而存在的，存在于从创作活动到阅读活动的全过程"②。读者是这个动态流程中最重要的环节，其重要性体现在两个方面：一为实现本文到作品转化的关键。在接受美学理论体系中，本文是作者本质力量的对象化，是其审美经验的物化形态，是文学创作的半成品，为读者的审美活动提供了潜在的审美特质，规定了读者阅读的方向、范围，以其既定的内容和形式制约着读者的理解。作品则是读者在对本文召唤结构的填补和具体化的过程中，在头脑中对本文审美可能性的实现。只有经过读者的阅读参与，作者的文学创作才会产生一定的审美效果。二为作品意义延伸、丰富的重要力量。对此，尧斯曾指出："一部文学作品并不是独立自在的、对每个时代每一位读者都提供同样图景的客体。它并不是一座独白式地宣告其超时代性质的纪念碑，而更像是一本管弦乐谱，不断在它的读者中激起新的回响，并将作品本文从语词材料中解放出来，赋予其以现实的存在。"③尧斯的话说得很形象，其中心意思是说作品意义不是固定不变的，而是在读者阅读中得到不断的筛选、调整和丰富的，是一个无限发展的体系。这种认识的得出是基于对读者在阅读作品时的"期待视野"的发现。"期待视野"规定了阅读的选择和方向，以及作品接受的程度和方式，是读者阅读的先在结构和思维定向。既包括知识结构、价值观念、人生经历、美学趣味等个体性因素，又包括历史积淀而成的种种传统以及当代的时代精神、审美趣向、人文

①　朱立元：《接受美学》，上海人民出版社1989年版，第17页。

②　朱立元：《接受美学》，上海人民出版社1989年版，第77页。

③　[德]H. R. 姚斯、[美]R. C. 霍拉勃著，周宁、金元浦译：《接受美学与接受理论》，辽宁人民出版社1987年版，第26页。

心态等大文化环境因素。其中，文化传统和大文化环境因素，为同一时代接受群体或接受个体理解、接受作品提供了相对稳定、整体的视域，从而使一定时期的个体文学接受间存在着某种共通性，甚至可以促成具有时代特色的文学接受潮流。而读者个体间的差异又决定了"期待视野"的多样性，"期待视野"的多样性带来了文学接受的不同个性，并造成作品意义解读的丰富性和流动性。在接受美学体系下，读者的地位、作用、主体能动性得到充分认可和突显。而在读者对本文进行能动接受的同时，也在潜移默化中接受了作品的改造，文学视野和生活经验视野往往因之而改变，并在文学创作、生活态度、社会行为等方面产生一定变化。

其次，对审美经验的重视。尧斯"认为审美经验的实质是审美愉快，从而维护了审美经验在文艺理论中的关键地位。由此出发，他历史地分析了审美愉快的三个基本范畴：创造(poiesis)、美觉(aisthesis)和净化(catharsis)，指出这三个范畴分别揭示了审美经验的生产方面、接受方面和交流方面，它们共同动态地构成了审美经验的整体内涵"①。朱立元的《接受美学》从文学价值和文学效果的角度对此作了阐释。他认为文学价值是以审美价值为核心价值的多元价值系统，其相应的转化也必然是以审美效果为核心的多元效果系统，其他价值、效果必须借助于审美价值、效果来呈现，否则便没有真正意义上的文学价值、效果。文学价值的实现是指具备审美属性的文学作品与产生审美要求的读者，在以文学的方式进行的文学阅读过程中，由作者和读者来共同实现的，并具体体现在读者在阅读过程中所形成的以心象形态存在的审美对象之上。在接受美学体系下，文学过程中每一环节的审美因素都得到了突出强调，正是这些审美因素的共同作用才保证了文学过程的顺利展开。朱作的认识不仅是对尧斯、伊瑟尔接受美学理论的阐释和丰富发展，而且对我们的古典文学研究具有实际操作价值。

鉴于上述对接受美学的基本认识，我们形成了展开本书的理论依据：其一，对作品，尤其是对先秦文史哲不分的子书的接受研

---

① 朱立元：《接受美学》，上海人民出版社1989年版，第17页。

究，应是在坚持以审美价值的接受研究为重点的前提下，兼顾作品其他价值的接受研究。其二，对一定时期的作品接受研究既要把握住其中存在的接受共性，又要突出接受过程中的个性。基于上述理论依据，同时考虑到庄子及其著作在后世的实际接受情况，本书将在以审美价值为中心同时兼顾其他价值的原则下，从文学领域、理性阐释、《庄子》注本三个维度来展开明代《庄子》由本文到作品的转化的接受研究，并希望通过对明代《庄子》接受中存在的共性与具体接受个性的交替把握，来清晰、准确地掌握明代《庄子》接受研究的大致状况及其内在规律。具体而言，在文学领域，文章将从三个方面进行考察：文学创作中流露出的《庄子》思想，文学主张上对《庄子》美学思想的接受，作品艺术层面对《庄子》艺术的接受。理性阐释维度则着重考察明人对《庄子》文章的评价，同时兼及明人对庄子其书及其人的论析。在《庄子》注本层面，舍弃对明人于《庄子》义理阐释的研究，而着眼于明人在对《庄子》进行文章学评点时所作出的审美接受。在进行上述研究的同时，本书还将从接受者的人生经历、知识结构、价值观念，以及时代文化、文人心态、思想潮流等方面，深度挖掘明人《庄子》接受的内在原因，揭示明代《庄子》接受中存在的共性与个性，以期得出对明代《庄子》接受研究的深刻认识。

目前学界对《庄子》阐释、接受的研究主要有两条思路，一是研究史的思路，一是接受史的思路。对研究史与接受史的区别，陈文忠先生在其著作《中国古典诗歌接受史研究》中作了理论上的区分，其中一条言："从对象范围看，研究史涉及的范围大于接受史。研究史的范围，除了历代评论家对作品的不同分析评价外，广泛涉及版本源流、本事考证、成书过程、作家的生平事迹等内容。接受史以审美经验为中心，集中考察历代读者对文学作品的审美反应，进而窥探审美观念和价值取向的发展变化，并寻求其变化的原因等。"但在实际接受史研究，尤其是在对《庄子》这样文学、哲学兼具的子书著作的接受研究中，很难纯然做到以审美经验为中心的接受研究，而只能是在具体研究时尽可能多地偏重于审美经验的研究。在庄学史方面，既有通史性的，如熊铁基的《中国庄学史》

(按：时限于秦汉至明清)和《二十世纪中国庄学》，以及方勇的《庄子学史》(按：时限于秦汉至民国)；也有断代性的庄学史研究，这些研究主要集中于汉代、魏晋和宋代三个阶段，而且多为学位论文的选题①。除了上述对《庄子》学史的纵向考察外，还有在横断面上进行的点的透视，如对竹林七贤、王安石学派、宋代福建地区的《庄子》学研究等。在《庄子》接受研究方面，至今还未出现通史性的著作、论文，目前的《庄子》接受研究主要集中在先秦汉魏时期，如尚永亮的《庄骚传播接受史综论》，对先秦、两汉和魏晋时期的《庄子》接受进行了细致的梳理，搜罗出各阶段《庄子》接受的代表性人物，评价其《庄子》接受的特点、成就及其在接受史上的地位、作用，并对各阶段《庄子》接受的特点进行了总结。杨柳的《汉晋文学中的〈庄子〉接受》以问题的形式展开论述，从生命意识、理想人生境界、言说方式三个角度，对汉魏之际复兴的《庄子》接受进行了研究，提出了许多新的见解。学位论文选题中也有对《庄子》接受进行考察的，这其中既有史的研究，又有具体个案研究②。可以说，目前学界关于明代《庄子》接受的研究还很欠缺，因此本书的选题便具有了充足的学术价值与学术意义。

　　虽然目前学界还未有对明代《庄子》接受进行整体把握的学术成果，但在创作、注本、美学层面出现了一批散点透视性研究。如创作方面，高春花的《归有光散文与〈庄子〉关系谈》(《牡丹江师范学院学报》2005年第1期)，着重从思想和艺术上全面探讨了归有光散文对《庄子》的接受。注本研究方面，李波的《清代〈庄子〉散文评点研究》(博士论文)和周群华的《〈庄子〉散文评点研究》(博士论

---

① 代表性的学位论文如彭民权的《救世理想与逍遥神话——士人意识形态话语建构下的两汉庄学》(硕士论文)，北京师范大学2006年；马晓乐的《魏晋南北朝庄学研究》(博士论文)，山东大学2006年；张梅的《宋代庄子学研究》(博士论文)，北京大学2003年等。

② 这方面的学位论文如张伟的《〈庄子〉在先秦时期的传播与接受》(硕士论文)，山东大学2007年；解桂芳的《试论历代诗人对〈庄子〉的创造性接受》(硕士论文)，山东大学2004年；窦可阳的《李白诗对〈庄子〉文学接受论稿》(硕士论文)，吉林大学2006年。

文），对明人陆西星、释德清、释性㳦的《庄子》散文评点研究进行了分析，充分肯定他们对《庄子》散文研究作出的贡献，认为陆西星《南华真经副墨》有意识的形式批评、感悟式解读《庄子》的方法，以及释德清、释性㳦对《庄子》文脉结构的梳理，对后人进行《庄子》研究都颇有启发性。再如施锡美的《焦竑〈庄子翼〉研究》一文，对叶秉敬的《庄子膏肓》、方以智的《药地炮庄》、陆西星的《南华真经副墨》等偏重文章学解读的注本进行了研究，并在此基础上弄清明人对《庄子》文本结构的掌握程度，揭示明人的此种研究对后来《庄子》文学研究的价值。在美学领域，庄子美学专题研究的开始，是 1966 年以台湾学者徐复观的《中国艺术精神》（内辟《中国艺术精神主体之呈现——庄子的再发现》一章）的出版为标志的。20 世纪80 年代，大陆形成了《庄子》美学研究热潮，《庄子》的美学、文学思想得到充分关注。包兆会的《二十世纪〈庄子〉研究的回顾与反思》（《文艺理论研究》2003 年第 2 期），刘绍瑾、倡同壮《二十世纪庄子文艺思想研究回顾》（《暨南学报》2003 年第 6 期）等论文以及熊铁基的《二十世纪中国庄学》对此都作了很好的总结概括。庄子美学思想在后世的回响也受到人们的重视，这方面的研究有周威兵的《秦汉庄学和中国艺术精神》（博士论文）、刘绍瑾的《庄子与中国美学》和《复古与复元古——中国复古文学理论的美学探源》、漆绪邦的《道家思想与中国古代文学理论》、蒋述卓和刘绍瑾主编的《儒道佛与中国古典文艺美学》等。在这些著作中，明人美学文论思想与庄子的契合处也得到关注，但除《复古与复元古——中国复古文学理论的美学探源》一书外，总体上论述不够深入，常常一句话带过，雷同举例，缺少具体而富有深度的论证分析。具体流派、作家的文学主张与《庄子》美学思想相通处的研究，则主要集中于公安派、汤显祖、李贽、徐渭等人的研究上。以袁宏道为例，相关研究便有张薇的《公安派的文学创作论与庄子美学》（《武汉大学学报》1995 年第 3 期）、郭顺玉的《袁宏道的诗文观与老庄思想》（《上饶师范学院学报》1999 年第 4 期）、牛绍明的《老庄性情、禅宗境界——袁宏道价值观、文论初探》（硕士论文）、周群《儒释道与晚明文学思潮》一书中的《禅光佛影、老庄风韵与清俊宕逸的诗文》等成果。上述研究中不乏细致的论析，在论析中研究者多能提出独到的见解。但这些研究缺少对明代《庄子》接受的宏观整体把握，从而使人们对明代《庄子》接受研究的印象流于琐碎化。这便更增加了进行明代《庄子》接受研究的必要性。

鉴于明代《庄子》的接受实际以及明代社会的演变特点，本书拟对明代《庄子》接受图景分纵横两条线索进行勾画。在纵向上，分前期（洪武至成化）和后期（弘治到崇祯）两个时段；在横向上，则设以文学、注本、理性阐释三条纬线。在宏观上，配以地域文化、心学思潮、文人心态、世俗化等图景底色；微观上，则结合不同作家的人生经历、知识结构、审美趣味等个体性期待视野，希望以此塑造出立体的明代《庄子》接受形貌。

明前期与后期在政治、经济、文化、文人心态等方面存在着显著不同，《庄子》接受在前期和后期亦呈现出明显不同的特色。前期是明代《庄子》接受的潜行期，集中体现在由元入明的明初作家身上。明初文坛对元末地域文化格局的承袭，使此期的《庄子》接受带上了鲜明的地域色彩，集中体现为越地、吴中、闽中、江右四种不同的带有地域文化特点的《庄子》接受。越派文人事功、文学两不废，对《庄子》的艺术成就多能给予较高评价，并在创作中一定程度上借鉴了《庄子》的艺术手法与艺术特色。而对《庄子》思想，该派文人则持有异议，即使有所接受也多是出于一时权用，而难以从根本上真正接近《庄子》思想。越地文人的《庄子》接受以刘基为代表。强烈的入世思想使刘基在遭遇坎坷主动接受庄子思想影响时，却又无法将之吸纳到精神深处，并使其对《庄子》中的典故作出儒学化改造。刘基作品平淡、奇肆的风格，则体现了在艺术上对《庄子》的接受。《郁离子》对《庄子》寓言传统的回归，体现了刘基寓言创作中对《庄子》的接受，也是最能体现刘基《庄子》接受个性的地方。吴地经济发达，尚文传统厚重，文人思想超脱，多闲隐之士，吴地文人在思想和艺术两个层面对《庄子》都有较为深入的接受。吴地文人的《庄子》接受可以高启为代表，高启接受发展了《庄子》的生命价值观、安命观、精神境界观，并以山水诗、游仙诗的创作和清逸自然的美学风格，体现出在艺术层面上对《庄子》的接受。而高启的纯艺术化创作和对艺术化人生模式的追求与切身实践，则体现了对《庄子》精神的深度领会，从而使高启成为明代屈指可数的《庄子》接受大家之一。闽中多避隐之士，故而闽中文人的《庄子》接受带上了传统隐士的《庄子》接受的色彩。江右文人强烈的政治向心性，使他们的《庄子》接受也以此为标准。在繁荣而短暂的洪武地域文学之后的是长达百年的台阁文学，台阁文人的《庄子》接受沿袭了江右文人《庄子》接受的路子，只是文人心态更趋卑恭、谦慎，在进行《庄子》接受时也不免流露出这种调子，李东阳的《庄子》接受便极具典型性。

　　后期是明代《庄子》接受的繁盛期。如果说明初士人高涨的政治热情和之后严苛的高压统治，使明前期的《庄子》接受总有一种遮遮掩掩的感觉。那么，后期出现的政治文化环境宽松化，心学取程朱理学而代之，开放的市民经济形态比重的增加，文人主体意识增强并朝着个性张扬的方向前进等变化，使此时《庄子》接受大大展开了手脚。主要表现为文学领域《庄子》接受的强劲生命力和《庄子》注本的激增两方面。在文学领域，后期文人提出了接近《庄子》美学思想的文学主张，如七子派对汉魏诗歌的推崇、真诗只在民间等主张，体现了对道家尤其是庄子复元古美学思想的承传；"童心说"、"性灵说"、"本色说"、"至情说"等文学主张，则继承了庄子自然真美的美学思想。在诗文领域中，"复古派"与"性灵派"的《庄子》接受有所不同。"复古派"的《庄子》接受更多地继承了以往文人《庄子》接受的传统，而"性灵派"文人的《庄子》接受创新性更强。王世贞和袁宏道的《庄子》接受分别成为二者的代表。王世贞博学深思，思想通脱，于仕途上多历风雨，虽系出名门却无意宦途通显，而希望能以令史传名后世，年轻时思想中便流露出避隐的倾向。王世贞的《庄子》接受既有创作中对《庄子》思想的接受，如对个体生命的关怀、对庄子式理想世界的向往等，也有艺术上对《庄子》一系美学风格的继承，如其晚年创作的小品文，淡雅自然，体现了对庄子平淡美学思想的继承。他对《庄子》的接受，经历了对《庄子》批判精神的继承到认同、实践《庄子》退隐式精神超越思想的转变。他对《庄子》进行了较为全方位的理性阐释，且多有自己

8

的独到见解。袁宏道的《庄子》接受则鲜明代表了"性灵派"文人《庄子》接受的特点。无论其文学主张还是创作中对《庄子》思想的接受，都融注了鲜明的个体性，体现出对自我的强烈关注，即使是《庄子》退守的无用思想经过袁宏道的发挥，也充满了扩张的气息，是具有主体意识的心灵面向世界时发出的呐喊。"性灵派"文人《庄子》接受出现的新质素，与该派文人多受泰州学派及其后学思想的影响有着密切的关系。戏曲、小说创作中《庄子》的接受，则表现出世俗化与文人化的双重色彩。在注本层面，正德、嘉靖之际，《庄子》注本、专著开始出现，直到崇祯年间《庄子》注本呈现出全面持久的繁荣。注本的大量出现是《庄子》公开化、潮流化的一个重要标志。明人《庄子》注本在《庄子》散文研究方面所取得的成就不如清人，但明人在宋代《庄子》文学评点研究的基础上也迈出了重要的一步，如陆西星《南华真经副墨》的篇末文评和乱辞，便是明人对《庄子》散文文学评点研究作出的重要贡献。

　　本书的突出创新点有以下几处：一是从接受美学意义上对明人的《庄子》接受作了较为系统的探讨；二是发掘出高启、王世贞等明代《庄子》接受大家，并对他们的《庄子》接受研究进行了系统梳理；三是由地域文化角度切入对明前期的《庄子》接受进行了把握；四是揭示出了明后期诗文领域内"复古派"与"性灵派"《庄子》接受的不同特点。五是对《庄子》题材的戏曲、小说的《庄子》接受进行了整体性的研究。对明代《庄子》接受进行系统研究的重要意义则在于以下几方面：其一，丰富完善了《庄子》接受史的研究。其二，深化了对《庄子》的思想、艺术、美学精神等命题的理解。其三，可以更好地理解在《庄子》美学思想影响下所形成的，诸如"平淡"、"自然"、"真"等古典文学批评术语。其四，有助于展开对明代文学的深入研究，了解明代文艺风气和美学趣味的流变。

第一章 明前期《庄子》接受研究

明前期所指乃洪武至成化的一百多年，此期是明王朝以高压统治巩固政权，逐步走向稳定的时期。明前期的士人经历了对恐怖政治的奋力抗争，抗争失败后的明哲保身，最终主体精神被奴役的过程。就现存的《庄子》接受材料来看，明前期绝少《庄子》注本，戏曲、小说领域中也缺少对《庄子》的直接接受。此期的《庄子》接受突出表现在诗文领域中。就明前期文坛而言，大致有两个前后相继的文学形态，即短暂繁荣的洪武地域群落文学（越派、吴派、江右诗派、闽中诗派等）和长达百年的啴缓冗弱的台阁文学。基于此期的政治情势、文人心态和文学发展态势的变化，明前期文人的《庄子》接受主要表现为明初地域性文学流派的《庄子》接受和之后台阁文人的《庄子》接受，而以前者为此期《庄子》接受的重点。各地域性文学流派的《庄子》接受呈现出色彩鲜明的地域文化特征，即越派文学儒士式的《庄子》接受，闽中诗派隐士式的《庄子》接受，吴派诗人式的《庄子》接受，江右诗派儒家谦慎君子式的《庄子》接受。越派、吴派是明初文坛影响最大的两个地域文学流派，刘基、高启分别是此二派文学上的杰出代表，同时，二人的《庄子》接受既鲜明反映了两派《庄子》接受的共性又各具特点，是明代《庄子》接受的大家。故而本章在完成对明前期地域文学群落《庄子》接受的鸟瞰后，将设专节分别对刘基和高启的《庄子》接受进行深挖细掘式的研究，以期对明前期的《庄子》接受有更为直观的认识。台阁文学虽历时长久但乏新意可陈，该派文学的《庄子》接受亦为孱弱，故对之姑以杨士奇、李东阳为例略示一二。

第一节　夜空下的璀璨花火
——明前期的地域文化与《庄子》接受研究

最早谈及明初文学地域性特征的是明代的胡应麟,他在《诗薮》中曾提及明初五大诗派:越诗派、江右诗派、吴诗派、闽诗派、岭南诗派。其中以前四派在当时或后来的影响最为突出。明初文人集团的地域群落性呈现是对元末文学的延续、发展。科举不畅以及元末战乱割据的形势,使元末文坛出现不同的地域文学板块。这些文学板块都熏染上了浓重的地域文化色彩。比如浙江、江西具有深厚的儒学传统,这使越诗派和江右诗派的文人在立身、行事、为文等方面都自觉束范于儒学。而由于隐逸文化的盛行,吴诗派和闽诗派诗人的创作趋于私人化,更多关注个体精神世界。上述仅为地域文化对文人影响的简单例说,其实际影响要远为深广复杂。这些地域性的文人集团在接受《庄子》方面也明显地表现出区域文化的特点。故下文拟对明初影响最著的四个诗派(越诗派、吴诗派、闽诗派、江右诗派)代表性诗人的《庄子》的接受情况作一番具体考察。

一、越派文人的《庄子》接受研究

南宋时,浙江出现了与朱熹理学、陆九渊心学鼎足而立的浙东事功之学,其由以吕祖谦为代表的金华学派、以陈亮为代表的永康学派和以叶适为代表的永嘉学派而组成,着意于解决儒家"外王"的问题。此三派掌门人在注重事功的同时,不废辞章,是道学、文学兼备的人物。该派学风流衍,至明不衰,是为越地士人的学术根基所在。受此事功观念的影响,越地士人对政治多抱有浓厚的兴趣,以经世致用为人生目标。故而在皇明政权的建立过程中,越地士人立下了汗马功劳,刘基、宋濂自不必言,王祎、章溢、叶琛、苏伯衡、方孝孺等人亦颇可值得说道,以至于有"国初闻人,率由越产"①之说。越地士人立功政治的同时,还享有文坛盛名,《明史·

---

① 胡应麟:《诗薮》(续编)卷一,上海古籍出版社1979年版,第341页。

文苑传》序中就言"宋濂、王祎、方孝孺以文雄，高、杨、张、徐、刘基、袁凯以诗著"。宋濂、王祎均为义乌人，方孝孺为宁海人，刘基乃青田人，都是越籍文人，他们与高启等吴地文人一起，占据了明初文坛的大半江山。宋濂、王祎均曾受学于金华学派的柳贯、黄溍，而方孝孺乃宋濂的弟子。刘基师事郑复初，其家乡青田与永嘉仅一江之隔，因此，可以说越派文人大多学有本源，封殖深厚。浙东事功之学影响了越派诗人的文学思想，他们大多坚守儒家正统文学观；也影响了他们对《庄子》的接受，越派文人的《庄子》接受特点表现为对《庄子》思想的保留性接受，对《庄子》艺术的充分认识和接受，关于《庄子》的独立性判断。具体而言，越派文人的《庄子》接受表现为以下几点：

首先，以真儒自居的越派诗人多以儒家正统观念来审视庄子思想。一者，强烈反对庄子非孔侮圣的言论。如宋濂在《诸子辨》中把对孔子"敢掊击之又从而狃侮之"的庄子称为"古之狂者"，指庄子学说为异说惑人，认为庄学末流导致"礼义陵迟，彝伦斁败"，终致"蹈人之家国"。二者，经世致用的思想使越派文人多抨击庄子无用自适的观点。如凌云翰《画（七首）》其五"长松落落千丈，大厦渠渠万间。应笑樗材拥肿，等闲空老深山"。在《庄子》中备受推崇的无用大樗，到了凌云翰的笔下则成了受嘲笑的对象。又如宋濂《寓言（五首）》"晋景朝出见饭牛者"和《抱瓮子传》，两篇文章从苍生、王朝的立场出发，对隐士避世全身的做法深不以为然，认为有道之士当效力有道之朝。三者，融庄入儒，将庄子纳入儒学范畴。如宋濂在《七儒解》中认为儒有多种形式，"有游侠之儒，有文史之儒，有旷达之儒，有智数之儒，有章句之儒，有事功之儒，有道德之儒"，庄周、列御寇是为旷达之儒。而惟以"道德之儒孔子"为万世之宗，其他诸儒则因种种不足而"不可以入道"。以庄子为代表的旷达之儒虽被排除在道之外，但从本与儒无关却被纳入儒的范畴这一点上看，亦可见出宋濂对庄子思想一定程度的认可，以及力求融合儒道的意图。

其次，重视道学又不废辞章的传统使浙东文人能够从文学角度来关注《庄子》。一者，文学角度对《庄子》的理性评价。如宋濂的

《诸子辨》将庄子学说批得体无完肤，但在同一篇文章中却又高度评价了《庄子》的文辞："其文辞汪洋凌厉，若乘日月骑风云，下上星辰而莫测其所之，诚有未易及者。"越派文人中，从文学角度谈论《庄子》最多的要算醇儒方孝孺，其言：

> 庄周为人有壶视天地囊括万物之态，故其文宏博而放肆，飘飘然若云游龙骞不可守。(《逊志斋集·张彦辉文集序》)
>
> 庄周之著书，李白之歌诗，放荡纵恣惟其所欲而无不如意，彼岂学而为之哉？其心默会乎神，故无所用其智巧，而举天下之智巧莫能加焉。……庄周、李白神于文者也，非工于文者所及也。文非至工则不可以为神，然神非工之所至也。当二子之为文也，不自知其出于心而应于手，况自知其神乎？二子且不自知，况可得而效之乎？效古人之文者非能文者也，惟心会于神者能之，然亦难矣。(《逊志斋集·苏太史文集序》)
>
> 庄周、荀卿之著书，其辞浩浩乎若无穷，于道邈乎未有闻。非工于言而拙于道也，求道而不得，从而以言穷之。虽欲简而不可致耳，然其文犹未弊也。(《逊志斋集·送平元亮赵士贤归省序》)
>
> 惟昔战国，其豪庄周。公生虽后，斯文可侔。(《逊志斋集·李太白赞》)
>
> 庄周、荀况皆以文学高天下。(《逊志斋集·畸亭记》)

方孝孺的评价涉及了《庄子》的文学特点："宏博而放肆"、"放荡纵恣"；文章境界："神于文者"；文学地位："以文学高天下"；庄文宏肆的原因："求道而不得，从而以言穷之。虽欲简而不可致耳"。方孝孺为人端正严谨，而为文则豪放雄健，极度推崇庄子、李白、苏轼的诗文。于《庄子》，他最为欣赏的是其宏阔恣肆，行云流水化境般的文章风格，此亦为方孝孺评价《庄子》文学的落脚点，他对《庄》文风格的概括虽不全面，却一经点出便正中穴位，针针见血。在言及《庄子》文风形成的原因时，方孝孺将之归为求道不得的补偿，是带着儒家优越感对《庄子》进行审视的结果，虽

13

可聊备一说，却难以使人信服。然而方孝孺对《庄子》文学的理性评价，却使他成为非评庄专著中较为全面论及《庄子》的文人之一，对完善我们对《庄子》的认识起到了积极的作用，也帮助我们更好地认识《庄子》在明人心目中的地位，进而有助于把握明人《庄子》接受的特点规律。二者，创作中对《庄子》的借鉴，包括对典故、用词、语句以及文学风格、文体形式等方面的借鉴，如王祎的《心迹双清亭记》中有一段话语颇似《庄子》："谓吾果有心乎？吾心泊然其犹太虚耳，止水耳。日月之明不能烛其微，鬼神之灵不能测其倪，虽吾亦不自知其主宰我者，此也。是可谓之有心乎？无心乎？谓吾果有迹乎？吾虽不能不与物接，而固未尝物于物也。当吾乘天地之正，御六气之辨。以游于无物之始，而无所穷止，虽吾亦不自知所当止而止矣。是可谓之有迹乎？无迹乎？心与迹俱无矣。"行文糅合了《庄子》中的《德充符》《应帝王》《大宗师》《逍遥游》诸篇中的意象、思维、语句，而能了无痕迹，丝丝卡和。再如宋濂《萝山杂言(二十首)》之"君子之道与天地并运"、"至虚至灵者心视之无形"、"子不见婴儿乎"三则，对"道"、"原"的论述，以及贝琼(浙江崇德人)《宇定轩记》对"天光"性质、状态的描述都颇似《庄子》的用词和句式。越派文人还长于寓言文体的创作，如宋濂的《龙门子》《燕书》《寓言》、刘基的《郁离子》、叶子奇(浙江龙泉人)的《草木子》等。其中以刘基的寓言创作较多地接受了《庄子》寓言文学的影响，同时刘基在文学风格上对《庄子》文风多有继承，他对《庄子》的接受很大程度上可以视为明初越派作家《庄子》接受的典型，故而将之留待下节作详细探讨。

　　最后，事功主义对实际功效的追求，使越派文人不迷信、不盲从，对事物保持独立判断，故而此派文人在接受《庄子》时往往能以独到见解对之加以丰富发展。如王祎的《樗隐记》类于众多樗隐题材的作品，关注的是免患全身的问题。但作者却一反此类题材对庄子无用全身思想的宣扬，而认为才与不才非祸患与否的关键。同时，他还对庄子宣称的处才与不才之间免祸的说法表示质疑，认为此说与其游乎物无差别的物之始的说法自相矛盾，故而认为庄子的这种说法是不可为信的。虽然作者最后归于儒家内圣外王之道，但他对无用全身思想的辩证思考无疑对庄子思想的丰富作出了贡献。

二、闽中诗派的《庄子》接受研究

闽中诗派所指乃洪武至永乐年间，以林鸿为首，以福建籍文人为主体，以尊唐文学主张相号召的地域性文人群体。元末明初的张以宁、蓝仁、蓝智、林弼等闽人可视为此派先导。与明初文坛上的吴、越两派相比，闽中诗派的总体文学成就不高，但其尊唐主张深度影响了后来的明诗走向。永乐之后，随着闽派诗人进入馆阁，或任职地方，闽中诗派慢慢消解，但同时它又以一种变相的形式继续存在，即闽地文人偕同江右诗人一起，以其创作实践共同参与了明代翰林文学的发展，影响台阁文学长达数十年之久。后人选此派善诗者十人为"闽中十子"，即林鸿、陈亮、高棅、王恭、唐泰、郑定、王偁、王褒、周玄、黄玄，其中以林鸿、王恭、王偁、高棅四人声名最著，前三人以诗名，高棅则因编选了影响明诗崇唐取向的《唐诗品汇》而传名于世。闽派诗人多为无意仕进，任性自适的山林诗人。诗歌内容多反映唱和酬赠，山水宴游之类的私人化生活，较多展现的是个体的精神空间、情绪变化，追求清逸雅淡，超然泊如的诗歌境界和人生境界。如林鸿"性脱落不善仕"①，"天性倜傥，乐山水"②，洪武初以荐举得官，其后年未四十便自免归。其诗"皆新奇俊逸，驰骋若骐骥，浩荡若波涛，清绝若雪山冰崖，皎洁若琼琚玉佩。择其优者，置之韦、柳、王、孟间，未易区别"③；陈亮为元季儒生，入明后累诏征遣而不就，其"为诗冲淡悠远，有陶孟之致"④；王恭，于永乐四年，以儒士荐修《永乐大典》，授翰林院典籍，后投牒归。自号皆山樵，意为"不欲与世接"⑤，其为

① 钱谦益：《列朝诗集小传》（林鸿条），上海古籍出版社1957年版，第143页。

② 倪桓：《〈鸣盛集〉序》，林鸿《鸣盛集》，四库全书本。

③ 倪桓：《〈鸣盛集〉序》，林鸿《鸣盛集》，四库全书本。

④ 佚名：《乾隆长乐县志》卷八，学识斋本。

⑤ 林环：《〈白云樵唱集〉序》，王恭《白云樵唱集》，四库全书本。

15

诗"吐言清拔，不染俗尘，得'大历十才子'之遗意"①；在"闽中十子"中，王偁最为晚出，幼时其母便教以豪杰大略，其亦自言"少锐志于有为"②。然洪武初因科考不利便陈情归养，退居闽中十有余年，过着山水泉林、吟咏唱和的悠然生活，王偁此间之作多呈现出"恬和安雅"③的风格。永乐元年，王偁以推毂者至京师，"自陈愿处学校励人材"④，上不允，授他职。后因解缙案牵连入狱，卒，享年四十五岁。在王偁短暂的生涯中，其虽未曾如闽中前辈那样有拒仕、罢归之举，但由解缙对他性格、处事的评定："为人眼空四海，壁立千仞"，"视功名泊如，每有抗浮云之志，期在息机，与世无竞"⑤，可知王偁孤傲谠直，淡泊超逸，实非仕途中人。可以推想，即便王偁未染解缙案，他十有八九也会选择归隐的生活道路。闽地崇隐之风于此可见一斑，故在此种人文环境下，《庄子》一书广为闽中文人所接受。闽中文人多为隐士的特点，使此派的《庄子》接受呈现出对《庄子》关注个体生命保全和精神自由等思想的接受。诗文风格则表现出雅、淡、逸等庄子一系的美学风格，这自是隐士文学的典型特征，但也可视为接受《庄子》陶染后的文学表现。此外，在他们的作品中都存有接受《庄子》的鲜明印记，《庄子》的典故、语句多有出现于其中。我们不妨以王偁的《虚舟集》为切入点，对其中接受《庄子》的痕迹作一番寻索。

王偁《虚舟集》接受《庄子》之处，具体表现在《感寓》其九、二十五、二十八、三十三、四十七，《咏史》其一、其七，《习静山房》其一、二、三、四，《草堂成题已见志》其二、五，《题畦乐处士成趣园》其一、二，《虚舟》《拙斋》《远游曲》等诗中。诗歌引用《庄子》典故，如赤水玄珠(《感寓》其九)、庖丁解牛(《感寓》其二

---

① 《四库全书总目提要·白云樵唱集》卷一百六十九，集部二十二，别集类二十二，武英殿本。

② 王偁：《自述诔》，《虚舟集》卷五，四库全书本。

③ 《四库全书总目提要·虚舟集》卷一百七十，集部二十三，别集类二十三，武英殿本。

④ 王偁：《自述诔》，《虚舟集》卷五，四库全书本。

⑤ 谢缙：《〈虚舟集〉序》，王偁《虚舟集》，四库全书本。

十八）、混沌凿七窍、汉阴叟灌园(《拙斋》)、庄子却楚王聘(《咏史》其一) 等；借用《庄子》中的术语，如"真人"、"无为"、"至道"、"外物"、"游心"、"陆沉"、"宇泰"、"一死生"、"忘是非"、"自然"等；甚至有的整首诗都不离《庄子》，直接就是对《庄子》思想的诗歌形式的转化，如《感寓》其二十五：

> 直木忌先伐，甘井忌先竭。何为抱区区，昭如揭日月。至人善闭关，埋照慎不发。入兽不乱群，虚舟任超越。襄壄迷帝轩，汾阳枉尧辙。栖心玄灵台，可与人世绝。

其二十八：

> 庖丁擅操割，目行神为虚。三年无全牛，投刃划有余。渊情妙至理，岂受外物拘。冥筌苟不弃，安能得神珠。

在思想方面，王偁着重接受的是《庄子》的人生哲学。解缙在为王偁《虚舟集》所作的序中称孟扬(王偁字)以虚舟名集，以示其淡泊高洁之志，可见王偁诗集名取自《庄子》。《庄子·山木》以虚舟为喻来宣扬虚己游世以避害的思想。王偁诗集中对此明哲保身的思想多加认承，如《感寓》其二十五、三十三，《习静山房》其四，《长歌行》等诗都流露出这种观点。宣扬无为(《感寓》其九)、外物(《题畦乐处士成趣园》其二)、齐物(《草堂成题已见志》其五)等思想，以求达到虚己状态，一方面可用之保身全年，而更高的意义则在于实现精神的自在逍遥。对精神自由的追求，使王偁看重心灵世界的宁静淡泊、自由无拘、真朴无碍的状态：

> 真人趣恬澹，漠尔中若浮。(《感寓》其九)
> 游心不滞物，泛若浮云轻。(《感寓》其四十七)
> 我心念何为，淡然惟抱冲。(《习静山房》其二)
> 浑沌七日死，众巧雕斲之。
> 孰知希夷初，民生乃无为。

> 所以汉阴叟，机事戒莫施。
> 抱瓮岂不劳，我心恒自怡。(《拙斋》)
> 荣辱不我干，忧患岂我虞。
> 闲心讬浮云，不知卷与舒。(《题畦乐处士成趣园》其一)

对理想精神境界的追求，使王偁刻意保持与俗世的距离，忘尘虑(《习静山房》其一)，"遁喧俗"，"绝垢氛"(《习静山房》其三)，带上了"寄情傲世"(《草堂成题已见志》其二)的孤傲之气。故其眼中的庄子是一位傲世独立、高情远寄的达人(《咏史》)，而王偁亦自负己之傲堪同庄子，其言："岂徒漆园傲，百世同高情"①。

  闽地背山面海，地形复杂，地理环境相对封闭，一定程度上限制了当地文化、文学的发展。但同时又使之远离战火乱离、权力争斗，成为避难归隐的好去处，故而闽地史上多隐士。隐士的大量存在为《庄子》接受提供了可靠而广泛的士人群体，但相对封闭落后的地理人文环境，使闽地士人对《庄子》多作认可性的顺向接受，少有创新发展，更多的是对《庄子》接受史上隐士群体《庄子》接受的惯性延续，接受局面不免存在单一化、模式化、静态化的不足。与闽地相似，吴中地区亦多隐士，然而优越的地理位置，发达的商品经济，深厚的文化根基，良好的文学氛围，使吴中士人多张扬个性，追求纯粹的诗歌艺术，体验艺术化人生的美妙。受此影响，吴地文人的《庄子》接受鲜活灵动，更富时代与地方色彩，是对《庄子》接受的动态发展。明初吴中文人以"吴中四子"为著，而以高启成就最高。高启，作为一代诗歌天才，非但称雄吴中，亦可谓独霸明初诗坛。他的《庄子》接受颇具吴中色彩，于《庄子》接受史上不可小觑，故而后文将对之作专节探讨。

三、江右诗派及台阁文人的《庄子》接受研究

  在吴、越文学璀璨的洪武文坛上，起自江西的江右诗派平凡得几乎让人漠视它的存在。而在吴、越两派遭政治打压相继凋零后，

---

① 王偁：《感寓》其四十七，《虚舟集》卷一，四库全书本。

保存完好的江右诗派变身台阁文学，占据了永乐之后的明前期文坛。对江右诗派与台阁文学的关系，钱谦益在《列朝诗集小传·甲集·刘崧》条中就明确指出："江西之派，中降而归东里（杨士奇）。"而台阁文人，尤其是在仁宣台阁文学的鼎盛期，多半出自江西。江右—台阁一脉文学强劲生命力的渊源之一，便在于此脉文人对江西乡邦文化的自觉传承发扬，而这种地域文化恰好迎合了明前期统治者的政治文化需要，而得以大行其世。江西文化发达于宋代，在哲学、文学、教育、科举等方面，江西都有甲天下之势。江西理学重视道德修养，内圣之学盛行其地。欧阳修平易畅达的风格不仅引导了宋代文风的走向，而且在江西乡土上传承不衰。江西教育繁荣，科举昌盛，江西人多以耕读传家为荣，吉州、抚州、饶州等地更是历史上有名的进士之乡。故而江西士子普遍具有文行双修和强烈的政治向心性的特点。内在素质对御用人才标准的完美贴合，仅次于淮西、越派集团的政治地位，明前期巩固政权的需要以及倡明朱子理学的文化气候，使江西士子得到王朝的重用，士人与君主的关系也相较他地文人而言要融洽得多。

洪武朝的江右诗派翘楚刘崧以及永乐朝的台阁文学领军人物杨士奇可视为此脉文学的代表。刘崧和杨士奇均贯籍江西泰和，以理学道德自我砥砺，为人敦厚、隐忍、谦慎；一心以政事为重，对君主政权忠心耿耿；倡导儒家诗教观，为文力求雅正畅达。以儒自居，奉守儒学，并未妨碍他们对《庄子》的接受，杨士奇屡屡表示对《庄子》精神上的亲近："窗中《南华》篇，流玩以澄心"①，"半酣高咏漆园书"②，"案有庄生论，门临孺子坊。游心邈千载，尘虑已都忘"③；刘崧闲时也不妨"来听先生诵《秋水》"④。对道家式人物也多取认可态度，可以刘崧的《题延真陈炼师东庭四时词》其

---

① 杨士奇：《题山水图》，《东里续集》卷五十五，四库全书本。
② 杨士奇：《夜雨次韵寄蔡用严杨仲举》其二，《东里续集》卷六十，四库全书本。
③ 杨士奇：《次韵答胡若思宾客》其一，《东里续集》卷五十八，四库全书本。
④ 刘崧：《奉题钟隐君东皋幽居图》，《槎翁诗集》卷三，四库全书本。

三、《题秋江图为陈炼师赋》《寓翁》，杨士奇的《送葛主事还乡诗序》《小瀛洲》《抱灌子录》等为代表。江西文人的《庄子》接受是在重视内圣之学的理学主导下进行的，他们多取《庄子》来陶冶修炼性情，如前面所提及的"窗中《南华》篇，流玩以澄心"①一诗便是如此。借鉴《庄子》的致道途径与方法，来忘怀烦忧，超越物累，保持心态的平和从容、自在逍遥，求以"超然放意似庄周"②。他们以赏玩的态度对待《庄子》，如杨士奇的《题髑髅图》：

> 漆园傲世者，放言出糟粕。大观天地间，玩化以嘲谑。昼夜自恒理，生死等酬酢。存顺而殁宁，焉往非吾乐。

杨氏对庄子万物自化、生死齐一、任化安命的思想，可谓把握得非常到位。而由诗中的"放言出糟粕"句和"玩"字可以看出杨士奇作诗时的戏谑口吻，以及由此体现出的对待庄子思想的玩赏态度。他们也无意于对庄子《逍遥游》中所刻画的绝对精神自由境界的追求，而只求在清景玩赏中一二知己相娱相乐的那种现实的洒然超脱和怡然自乐。如上文反复提及的杨士奇的《题山水图》：

> 结缨二十载，素发忽盈簪。才薄识且疏，驱驰百不任。忧虞积怀抱，流尘暗衣襟。潇散此谁与，结庐在幽深。危峰送苍翠，灌木郁成阴。奔泉泻石硐，浮岚掩遥岑。骀荡时物荣，交交响春禽。趣与清景会，而无尘俗侵。窗中《南华》篇，流玩以澄心。相知一二辈，囊琴亦来寻。更迭为我弹，泠泠皆雅音。怡然乐吾天，抚卷心为歆。俛首发长叹，怅然兴越吟。

江西文人还喜将《庄子》与儒家情怀融于一诗，他们的《庄子》接

① 杨士奇：《题山水图》，《东里续集》卷五十五，四库全书本。
② 杨士奇：《题凌士昌所藏张子厚山水》其二，《东里续集》卷六十一，四库全书本。

受带上了忠君、念君、报国的色彩，如刘崧的《西馆积雨》以樗自喻己之无用隐居，而末却结以"君亲恩未报"的感慨。再如杨士奇的《自题东皋小象》《画牛》《次韵答胡若思宾客》等诗均是此类情况。

洪武初年尚袭元末文坛格局，地域文学争奇斗艳。而伴随高压政治和王朝渐入正轨，文学的地域色彩慢慢淡化。经时代精神选择过滤而保留下来的江西文学得以发扬光大，并逐步摆脱地域限制发展演变成为时代性的文学：台阁体。成化年间，台阁体流弊日现，啴缓冗弱，万喙一音。湖南茶陵人李东阳等起而振之，只是颓势已定，终难力挽狂澜。故而王世贞说："台阁之体，东里（杨士奇）辟源，长沙（李东阳）道流。"①李东阳历仕景泰、天顺、成化、弘治、正德五朝，以"老疾乞休"时已是正德七年，但他的创作带有浓厚的台阁气息，加之李东阳的心态依然是明前期士人尤其是阁臣的那种依违、懦弱的典型心理，故而其《庄子》接受的时代色彩鲜明，在明前期士人的《庄子》接受中具有一定的典型性，因此置之于此来加以探讨。

李东阳在阁十八年，从政五十余载，其时已是明朝由盛而衰的转折期。帝王昏聩，宦官专权，宵小横行，李东阳虽能"历官馆阁，四十年不出国门"②，但他的心态已远不如仁宣时代杨士奇们那样洒然适意，对待庄子也没有了悠然赏玩的心情。谨言慎行，战战兢兢的阁臣心态突显，成为李东阳《庄子》接受的主调。如其《主一斋为徐都宪公肃赋》：

> 世途日纷错，应变良独劳。有政如茧丝，有法如牛毛。矧惟跬步间，出入亦异遭。向非定静功，多言竟咻咻。君子慎存省，一敬中自操。物情讵我夺，帝鉴焉能逃。执虚手恒盈，蹈

① 王世贞：《艺苑卮言》卷五，《弇州四部稿》卷一百四十八，四库全书本。

② 钱谦益：《列朝诗集小传》（李东阳条），上海古籍出版社1957年版，第425页。

险脚益牢。静观纪昌射，动鼓庖丁刀。言小足喻大，行卑乃登
高。圣途可方轨，有毂谁当膏。

诗歌写出了疲于应对纷错仕途的诗人形象。面对跬步之间祸福天壤
的人间世，诗人绞尽脑汁，穷于应对，视"慎"、"静"、"虚"、
"卑"为处世良方，卑微谦慎，低调做人。他于《庄子》庖丁解牛的
典故收获的是圆通谨慎的处世方法。《次刘时雍狱中遣怀二首》其
二："世事阅来今已熟，不须重问解牛篇"亦是如此。再如《次石检
讨邦彦韵三首》其一：

　　中岁意不适，衰病相侵陵。还思后生人，命薄如春冰。闲
居读古赋，援笔写大鹏。趋庭比授简，巾袭累数层。因怀江海
兴，勇欲辞冗署。兹谋竟落寞，断墨空残藤。开缄见渠名，益
使痛恨增。拥炉夜不寐，坐待朝阳升。

衰病相袭，命薄如冰，时刻为不虞之祸而惊心紧张。内心的孤立无
助，使他托寄大鹏，渴望大鹏般的力量、气势与逍遥。而这种精神
幻想似无助于神经的舒缓，诗人依旧彻夜不眠，坐以达旦。李东阳
虽仕途平坦，但他所经历的精神痛苦丝毫不亚于受过政治打击的士
人，面对政敌，他要处心积虑与之委蛇周旋；面对友人故旧的误会
和指责，他欲辩不能；面对苍生百姓，他忧心伤悲。种种精神痛苦
折磨着他，使他屡有归隐山林以求解脱、超越的愿望，也使他强烈
认同《庄子》鹪鹩一枝的人生哲学，对自在适意、顺性随情，不求
高远的生活充满向慕之情，其《鹪林书巢叠诸君韵二首》《再叠鹪林
书巢韵二首》便反复于此意的表达。

　　此外，李东阳还认识到《庄子》寓言托物的言说方式，如其言：
"略同庄子为言寓"①，其意是说其作诗诵鹪鹩是像庄子那样别有

---

　　① 李东阳：《再叠鹪林书巢韵二首》其二，《怀麓堂集》卷十四，四库全
书本。

深意的，这说明他对《庄子》指事类情的言说方式是有足够了解的。李东阳也充分肯定了《庄子》的文学价值，如其在《送钱与谦修撰》中曾言："与子论文章，沿流自前古。庄骚信枝叶，经传乃宗祖。"但在肯定《庄子》文学价值的同时，又将之置于儒学经典的附庸地位，体现了他作为一名儒学传承者的固定思维。

第二节　刚毅有奇气　翊运自担当
——刘基的《庄子》接受研究

刘基(1311—1375)，字伯温，江浙行省青田县(今浙江省温州市)人。历仕元明两朝，其秉性耿介谠直，不惮触忤权贵，故其仕途坎坷，四仕四隐，于元季沉沦下僚，于朱明功爵不称。而对儒家价值理想的执着和对道家思想的吸纳，使刘基的人生形态进取而富有弹性。刘基的作品内容雅正，风格多样，绝少缛染华靡纤丽的元末敝习，而有"遂开明三百年风气"①的先导之功，沈德潜更推刘基"允为一代之冠"②。刘基一生著述丰硕，单行本有《覆瓿集》《犁眉公集》《春秋明经》，词集《写情集》，诗词集《唱和集》，寓言集《郁离子》等。其后诸单行本合刊，《诚意伯刘先生文集》(成化本)是今存最早的刘基诗文总集，《诚意伯文集》(四库本)则是最为普及的合集本，此外还有一系列类编本传世③。今人整理本则有林家骊的《刘基集》。

一、刘基对《庄子》思想的接受研究

刘基才华颖异，习经明理，通诸子、兵家、天文、方术诸门学

---

① 钱基博：《中国文学史》，中华书局1993年版，第904页。

② 沈德潜、周准编：《明诗别裁》(刘基诗小序)卷一，上海古籍出版社1979年版，第1页。

③ 刘基文集版本的考辨可参见吕立汉：《刘基文集版本源流考述》，《文学遗产》2000年第2期。

问；而且高自标格，以帝师①、王佐②自命；为官恪尽职守，秉公办事，一旦有机会施展才华，便不惜倾囊相授。而命运似乎总在捉弄这位怀瑾握瑜、负凌云之志的俊才，屡屡折其羽翼，一次次的无奈退隐，折磨着他的灵魂，考验着他的生命韧度。归隐中，庄子走近了刘基，抚慰他受伤的心灵，在其生命中留下履迹。同其他不得志的文人，在面对现实窘境、英雄无用武之地时，刘基从《庄子》中寻找到面对自身现状的理论支持和精神先导，以之缓解紧绷的神经，平舒心态。在元末，刘基的这种诉求突出表现为对无用全身、卑微自适、隐居逍遥、免除物累的追求。此点在下列诗文中有突出表现，如《郁离子》之《玄豹·梓棘》③《玄豹·玄豹》和《麋虎·唐蒙薜荔》，《灵峰寺植木赞》《拙逸解》《薤露行》《述志赋》《墙上难为趋行》《遣兴六首》其二等诗文。我们不妨以《麋虎·唐蒙薜荔》为例，来观照刘基于《庄子》的这种取向：

　　　　唐蒙与薜荔俱生于松、朴之下，相与谋所丽。唐蒙曰："朴，不材木也，荟而翳。松，根石髓而生茯苓，是惟百药之君，神农之雨师，食之以仙。其膏入土，是为琥珀，爰与冰玉、琅玕同为重宝。其干耸壑而干霄，其枝樛流，其叶扶疏，爰有百乐弦箫之音。吾舍是无以丽矣。"薜荔曰："信美，然由仆观之，不如朴矣。夫美之所在，则人之所趋也。故山有金则凿，石有玉则劚，泽有鱼则竭，薮有禽则薙。今以百尺捎云之木，不生于穷崖绝谷人迹不到之地，而挺然于众觊，而又曰有茯苓焉，有琥珀焉，吾知其戕不久矣。"乃蔓而附于朴，钻蠋蟃之穴以入其条，缠其心而出焉。于是朴之叶不生，而柯枚条干悉属于薜荔，中虚而外皮索箨如也。岁余，齐王使匠石取其

<hr/>

① 如其《题太公钓渭图》言："偶应非熊兆，尊为帝者师。"
② 如其《九难·郁离子》言："讲尧、禹之道，论汤、武之事，宪伊、吕，师周、召，稽考先王之典，商度救时之政，明法度，肆礼乐，以待王者之兴。"
③ 刘基著，傅正谷评注：《郁离子评注》，天津古籍出版社1987年版。本书所使用《郁离子》各篇寓言的篇名均采用此书的标题。

松以为雪宫之梁。唐蒙死，而薛荔与朴如故。

寓言以拟人手法写了唐蒙、薛荔的不同人生选择所带来的不同生命结局。对此哲理的传达，刘基选择了以卑微柔弱的藤蔓植物作为主人公，体现了他对社会弱势存在的关注，是高自期许的刘基面对社会强势，受到挫折后的心态调整：卑微自适的表现。松是"美之所在"，朴乃不材之木，代表了世俗意义上有用与无用两种不同的价值标准，唐蒙、薛荔所取不同，而终之以生与死的差别。有用而有性命之虞的认识完全沿袭了庄子对个体生命的认识。这则寓言是对《庄子》的《逍遥游》《人间世》《山木》等篇无用于世，有用于己，全身、保天、尽年思想的发挥。同样的意思，刘基在诗文《长松梢》和《灵峰寺植木赞》中反复加以表达，如《灵峰寺植木赞》结尾点题，发出"抑弃于人乃获乎天"的感慨。

明帝国建立后，很多事情发生了改变。以刘基而言，他的角色在变，由朱元璋昔日的"子房"变成了其意识中的潜在危险；朱元璋对他的态度在变，由谦恭礼待、信任有加而倨傲无礼、猜忌嫌疑；刘基自身也在变，历经人世沧桑，渐逼老境的刘基，已不再是当年那个汲汲于"少而学，壮而欲行之"[①]的仕进者，而是"歌竟还伤情"[②]，愁怀满腹，却无力亦无心再去与世争较的老者。故而，入明后，"老"、"病"、"孤"、"愁"、"哀"、"惊"等字眼频频出现，此期的作品弥漫着失势老者的凄凉感伤。如钱谦益在《列朝诗集》中所指出的，刘基明初的诗文"悲穷叹老，咨嗟幽忧，昔年飞扬碑矼之气，澌然无有存者"。在明初，刘基更多地接受了《庄子》淡泊名利、明哲保身、安命顺化、人生如梦、万物齐一的思想。《庄子》让刘基平和了许多，但那浓酽的愁绪告诉我们，《庄子》至此也未能进入到刘基的灵魂深处，他的内心依然执着于世情，为一

---

① 刘基著，林家骊点校：《送谢教授序》，《刘基集》，浙江古籍出版社1999年版，第89页。

② 刘基：《旅兴五十首》其十六，《刘基集》，浙江古籍出版社1999年版，第376页。

己失势而"咨嗟幽忧",难以真正达观处世。可代表此期刘基接受《庄子》思想的作品,如《旅兴五十首》其一、其三、其五、其十五、其十九、其二十二、其二十四、其三十、其四十九、其五十等,《杂诗》其三(服力徇稼事),《秋怀八首》其三(空阶走穴蚁),《遣兴》(春至日色好),《春日杂兴八首》其六,《感春》其四、其五、其六等。以《遣兴》(春至日色好)为例:

> 春至日色好,白水生青烟。江梅已堪折,园柳亦可怜。鸟鸣山芳菲,鱼跃波潋滟。人生覆载间,与物共推迁。守分绝外求,何者为忧煎。但愿有酒饮,无事惊昼眠。即此是至乐,安用松乔年。

这是一首写景言志的诗歌。诗中所写景色清新明丽,表达了刘基不与物忤、弃绝外欲的观念和对安宁、平静的内在精神世界的希冀。但此希冀的心理背景却是如煎如焚的内心忧虑,这种忧虑使整首诗平淡冲和的气息里搅拌进了挣扎的痛苦。如此而来,诗作便难以带来如庄子般超脱达观的平和。再如《春日杂兴八首》其六:

> 细雨冥冥昼掩扉,更无芳草有垣衣。人生一世邯郸梦,老病无眠梦亦稀。

诗歌写了刘基在迷蒙春雨中的感怀。料峭犹寒的早春,淅淅沥沥的春雨没有带给诗人一分惊喜,伫立望雨,回首平生,诗人反被这春雨平添了几分惆怅。人世如梦,到如今,头童齿豁,连梦也少光顾于己了。情绪平和却凄凉而感伤,虽少了少年的郁躁,但多了暮年的无奈与感伤。

刘基接受庄子却难以从真正意义上接受《庄子》的特点,在作于元至正十七年(1357)的《述志赋》中也有反映。《述志赋》表达了刘基渴求归隐的愿望。是年,刘基平寇有功反被降职,心中块垒难平,于是仿《离骚》作《述志赋》。这是一篇典型的仿作,毫无艺术创新之处。赋的结尾,主人公归隐田园,"冽玄泉以莹心兮,坐素石以怡情。聆嘤鸣之悦豫兮，玩卉木之敷荣。挹清风之泠泠兮，照秋月之娟娟。登高丘以咏歌兮，聊逍遥以永年"。回到了庄子所提倡的天人一体的自然怀抱，在人与自然的和谐相处中获得精神愉悦。然而面对全篇有志不获骋的痛苦和对污浊世事的愤慨，这短小的庄子式结尾显得贫弱无力。而这也正是刘基接受庄子的特点所在，庄子会是他暂时的避风港，而绝非永久的停留地。刘基甚至借庄子缓和激动的情绪，来调侃自身困境①，而一旦时过境迁，儒家式的仁者情怀和功业取向便会占据其精神主体，这也是刘基作品主题多忧国忧民的原因所在。在此精神主导下，刘基对作品中涉及的《庄子》题材、典故也多作了儒家式的处理。如《郁离子》中的《瞽聩·术使》，这篇寓言取材于《庄子·齐物论》"狙公赋芧"的故事，《列子》中亦有类似情节，两者都意在表达万物齐一的哲理。而刘基则将此故事加以创造性发展，将哲理寓言变成政治寓言，群狙在先觉者小狙的启发下，奋起反抗狙公的奴役，最后狙公"馁而死"，意在警戒统治者从中吸取教训。这是刘基对历史、现实深刻思索的结果，是对其敏锐人生见解的形象传达。典故方面如诗歌《题赵学士色竹图》：

> 竹性本孤直，磐折良可怜。由来刚介有摧挫，岁寒然后知真坚。虚堂无人清气会，日满高林风影碎。漆园胡蝶去茫茫，冷落潇湘苍玉佩。我思美人淇水隈，路永莫致增悲怀。雪霜纷糅嘉实晚，不知凤皇来不来。

《庄子·齐物论》中"庄周梦蝶"的故事，以其物我一体的逍遥自适而为后世文人所青睐。刘基在此却借用蝶梦的朦胧，来传达一种渴盼明主而不得的茫然失落的情绪。再如《秋兴二首》其二、《睡起》中的蝶梦，都充满了一种难以挥去的用世愁情。其他诸如

---

① 如刘基在《复用韵答严上人》中表达了对友人莫失戎机、诛暴保民的勉励及自身对建功立业的向慕之情。而当面对自己的困境时，却以"斥鷃鹪鹩各有依"调侃而过。

《正月廿三日得台州黄元徽书有感三首》其一、《五月三日会王氏
南楼得激字》，均以玄珠喻理想，以玄珠难得比理想难以实现。
《放歌行》则以"海激鹏乃翔"言豪杰应适时而动，言外之意乃叹
自己生不逢时。

二、艺术风格角度的刘基《庄子》接受研究

受儒家思想及浙东事功之学的影响，刘基重视文学的实用价
值①，故其作品多蒿目时艰，同情民瘼，风格深邃雄健。明人李时
勉评其诗文，"其气壮，故其辞雄浑而敦厚；其学博，故其辞深宏
而奥密；其志忠，故其辞感激而切直；其行廉，故其辞斶洁而清
劲"②。除此"苍深"③风格外，刘基诗文还有平淡的一面。如其
《深居精舍记》《松风阁记》《横碧楼记》等，以及一些清丽可喜的绝
句如《有感七首》其四(鸿雁来时月满天)《题小画》(夕阳山下水鳞
鳞及庭前绿荷叶)《春雨三绝句》《将晓》(月落窗余白练光)、《春日
杂兴八首》等。"淡"是中国古代一个非常重要的审美范畴，其渊源
来自道家，老子首推"淡"，"'道'之出口，淡乎其无味"之类的论
说将之超拔于世俗欲望之上，但其意义的出发点却仍是声色口腹之
欲。庄子继而发挥之，提出"淡然无极而众美从之"(《庄子·刻
意》)的思想，虽无意于审美，却极具美学意蕴，启发了后人对
"淡"美学范畴的探索。魏晋人正式确立了"淡"的审美范畴，"开千
古平淡之宗"④的陶渊明在创作实践中成就了平淡的美学境界。继
之，唐代大量优秀的山水田园诗歌进一步巩固了平淡美学风格的创
作实践基础。又经有宋一代的大力提倡发扬，平淡美成为一股不可
抵挡的美学潮流。与之相关，出现了一系列诸如淡远、淡雅、清
淡、古淡之类的美学概念。平淡之美内蕴为情感的恬静冲淡，外现

---

① 此种文学思想在刘基的《照玄上人诗集序》《项伯高诗序》《唱和集序》
《送张山长序》《苏平仲文集序》《王原章诗集序》诸文中均有体现。

② 汪端：《明十三家诗选》卷一引，同治癸酉刻本。

③ 潘德舆：《养一斋诗话》卷三，郭绍虞：《清诗话续编》，上海古籍出
版社1983年版，第2044页。

④ 胡应麟：《诗薮》(内编)卷二，上海古籍出版社1979年版，第35页。

为形式的自然平易、疏简质朴。此种美学风格是生命本真的自然流露，是超逸人格的创作表现，需要作家精神世界的绝对自由，以及对淡泊渊如人生境界的自觉追求。庄子的心斋、坐忘，"虚静恬淡寂寞无为"（《庄子·天道》），天人一体等思想，涵养了后世近庄者超拔的人格境界，行诸诗文便是这种平淡之美。虽然刘基的精神底色非道非庄，但在每次灵魂挣扎中，庄子伸出的援助之手，都在一定程度上影响到刘基的人格构成，形成他对世事洒然超脱的一面，也暂时给了刘基一副平和而超功利的眼镜，让他发现原来天地之间竟有如此之美的人与自然的和谐。钱基博评价刘基的散文说，"会稽山水诸记，幽秀有柳州之意；其音清越，殊胜濂也"[1]，点出刘基山水游记淡雅的风格特征。如其《深居精舍记》中对精舍周围环境的描写："自钓台沂溪入，溪色湛碧，两岸皆粳稻，风过之，其香菲菲然。"蜿蜒小溪，碧绿澄澈，淙淙流过岸边生机勃勃的稻田，微风袭来，稻浪起伏，香气四溢。在如画的美景中，沿溪信步，探幽访微，寻访得道高僧的精舍，这既是一次美妙的现实之旅，也是一番别有趣味的精神之旅。这篇小文写得淡雅清新，清丽可读。在诗歌方面，我们可以其七言绝句《将晓》（月落窗余白练光）来具体感受一番：

> 月落窗余白练光，满天清露结为霜。东风可是无情思，吹出新杨一树黄。

诗歌写了诗人在夜月隐去的春天早上，对自然的欣喜发现。屋外的白杨早早吐露了春天的讯息，枝头冒出的点点鹅黄色嫩芽，在犹寒的春风中绽放着生命的光彩。月已落，天微白，窗纸清冷的反光和满天霜露则为诗境增添了一股静谧清新的气息。整首诗语言自然平易，形式简朴，而韵味悠长，是具有平淡之美的典范诗作。

刘基诗文还具有奇肆美。明清以来，人们对此多有注意。清代汪端在《明十三家诗选》卷一中就指出过诸选家"赏其才气奇肆"的

---

① 钱基博：《中国文学史》，中华书局1993年版，第854页。

现象，如钟惺选评的《刘文成公全集》便多瞩目于刘文之奇。来自官方的评价也是充分肯定刘基之"奇"，如《明史·刘基传》称："基所为文章，气昌而奇。"在对《宋学士集》所作的《四库总目提要》中，四库馆臣对刘基散文的评价为"基文神锋四出，如千金骏足，飞腾飘瞥，蓦涧注坡"。刘基这种奇肆之美，明显承继《庄子》恢诡风格的地方，主要表现在以下几方面：

首先，对鬼神、神话、动植物题材的选择以及对历史题材的改编。《庄子》不同于《孟子》《韩非子》长于历史寓言的创作，他喜欢利用鬼神、神话、动植物题材编织寓言进行说理，从而在先秦寓言中独树一帜。刘基的诗文创作承袭了《庄子》的此种题材取向，这方面的代表作品如《二鬼》《郁离子》之《千里马·忧时》《千里马·鬼巫》《鲁般·九尾狐》《鲁般·东都旱》《省敌·多疑不如独决》《玄豹·化铁之术》《省敌·九头鸟》《瞽聩·蛇雾》《灵丘丈人·五丁怒》《蛇蝎·汪罔僬侥》《瞽聩·越王》《千里马·噪虎》《鲁般·蟾蜍》《瞽聩·术使》《公孙无人·鹰化为鸠》《瞽聩·即且》《玄豹·梓棘》《麋虎·唐蒙薛荔》《麋虎·麋虎》《玄豹·蚁垤》《玄豹·贿亡》以及《愁鬼言》《答郑子享问齿》《杂诗四十一首》的大部分《枯树图歌》《乌生八九子》等诗文。《瞽聩·越王》的故事颇为有趣：

> 越王燕群臣，而言吴王夫差之亡也，以杀子胥故。群臣未应。大夫子余起而言曰："臣尝之东海矣。东海之若，游于青渚，禺强会焉，介鳞之从者以班，见夔出，鳖延颈而笑。夔曰：'尔何笑?'鳖曰：'吾笑尔之骄跃，而忧尔之踣也。'夔曰：'我之骄跃不犹尔之踧踖乎? 且我之用一，而尔用四，四犹不尔恃也，而笑我乎? 故趹之则羸其骭，曳之则毁其腹，终日匍匐，所行几许，尔胡不自忧而忧我也?'今王杀大夫种而走范蠡，四方之士掉首不敢南顾，越无人矣! 臣恐诸侯之笑王者在后也。"王默然。

传说中的独脚怪兽夔、海神若和禺强，现实实有能说会道的鱼鳖，纷纷现身于仅有二百余字的小故事中，场面光怪陆离，瑰奇幻怪，读来饶有意思。

　　刘基历史题材的作品固然多有忠于史事，以求达到以史为鉴目的的，如《枸橼·议使中行说》《省敌·聚天下者犹的》《公孙无人·晚成》等。而那些在原有历史人物、历史事件的基础上加以改造、发挥，融入了作者想象的寓言，却是此类题材作品中最能体现刘基奇肆风格的作品，也突出表现了刘基对《庄子》艺术的接受。《庄子》中也存在着大量历史寓言，这些寓言是在对历史人物、历史事件大胆改造的基础上创作而出的，如"孔子之楚"、"阳子居见老聃"、"孔子见盗跖"等。历史在庄子之笔的驱使下改头换面地传达着庄子的哲学理念，给人以新奇的审美体验，体现了《庄子》诡奇的艺术风格。刘基这方面的作品有《鲁般·象虎》《玄豹·惜鹳智》《玄豹·蛰父不仕》《灵丘丈人·晋灵公好狗》《灵丘丈人·云梦田》等。以《晋灵公好狗》寓言为例，《左传·宣公二年》对此作过简单记载：

　　……宣子骤谏，公患之，使锄麑贼之。晨往，寝门辟矣，盛服将朝，尚早，坐而假寐。麑退，叹而言曰："不忘恭敬，民之主也。贼民之主，不忠；弃君之命，不信，有一于此，不如死也。"触槐而死。

　　秋九月，晋侯饮赵盾酒，伏甲将攻之。其右提弥明知之，趋登曰："臣侍君宴，过三爵，非礼也。"遂扶以下，公嗾夫獒焉。明搏而杀之。盾曰："弃人用犬，虽猛何为。"斗且出，提弥明死之。

　　……

　　乙丑，赵穿攻灵公于桃园。宣子未出山而复。

刘基整合种种史实的蛛丝马迹，并在其中加入他的理解和想象，借助于人物的言语、行动，构织了下面这则题旨鲜明的寓言：

　　晋灵公好狗，筑狗圈于曲沃，衣之绣。嬖人屠岸贾因公之好也，则夸狗以悦公，公益尚狗。一夕，狐入于绛宫，惊襄夫人，襄夫人怒，公使狗搏狐，弗胜。屠岸贾命虞人取他狐以献，曰："狗实获狐。"公大喜，食狗以大夫之俎，下令国人曰："有犯吾狗者，刖之。"于是，国人皆畏狗。狗入市取羊、豕以食，饱则曳以归屠岸贾氏，屠岸贾大获。大夫有欲言事者，不因屠岸贾，则狗群噬之。赵宣子将谏，狗逆而拒诸门，弗克入。他日，狗入苑食公羊，屠岸贾欺曰："赵盾之狗也。"公怒，使杀赵盾，国人救之，宣子出奔秦。赵穿因众怒攻屠岸贾，杀之，遂弑灵公于桃园。狗散走国中，国人悉禽而烹之。君子曰："甚矣，屠岸贾之为小人也！绳狗以蛊君，卒亡其身以及其君，宠安足恃哉！人之言曰：'蠹虫食木，木尽则虫死'，其如晋灵公之狗矣。"

故事篇幅不长，作者没有拘泥于史实，而是在原有事件基础上生发演化，虚构人物对话乃至故事情节，刻画出了屠岸贾的谄媚、跋扈与晋灵公的昏聩、愚蠢，用以批判君昏臣奸的朝廷政局，揭示其必亡的命运。

其次，夸张、想象、拟人、比喻、排比等修辞手法的综合运用。《庄子》文风诡奇多姿，除是以新奇寓言来结撰文章的原因外，前述修辞手法的大量运用起到了关键性的作用。刘基作品奇肆风格的形成也离不开对众多修辞手法的使用，在一定程度上体现出对庄子艺术手法的认可和接受。上述诸篇无疑是此方面的代表，此外，再如《送穷文》《雪鹤篇赠詹同文》《青萝山房歌寄宋景濂》《题群龙图》《为杭州郑善止题蓬莱图》《听蛙》《巫山高》《禅室诗为台州栖霞观道士作》《题钓雪图》等诗文亦可为代表。兹以《二鬼》为例，让我们从修辞手法的分析入手来感受刘基的奇肆之美。刘基在《二鬼》中借鬼神世界抒发了其大志难伸的苦闷。诗歌开篇便用想象、夸张手法，描绘出一片恢奇阔大的景象："忆昔盘古初开天地时，以土为肉石为骨，水为血脉天为皮。昆仑为头颅，江海为胃肠，嵩岳为背脊，其外四岳为四肢。四肢百体咸定位，乃以日月为两眼"。这段文字手笔非凡，尽是大意象、大场面。继而极尽想象之能事，写郁仪、结璘二鬼谨遵天帝之命，恪尽职责，守护日月："星官各职职，惟有两鬼两眼昼夜长相追。有物来掩犯，两鬼随即挥刀铍。禁制虾蟆与老鸦，低头屏气服役使，不敢起意为奸欺。"并在天下大乱时，一显身手，为天帝医病，除妖净氛，匡天下之危。其后，又用一组排比句表达了对天下太平的渴望："檄召皇地示，部署岳渎神，受约天皇墀。生鸟必凤凰，勿生枭与鸥。生兽必麒麟，勿生豺与狸。生鳞必龙鲤……"而天帝却误解了二鬼，命五百夜叉穷天入地对之加以搜捕，最终将二鬼押入银丝铁栅内。刘基在二鬼的悲惨遭遇里深深寄托了自己的身世感慨，故而诗歌读来令人感动而无荒诞感。又如《听蛙》，刘基用排喻手法描写蛙声，"初聆衙衙杂更鼓，渐听嘈嘈成侈哆。犹持坚白较同异，似坐狙丘谈稷下。村童叫噪聱学究，悍妇勃磎喧娣姐。西域胡僧弹般若，齐东老生矜炙輠。逸帆触岸靡兼葭，醉客骂筵投盏斝。呦咬谁辨骍儿哇，觥眊乍开宾叟呵。怒牙嚼啮悸罗吞，瘖言诘屈惊宜榗。徒夸楚使能晋齐，未让秦巫工诅芊"。比喻新奇而贴切，聒噪的蛙声让刘基写来竟颇有几分趣味。

再者，立意、行文奇特。庄子立论独到，发言高奇，往往令人惊怖其言。《庄子》行文夭矫变幻，澹荡多变，如刘熙载《艺概·文概》称《庄子》"尤缥缈奇变，乃如风行水上，自然成文也"。刘基博学多识，立志高远，眼光敏锐独到，多有发人警醒的见解。文章立意、行文奇特与《庄子》如出一辙，是其接受《庄子》奇肆美学风格后于创作中的一个表现。此方面的代表作如《郁离子》之《麋虎》首篇，虎逐麋，麋走投无路，坠崖而死，虎亦随之坠崖而亡。虎死得颇让人不解。刘基由对这种奇怪现象的思考而得出的结论是"若虎，可以为贪而暴者之永鉴矣！"论见深刻独到而锐利新颖。再如《郁离子》之《虞孚·犂冥》：

> 犂冥之梁父之山得玛瑙焉，以为美玉而售之。人曰："是玛瑙也，石之似玉者也。若以玉价售，徒贻人笑且卒不克售，胡不实之？虽不足尔欲，售矣。"弗信，则抱而入海。将之燕，适海有怪涛，舟师大怖，遍索于舟之人，曰："是必舟有宝，而龙欲之耳。有，则亟献之，无惜；惜，胥没矣。"犂冥拊膺

而哭，问其故，曰："予实有重宝，今将献之，不能不悲耳。"
索而视之，玛瑙也。舟师哑然，忘其怖而笑曰："龙宫无子，
不能识此宝也。"

这则小寓言幽默诙谐，讽刺辛辣，一针见血。作者借之批判了真假
不分而又自以为是的愚蠢。哲理的传达含蓄而曲折，文法变幻，尺
幅波澜。刘基行文之奇，钟惺多有评说，如评《郁离子》之《千里
马·八骏》："句法极变幻，极古隽。"评《枸橼·士芳谏用虞臣》：
"篇中只二意，而变幻神骏，妙不可言。凡四五转，云飞泉涌。"①
刘基立意卓著新奇，但刘基之奇不同于庄子之奇。庄子是思出鬼神
之表，开合放纵，超越常识规范的牢笼。而刘基则审古阅今，"本
乎仁义道德之懿"②放言发论，表达他对社会历史人生的一己之见。
相较而言，庄子是天之浮云，幻怪多变；刘基则是奇峰秀岭，颖异
沉实。同时，刘基之奇又是对《庄子》之奇的选择性接受。此点明
人朱葵在《刻刘文成公全集引》评价《郁离子》时便已道出，其言《郁
离子》"有《南华》之奇纵，而去其诡幻"③。朱葵的对比是从寓言体
裁的角度进行的，一方面分析了刘、庄之奇的相异处，暗点刘文
"不失乎正"④的特色；另一方面又以"有"和"去"二字，点明《郁
离子》对《庄子》的选择性继承。

三、《郁离子》对《庄子》的接受研究

《郁离子》十卷十八章，一百九十五条寓言，是刘基壮志未酬，
借寓言抒写才华，寄托政治理想的产物，也是在元末兴起的仿效先

---

① 周松芳：《自负一代文宗——刘基研究》引，广东人民出版社 2006 年
版，第 198 页。

② 徐一夔：《郁离子序》，《刘基集》，浙江古籍出版社 1999 年版，第
676 页。

③ 吕立汉：《一部鲜为人知的刘基文集——崇祯本介绍》引，《刘基考
论》，中州古籍出版社 2000 年版。

④ 徐一夔：《郁离子序》，《刘基集》，浙江古籍出版社 1999 年版，第
676 页。

秦诸子以子名集方式进行创作的子书创作热潮中的佼佼者。其借寓言说理、寄托理想的方式，使《郁离子》成为名副其实的子书著作，被誉为"子书之第一流"①。而这种对寓言方式的重视和完美运用，也成为我们探讨《郁离子》对《庄子》接受的重要依据之一。故而在完成从思想和艺术风格角度对刘基的《庄子》接受考察后，极有必要对均长于寓言创作的《郁离子》和《庄子》间的关系进行深入研究。《郁离子》在诸多方面都表现出对《庄子》的接受，具体而言有思想、风格（前文对此二者已有论述）、结构方式、言说策略、题材改编以及意象、语句的化用等。

《郁离子》十八章寓言，每章立一标题，于首条寓言中取二至四个字的名词性词语为之，但不具备概括本章内容的作用，体现了对先秦中前期子书编排方式的仿效，似《庄子》之外杂篇。在结构全书的方式上，我们可从《郁离子·九难》与《庄子·天下》的对比中来看《郁离子》对《庄子》的接受。《郁离子·九难》在全书中的位置、作用极似《庄子·天下篇》。与前诸章多为一章数条寓言，每条多者不过几百字的处理方式不同，《郁离子》末章《九难》一章一条，长达二千六百余字，形式上效仿"七体"。《九难》设计了郁离子与随阳公子的一番辩论，郁离子在八次否定了随阳公子追求富贵、享乐、权谋、长生等人生价值取向之后，申述了自己的志向，"讲尧、禹之道，论汤、武之事，宪伊、吕，师周、召，稽考先王之典，商度救时之政，明法度，肆礼乐，以待王者之兴"。即行儒家之道，像古之贤臣一样辅佐君王治理天下。这是一个具有儒家情怀的政治家的理想告白，反映了刘基博大的政治胸怀。可以说，对于"阐天地之隐，发物理之微，究人事之变"②的《郁离子》而言，《九难》具有卒章明志之用。如果撇开《九难》的赋体形式，从内容上着眼，可以看到《九难》实是一个积极仕进者对入仕人生目的的

---

① 吕立汉：《一部鲜为人知的刘基文集——崇祯本介绍》引，《刘基考论》，中州古籍出版社 2000 年版。

② 吴从善：《郁离子序》，《刘基集》，浙江古籍出版社 1999 年版，第677 页。

盘点，最后他充分肯定了之前诸章中反复表现的拯世济时、救民水火的价值目标。而《庄子》卒篇《天下篇》，以洋洋洒洒的数千言从道术的角度对先秦各大学术派别一一介绍批评，而对道家思想则给予了正面的高度评价，历来被视为《庄子》一书的总序言。于此便可看出，《郁离子》和《庄子》结构安排的异曲同工之妙。不同之处只在于两者根据各自思想表达的需要而选择了不同的内容而已，一重政治理想，一重学术见解。

在言说策略上，刘基的《郁离子》是对《庄子》"藉外论之"寓言传统的复归。周松芳先生在其著作《自负一代文宗——刘基研究》中，对《郁离子》的寓言言说方式作了详细的分析。周作细致考察了寓言的发展历程，认为先秦寓言是言在此而意在彼，是寓有深意的，是先秦诸子说事论理的重要工具，本身的文学意义不大。由汉代开始，寓言作为一种文体而得到发展，并在后世的发展中分为二途：笑话和小说。中唐柳宗元的寓言创作发展的是别有寓意的寓言文体。后几经起落，至元末，寓言复兴，许多正统文人借寓言寄托政治理想，寓言创作形成热潮。刘基的《郁离子》大致作于1358年至1360年间，是时刘基抑而不行，遂辞官归隐青田，著书明志。"郁离者，文明之谓也"，"其意谓天下后世若用斯言，必可底文明之治耳！"[1]其书内容繁富，思想驳杂，有重在矫时弊、有切于世的功利价值取向。可以说，《郁离子》是刘基现实不得志的补偿性创作，寄寓了刘基的才华抱负、人生理想、卓识高见。是刘基借寓言建言议事的产物，故周作认为"从寓言复兴这个意义上讲，刘基的意义更在于其作品在精神上更符合庄子'三言'（'卮言'、'重言'、'寓言'）的艺术境界"[2]。

《郁离子》接受《庄子》最为直观的表现是对《庄子》寓言题材的选择加工及形象、语句的化用。题材选择上，如《瞽聩·术使》对

---

① 吴从善：《郁离子序》，《刘基集》，浙江古籍出版社1999年版，第677页。

② 周松芳：《自负一代文宗——刘基研究》，广东人民出版社2006年版，第181页。

"狙公赋芧"故事的改编，对此前文已有论述，故不再赘言。再如《玄豹·石羊先生》中的一个小故事"庄子之齐，见饿人而哀之，饿者从而求食。庄子曰：'吾已不食七日矣。'饿者吁曰：'吾见过我者多矣，莫我哀也，哀我者惟夫子。向使夫子不不食，其能哀我乎?'"此则故事取自《庄子》中的"庄子贷粟于监河侯"的寓言。在《郁离子》中，庄子对辙鲋的哀怜变成了对饿人的同情。刘基去掉了《庄子》对世情的愤慨，而换之以悲哀弱者相求而不能相助的情感。饿人"向使夫子不不食，其能哀我乎?"的一番话，悲凉酸楚，没有对人情的深刻体察是难发此言的。《郁离子》选用《庄子》寓言题材进行的创作，虽然仍有庄子的影子，但相较《庄子》原作而言已有了较大改变。刘基还多有运用《庄子》中的形象结构寓言的，这些形象如"跃冶之钢"（《庄子·大宗师》之冶金）、"若"（《庄子·秋水》之海若）、"夔"（《庄子·秋水》）、"即且"（《庄子·齐物论》）、"狙公"（《庄子·齐物论》）、"瘿人"（《庄子·德充符》之瓮盎大瘿）等。在语句引用方面，如《天道·圣人不知》中萧寥子所言"六合之外，圣人不言"的话，便是对《庄子·齐物论》"六合之外，圣人存而不论"的化用。

　　刘基为学驳杂，书画、堪舆、星象、建筑无不通晓。而强烈的事功意识，使他不甘做地道的文人或隐士，在个人小天地中自娱自乐了此一生。他时刻在寻找机会，对理想永不放弃，在个体社会价值的实现中证实生命存在的意义。然而逢时不祥，遇人不淑，加上刚正不阿的性格，使刘基一生崎岖不平。坎坷的经历以及崇儒而不为儒缚的知识结构和处世方式，使刘基在思想和艺术上接受了《庄子》的影响。而高度的社会期许和价值定位，又使刘基未能触到《庄子》的精神内核，难以以一种真正达观的态度去面对人世。《庄子》对刘基而言，究竟只是个外壳。在元末，刘基庄子外壳下的是一股刚直不屈、愤而不平之气；在明初，刘基则更多的是借《庄子》来调整尊卑荣辱的戏剧性变化所带来的强烈心理落差，在对《庄子》的接受中充满了无奈与哀愁。故而，刘基在历史上给后人留下了难以超脱、羁绊一生的身影。在艺术上，刘基诗文的平淡风格见证了刘基在《庄子》接受方面作出的努力，此点亦是刘基在庄子影响下所形成的平和淡泊的人格形态在其创作中的体现。而这种平淡风格终非刘基诗文的主导风格，这与刘基在《庄子》思想接受方面：走近庄子却难以走进其精神内核的特点保持了一致。刘基作品呈现出的奇肆风格和《郁离子》的寓言创作对《庄子》"藉外论之"寓言传统的回归，在表层上体现了对《庄子》文章风格、结构方式、言说策略等外在形式的接受，而在深层上对之起主导作用的则是刘基干预现实的理念和人生的碨砆不平之气。而这种起决定作用的深层因素与庄子思想体系相去甚远。刘基的《庄子》接受充分体现了越派文人《庄子》接受的特点：对《庄子》艺术的足够重视和接受，以及对《庄子》思想的保留性接受。

第三节　白云空悠悠　野鹤自来去
——高启的《庄子》接受研究

高启（1336—1374），字季迪，号青丘子，又号槎轩，元末明初吴郡（今江苏苏州市）人。少曾有志于泛游南北，历览高山大川，但一生足迹未出吴越。生平经历亦为简单，曾在张士诚的手下，挚友饶介幕府中做过短暂幕僚。明初，又因声名昭著而被征召修《元史》，后任职翰林院编修不到一年便辞官还乡。加起来，高启真正的为官岁月不及两年。可以说，高启生命的大多数时间是在家乡隐居中度过的。洪武七年（1374），高启因《上梁文》坐魏观狱腰斩，卒年39岁。未及熔铸变化自成一家，这颗诗坛巨星便陨落人间，哀斯痛斯，或莫及之！《明史·文苑传》、钱谦益《列朝诗集小传》、汪端《明十三家诗选》都有关于高启的传记资料，此外，李志光的《凫藻集本传》、吕勉的《槎轩集本传》、佚名《高青丘年谱》、周立《序》、张适《哀诔》等文献也保存了有关高启生平的第一手资料。高启天资聪颖，力学不倦，粹于群史，尤好权略，嗜为诗，其言"一事于此而不他，疲殚心神，搜刮物象，以求工于言语之间，有所得意，则歌吟蹈舞，举世之可乐者不足以易之，深嗜笃好，虽以之取祸，身罹困逐而不忍废"①。天赋、勤奋及对诗歌的热情成就了高启在明代诗坛上的地位，后人对之多加推扬："允为明三百年诗人称首，不止冠绝一时也"②，"一时推大作手"③，"实据明一代诗人之上"④等。据周立《序》所言，高启的作品"诗则有《凤台》《吹台》《江馆》《青丘》《缶鸣》《南楼》《姑苏》《胜壬》等集，文则有《凫藻集》，词则有《扣舷集》也，几二千余篇"⑤。明人徐庸在周立编定的《缶鸣集》的基础上，增补汇编成《高太史大全集》，即今《四库全书》所收版本。清朝雍正年间，桐乡金檀在徐本基础上再做增补而成《高青丘诗集注》，是历来被认为保存高启诗集最为完备的版本⑥。目前通行的今人徐澄宇、沈北宗校点的《高青丘集》，便是以金本为底本汇编而成，而较底本更为详尽准确。

一、高启对《庄子》形式的接受研究

高启思想驳杂，以儒道为主，兼涉释家。谙熟老庄，尤甚《庄子》。以诗歌为例，高启有六十余首诗涉及《庄子》典故。直接引用者如《行路难三首》其二（"危莫若编虎须"，引自《庄子·盗跖》之"疾走料虎头，编虎须，几不免虎口哉！"）、《雉子斑》（"十步一啄"引自《庄子·养生主》之"泽雉十步一啄，百步一饮，不蕲畜乎樊中"）、《寓感二十首》其十六（"云中奏咸池"出于《庄子·天运》之咸池之乐；"未始有成亏"引自《庄子·齐物论》之"无成与亏，故

---

①　高启著，徐澄宇、沈北宗校点：《缶鸣集序》，《高青丘集》，上海古籍出版社1985年版，第906页。

②　陈田：《明诗纪事》甲签卷七，上海古籍出版社1993年版，第163页。

③　沈德潜、周准：《明诗别裁》（高启诗小序）卷一，上海古籍出版社1979年版，第14页。

④　《四库全书总目提要·大全集》卷一百六十九，集部二十二，别集类二十二，武英殿本。

⑤　周立：《序》，《高青丘集》，上海古籍出版社1985年版，第983页。

⑥　于高启诗文，今人亦济以惠补遗珠之劳，如史洪权：《高启诗文撷遗》，《文献》2006年第3期。

昭氏之不鼓琴也")、《煮石山房为金华叶山人赋》("绝胜乞米监河侯"引自《庄子·外物》之庄子贷粟于监河侯的典故)、《喜家人至京》("海鸟那知享钟鼓,野马终惧遭笼轵",引自《庄子·至乐》鲁侯养海鸟和《庄子·马蹄》的典故)等。化用《庄子》典故者如《寓感二十首》其六("无营亦无想,八表独神游",化自《庄子·逍遥游》之"若夫乘天地之正,而御六气之辩,以游无穷者";"乘云气,御飞龙,而游乎四海之外";《大宗师》"游乎天地之一气"等)、其十三("驽马放田野,志本在丰草",是对《庄子·养生主》泽雉典故的化用)、其二十("鸿鹄横四海,鹪鹩恋蓬榛",是对《庄子·逍遥游》鲲鹏寓言的化用)、《牧》("相逢休挟策,回首恐亡羊",是对《庄子·骈拇》臧穀亡羊典故的化用)等。高启甚至在一首诗中连用几个《庄子》典故,如《喜家人至京》、《寓感二十首》其十六等,最典型的则是《芥舟诗》:

> 估客海上夸乘风,大舶远戛龙鱼宫。帆如乘云落天外,不假羽翼行虚空。惊涛拍山撼难动,安卧每到扶桑红。回头却笑垂钓子,断沟老蛣留孤篷。乌知达人解物表,坐视大块舟航同。风轮昼夜不停转,元气下载浮鸿蒙。泰山亦与一尘等,何以巨细论雌雄?君今斋居那苦小,自比置芥坳堂中。将身便欲入无间,险语乍出惊愚蒙。我闻悬珠纳万象,此事尚觉劳神功。万千毫发尽非有,幻相欲别谁能穷。君行莫鼓万里舵,天游闭户随西东。何须更待积水厚,区区往问南华翁。

诗歌兼用佛道批驳了溺于外物的世俗思想,以齐物及释氏万物皆幻的思想解除物累,达到神与天游的逍遥状态。在诗中,高启连用五个《庄子》典故①来阐发诗旨。虽然高启用及《庄子》典故的诗歌在其全部诗歌中所占不足3%,但从典故涉及《庄子》篇目的

---

① 即"乌知达人解物表,坐视大块舟航同","泰山亦与一尘等,何以巨细论雌雄"化自《庄子·齐物论》;"自比置芥坳堂中"、"天游闭户随西东"、"何须更待积水厚"化自《庄子·逍遥游》。

广泛性及典故运用的灵活性来看，高启对《庄子》篇章是相当熟悉的。

高启诗文中还会经常用及《庄子》中的经典字词和语句。如"化"（《寓感二十首》其一"唯当乘大化"，《与王隐君宿宁真道馆》"语化众妙归"），"忘机"（《寓感二十首》其八"出处两忘机"），"坐忘"（《立秋前三日过周南饮雷雨大作醉后走笔书壁间》"醉中相对正坐忘"），"天和"（《独酌》"一斟解物累，再酌回天和"），"畸人"、"达生"（《赠漫客》"畸人诚达生"），"虚"、"静"、"灵府"（《生白室记》《静者居记》《静学斋铭》《静得斋铭》）等。语句方面，如《碧泉铭（并序）》之"夫道无不在也，草木瓦砾皆有道"，是对《庄子·知北游》东郭子与庄子辨道内容①的概括化用。再如《生白室记》对虚心之用的描述，"则虽日与物接，其外蔽交，而中之虚自若也。吾虚既存，然后光明洞彻，昭然而不昧者发焉。烛至幽而不遗，察至隐而能著，此则明而诚，诚则明之道也"，在句式、表达意旨方面极似《齐物论》②《天道》③及《庚桑楚》④的言说方式。

二、高启对《庄子》思想的接受研究

典故、词语、语句是高启接受《庄子》的外在显现，更深一层的是高启对《庄子》思想的接受。高启多方面接受了《庄子》的思想，其中突出体现为对《庄子》生命价值观、安命观和精神境界观的接受。对此，我们不妨一一予以考察。

---

① 《庄子·知北游》："东郭子问于庄子曰：'所谓道，恶乎在?'庄子曰：'无所不在。'东郭子曰：'期而后可。'庄子曰：'在蝼蚁。'曰：'何其下邪?'曰：'在稊稗。'曰：'何其愈下邪?'曰：'在瓦甓。'曰：'何其愈甚邪?'曰：'在屎溺。'"

② 《庄子·齐物论》："其觉也形开，与接为构，日以心斗"，"与物相刃相靡，其行进如驰，而莫之能止，不亦悲乎!"

③ 《庄子·天道》："圣人之静也，非曰静也善，故静也；万物无足以铙心者，故静也。水静则明烛须眉，平中准，大匠取法焉。水静犹明，而况精神!"

④ 《庄子·庚桑楚》："正则静，静则明，明则虚，虚则无为而无不为也。"

（一）生命价值观

儒家强调个体对社会的承担，认为个体的存在意义在于外在价值的实现，是外向、进取的学说。庄子则以儒家学说解构者的身份出现，他将哲学视野聚焦于生命本身，张扬个体的价值和意义即在于自身生命的天然存在。庄子反思生命困境，探寻超越途径，标举理想人生境界，是内敛、退守的学说。儒道对生命内外的不同关注，彼此互补，形成了我们民族特有的完整而稳定的人生哲学模式。庄子高度重视个体生命，全生保身尽年，将生命提至凌驾于世间一切之上的高度，在庄子看来，"夫生者，岂特隋侯之重哉！"（《庄子·让王》）庄子在保全生命的同时，重视生命质量，捍卫生命的本然状态，追求绝对精神自由和独立的人格价值。泽雉、野马、曳尾之龟的形象委婉而坚定地传达出庄子独立自由的生命理念。而肆志轩冕，躬行仁义，追求个体的社会价值和道德价值，为世所用，则被庄子视为对生命的戕残和对天性的悖异，是庄子一生志在摒弃的物累。摆脱物役后，庄子以"无用"作为生命的评价标准和达至精神自由的重要手段。大樗、大瓠、散人等于世无用于己有用的形象成为庄子笔下歌颂的对象，无用而逍遥的状态成为庄子期待向往的精神境界。

高启接受了庄子的这种生命价值观，并将之化入生命和创作中。高启坦言生性懒漫[1]，以无才为遁词自觉疏离政治[2]，避世保身。他为偃仰于荒丘的老松作赞歌，赞其"得全正爱同支离"[3]。他高度认可汉末隐士申屠子龙，不与朋党，"灭迹芒砀之间，因树为屋，自同佣人"的处世行为。对德肖子龙的后人倍加称赞，高启热情洋溢地说："夫慕其人而不得见，虽见其乡之草木，犹将爱

---

[1]　如《秋风》"但觉成懒性"，《昼睡甚适觉而有作》"闲居况懒拙，尽日无营为"，《赠漫客》"与物无留情，所适皆适尔"，《赠薛相士》"弛弓懒复张"，《效乐天》"性懒宜早闲"，《暮行园中》"我懒不自耕"，《晓睡》"野夫性庸朝不出"，《青丘子歌》"蹑屩厌远游，荷锄懒躬耕"等。

[2]　如《娄江吟稿序》、《赠薛相士》等。

[3]　高启：《偃松行》，《高青丘集》，上海古籍出版社1985年版，第385页。

之，而况其子孙乎？况其德之肖者乎？乃为树屋俑赞……"①其他诸如《行路难二首》其一、《效乐天》等诗也表达了高启为求避祸全身而主动与政治保持距离的思想。在高启疏懒的脾性和对政治的疏离中包含着他对自由适性生活的向往，对独立人格的追求。类似于庄子，高启亦多用鸟儿、野马作为自由独立的象征，表达失去自由的苦闷，拥有自由的快意，展现自由生命的活力和个性魅力。如下面的例子：

> 野性不受畜，逍遥恋江渚。(《池上雁》)
> 田间适本性，舍此欲何归？(《三鸟》)
> 安能受驯畜？敛翼自摧伤。(《雉子斑》)
> 海鸟那知享钟鼓，野马终惧遭笼靰。(《喜家人至京》)
> 驽马放田野，志本在丰草。(《寓感》其十三)

高启一生也可说是自由的注脚。高启少亦有壮志，一曲《赠铜台李壮士》写得豪气四溢，气干虹霓。但当济世之志要以生命自由、独立人格为代价时，高启义无反顾地选择了将后者作为自身归宿，故其拒张士诚之聘，辞朱元璋之官。然而自由了大半生的天才高启，未能看透朱元璋的猜忌本性，懒漫不羁的他不懂得要适时转换人生策略：韬光养晦、谨言慎行，而依旧我行我素，最终成为自由的献祭。高启珍视生命，对生命的短暂易逝异常敏感，《蒿里歌》《短歌行》《拟古十二首》其三、其七、其十一，《寓感二十首》其九等多首诗歌表达了对生命倏忽而过的感慨。如《拟古十二首》其十一：

> 人生一沤水，所欲乃无涯。志意苦未毕，容华忽然衰。天地有终坏，谁能待其期。聊为一日欢，勿作千载悲。神仙俱好饮，得醉复何疑。

---

① 高启：《树屋俑赞》(并序)，《高青丘集》，上海古籍出版社 1985 年版，第 916 页。

高启看到欲望与生命、天地与个体间不可调和的矛盾。意愿尚未实现，弹指间青丝已变白发，常会令人感怀不已，叹惋生命的短暂、无常，高启作诗歌此事，便足以证明生命短暂带给他的精神冲击，但最终他选择了达观地看待生死，力求生命的超越。高启之所以如此，源于他对生命价值的高度重视，对生命真谛的洞悉。如其《寓感二十首》其十七：

> 达人贵全生，外物等秋草。顾此七尺躯，即为黄金宝。昧者营所嗜，弃捐不待老。岂无室中资？他人是来保。何如饵金液，长令鬓颜好。

面对生命，一切都如同秋天枯索的黄草，显得无关紧要。肉体生命更是被高启突显到无以复加的地步，他毫无顾忌地宣扬生命的保全延续。在高启那里，生命没有高低贵贱之分，一切生命都值得尊重、珍视。如《寓感二十首》其二十：

> 鸿鹄横四海，鷦鹩恋蓬榛。长松凌风烟，小草亦自春。各禀造化育，逍遥适其真。无将赫赫者，下比栖栖人。

鷦鹩、小草虽然低微，但作为造化的产物，它们自适其性，真实而无做作地展现生命的本真，焕发着诱人的生命光彩。

（二）安命观

面对自然与社会交织而成的弥天大网，个体如同网上被黏缚着的小虫，无可奈何又无力挣脱，被这张大网所左右着，直至化为异物。庄子深刻体察到现实中这种不以人的意志为转移的必然性，将之称为"命"。而对强大的异己力量挤压人，给人造成的痛苦，庄子本着因其自然和逍遥游的思想化之以安命论。他将安于性命之情者视为有德者，认为"知其不可奈何而安之若命，德之至也"（《庄子·人间世》）。对"命"的安守，使庄子抹杀了人的一切主观能动性，"无以故灭命"（《庄子·秋水》），"不务命之所无奈何"（《庄子·达生》），以无为而安命求得精神的逍遥游，无为是得以安命的具体手段。庄子安命无为的思想，固然有消极被动的一面，但"在无力改变现实又要追求精神自由的情况下，庄子也只能择此一途"①。后世与之境遇相似的文人，亦多以安命思想来超脱现实，获取心灵的自由平和。

高启一号槎轩，其居处亦名槎轩，是其客居淞江时，观江上众槎"同寄于水"②，而最终归宿不同的现象感慨得来的。洪武六年（1373），高启又专门作《槎轩记》释"槎轩"之义。小文不长，不妨将其主要部分引录如下：

> 众槎之流，同寄于水也，而洄薄荡汩，或沦于泥沙，或棲于洲渚，或为渔樵之所薪，或为虫蚁之所蠹，或乘洪涛东入于海，茫洋浩汗，莫得知其所极。而亦有一槎焉，或沉或浮，或泛或止，方此倏彼，而不可期者，水实使之也。然槎虽寄于水，而无求于水。水虽能使槎，而无意于槎。其漂然而行，泊然而滞，随所遭水之势尔。水盖未尝有爱恶于槎，槎亦不知有德怨于水也。人之生而系命于天者，亦何异是哉？夫林林而立者皆人也，而有贵为王公，有贱为舆隶，有富有千驷，有贫不能饱一箪；亦有一人之身而始困终亨，前兴后仆，变迁无常而缪辚不齐者，非天孰使之然？天虽使之，而岂有意哉？磅礴、绌缊、厚薄，随其所得，与人漠然，而人自不能违尔！世之不安乎天者，乃疲智力以营所欲，悲失喜得，而卒不知得失之不在己也，非惑欤！此予所以有感于槎而取以名轩也。且予又不观夫水与天乎？其奔淳也随地形而成；其旋运也乘气机而动。二者犹不能自任，而况槎与人乎？若予，天地间一槎也。其行其止，往者既知之矣，来者吾何所计哉？亦安乎天而已矣。顾

① 刘笑敢：《庄子哲学及其演变》，中国社会科学出版社1988年版，第149页。

② 高启：《槎轩记》，《高青丘集》，上海古籍出版社1985年版，第861页。

吾槎方止，幸不为薪且蠹，则是轩者，其沦樓之地乎！

观槎有感，由槎及人，自比于槎，感叹贫富穷达自有命定，安命顺天方为智者。虽然"命"字仅现一次，且非关键语，但文章流露出浓重的安命色彩。在文字中，"水"字、"天"字频现，是为文眼。一方面，"水"、"天"意指非人格化的不可抗拒的决定性力量，在此意义上即为庄子之"命"。它无爱恶于个体，如同"庄子所说的命没有惩罚或恩赐的含义"①。面对世间之人贵贱不等，贫富有差，穷达无定，高启接受了庄子"死生存亡，穷达贫富，贤与不肖毁誉，饥渴寒暑，是事之变，命之行也"(《庄子·德充符》)的命定思想，认为"非天孰使之然"，而"天岂有意哉"。对于既定之天，高启"亦安乎天而已矣"。而对不安于天，痴心妄行，迷于得丧者，高启的悲悯之情亦同庄子②。另一方面，"水"、"天"又指自然实体。作为自然物的水、天，同乎大化中的其他存在，"不能自任"，被一股冥冥之中的力量所左右着。于此可见出高启地道的诗人思维模式，疏于逻辑抽象，而总向形象思维靠拢。这种概念使用的随意性(尤其"天"字)虽不免于疏漏不谨之讥，但思维方式的转换却极易带来思想冲击，先前被高启置于凌霄之上，俯视群生的"天"与"水"，此时又与万物无异，为命所弄。文章的命定思想不经逻辑推理就在直觉中猛然突进一层。

　　表现高启命定思想的再如"厚薄有定命，巧拙果谁欤"(《寓感二十首》其十二)，"命也可奈何！天道谁疏亲"(《赠谈鬼谷数瞽师金松隐》)等。然而，高启的安命思想有其自身特色。不同于庄子安命论对无为的强调，高启安命却不排除主体的能动性，此点可由《赠钱文则序》一文看出。序文由星卜谈起，占星人言高启命舍魔蝎宫，此点巧同仕途坎坷而文章赫然的韩愈、苏轼。这令高启颇为

---

　　①　刘笑敢：《庄子哲学及其演变》，中国社会科学出版社1988年版，第131页。
　　②　如庄子在《齐物论》中对不安于性命之情者的悲叹："一受其成形，不化以待尽。与物相刃相靡，其行进如驰，而莫之能止，不亦悲乎！"

感慨，后文便围绕着命运、文章展开行文。高启所言之命，既有庄子和星象迷信所宣扬的命定思想的一面，如其言"穷达得丧由乎命"①。同时他的命又具有不可预料性与不可控性，失去了庄子之命的绝对必然性，人生的许多方面是可以脱逸于命的掌控的，这就是他所说的智愚贤否是完全可以责诸己的，文章好坏也多半取决于自身的努力程度。高启嗜诗，作此文有自勉的意味，但从命论角度看，高启对庄子的安命论是一种选择性的接受：在面对不可左右的现实境遇时，高启安命以求得精神的解脱和心灵的平和。而面对主体可左右的事宜如文学创作时，高启则突破了命定思想的消极一面，没有一味安命，而是极力彰显主体的能动性。

（三）精神境界观

面对人生的种种无奈，庄子并未止步于安命，其矢的所向是精神的绝对自由。庄子在书中用了一个颇具魅力的词语："逍遥游"，并不惮其烦地予以勾画：乘正御辩以游无穷，"游心于淡，合气于漠"（《庄子·应帝王》），"独与天地精神往来"（《庄子·天下》）……超越尘俗，超脱物累，精神净化提升，心灵淡漠恬静，在"幻化之境"中，愉快地享受"神秘的自由的精神体验"②。而唯有得道之人方可臻此精神境界，得道状态即逍遥的状态。在《庄子》中，"道"是绝对的、遍在的、永恒的、超越的，是万物之源，宇宙之本，是对真理的最高认识，得道之人"穷亦乐，通亦乐"（《庄子·让王》），"与物有宜而莫知其极"（《庄子·大宗师》）。庄子将"道"的特质归为"恬惔寂漠虚无无为"（《庄子·刻意》）。虚静是"道"的本质状态，亦是得道的必要手段。只有保持心灵的虚静安宁，方可在天人和谐中真切体会到精神的放松与自由，思想的翅膀才可于空中自由翱翔。关于虚静与道，庄子有段精辟的言论："圣人之静也，非曰静也善，故静也；万物无足以铙心者，故静

① 高启：《赠钱文则序》，《高青丘集》，上海古籍出版社1985年版，第890页。

② 刘笑敢：《庄子哲学及其演变》，中国社会科学出版社1988年版，第155页。

也。……夫虚静恬淡寂漠无为者，天地之平而道德之至，故帝王圣
人休焉。休则虚，虚则实，实者伦矣。虚则静，静则动，动则得矣。
静则无为，无为也则任事者责矣。无为则俞俞，俞俞者忧患不能处，
年寿长矣。夫虚静恬淡寂漠无为者，万物之本也。"(《庄子·天道》)
"静"是心灵的虚静，是排除一切搅扰之后的澹然平和，圣人体道由
虚静始，达致至道便可免患延寿，充分享受精神安宁自由的愉悦。
对于如何致道达虚静，庄子提出了心斋、坐忘、外物、齐物、顺化
等具体途径，遗形去知，物我合一，泯同是非得丧，顺化无忤，置
心于广漠之野，无何有之乡，逍遥自在，悠游适意。

　　高启的一生是对个体生命守望的一生。他呵护生命个性，重视
生命价值，捍卫生命的现实自由。对绝对精神自由亦倾心向往：
"逍遥随所归"①，"八表独神游"②，"天游闭户随西东"③。这种
浪漫恣意的精神游是对庄子式精神自由的翻版，不受拘束，心随所
欲，是绝对化、理想化的精神状态。对此精神状态的追慕，高启亦
取道庄子，借径于齐物、外物、顺化、坐忘、心斋等手段，超越自
身情欲的束缚，摆脱社会的、自然的种种局限，力图靠近精神自由
的涯涘。如其在《寓感二十首》中对生命的思考，生命短暂而珍贵，
倏忽之间，持镜自览时已是"绿鬓生素丝"④。而蚩蚩群氓生于世
间，却"行止无定依"⑤，"抱智虑"，"资劳忧"⑥，"辛苦图不

---

①　高启：《寓感二十首》其一，《高青丘集》，上海古籍出版社 1985 年
版，第 107 页。
②　高启：《寓感二十首》其六，《高青丘集》，上海古籍出版社 1985 年
版，第 108 页。
③　高启：《芥舟诗》，《高青丘集》，上海古籍出版社 1985 年版，第 382 页。
④　高启：《寓感二十首》其十四，《高青丘集》，上海古籍出版社 1985
年版，第 111 页。
⑤　高启：《寓感二十首》其一，《高青丘集》，上海古籍出版社 1985 年
版，第 107 页。
⑥　高启：《寓感二十首》其六，《高青丘集》，上海古籍出版社 1985 年
版，第 108 页。

朽"①，心灵胶扰不堪，不得安顿。高启否定厌恶此般生活，他忘怀荣辱，齐同得丧，"无营亦无想"②，"遗臭与流芳，冥然付杯酒"③，顺应自然，"唯当乘大化"④，以此获得如天际浮云自由卷舒般的人生状态。

对诗歌的痴迷，对创作时精力高度集中状态的体验，使高启尤为推崇精神自由的虚静状态，如其《静者居记》《静得斋铭》《静学斋铭》《生白室记》均围绕"静"与"虚"展开行文。"静"与"虚"，虽分而言之，实则一体，虚故无杂，无杂则纯粹，纯一不变，是为静之至。在《静者居记》中，高启对其所言之静作了界定，"盖静也系于人，不系于居"。即言其所谈之静乃指人心之静，精神虚寂超脱，方能避免驰骛于世事，保持平和淡漠的心态，实现主体的精神自由。《静得斋铭》与《静学斋铭》则定虚、静（寂）为心之本然，视情、欲为乱静之因，描摹心境胶扰与虚静的不同状态表现，叙写虚静于人于物的巨大功用。对静的赞誉之情溢于言表。对如何达致虚静的状态，高启借鉴了庄子的坐忘，亦提出要"忘己与物"⑤。但同时指出庄子乃"游方之外者"⑥，其倡导的彻底的虚寂无为，是缺少现实可行性的。所可行者乃是将儒家原则与道家修养方法相结合，"勿视于邪"，"勿听于淫"，"勿思于妄"⑦，"不诱于听，不

---

① 高启：《寓感二十首》其十一，《高青丘集》，上海古籍出版社 1985年版，第 110 页。

② 高启：《寓感二十首》其六，《高青丘集》，上海古籍出版社 1985 年版，第 108 页。

③ 高启：《寓感二十首》其十一，《高青丘集》，上海古籍出版社 1985年版，第 110 页。

④ 高启：《寓感二十首》其一，《高青丘集》，上海古籍出版社 1985 年版，第 107 页。

⑤ 高启：《静得斋铭》（并序），《高青丘集》，上海古籍出版社 1985 年版，第 921 页。

⑥ 高启：《生白室记》，《高青丘集》，上海古籍出版社 1985 年版，第 853 页。

⑦ 高启：《生白室记》，《高青丘集》，上海古籍出版社 1985 年版，第 853 页。

眩于观"①，以此便可达至庄子所提倡的精神自由状态，即"虽日与物接，其外蔽交，而中之虚自若也。吾虚既存，然后光明洞彻，昭然而不昧者发焉。烛至幽而不遗，察至隐而能著"②。高启以对人性的体贴改造了庄子的精神修养方法，淡化其神秘性和理想性，增加其现实可行性，而对精神自由的追求则是不变的主题。

相关于对绝对精神自由追求的是高启对"道"的信奉持守。高启道论，接受的是庄子所强调的道对人心的涵养之用，而无涉本体论意义上的道。心中有"道"，便无需悲吁命运的不公③，便可化解一切困境烦忧，解除愚妄④，精神得以逍遥惬意。如高启在《澹室为吴君赋》中⑤塑造的得道素士，固穷守贫，琴酒自娱，洒然自在。此外，高启还论及道的两个特点："默"与"素"。庄子将"默"与"素"提到很高的位置，其言"至道之极，昏昏默默"（《庄子·在宥》）；"能体纯素，谓之真人"（《庄子·刻意》）；"朴素而天下莫能与之争美"（《庄子·天道》）。高启也有类似表达如"默默道斯存"⑥，"素者，质也，白也。质则实而不华，白则纯而不杂；既实且纯，道之体具矣。"⑦高启认可庄子关于道的特点的论述，并将此思想化为行为准则：缄默处世，"素其行"，"素其心"⑧，体现了高启对庄子道论的发展丰富。

---

① 高启：《静学斋铭》，《高青丘集》，上海古籍出版社1985年版，第919页。

② 高启：《生白室记》，《高青丘集》，上海古籍出版社1985年版，第853页。

③ 如《寓感二十首》其十二："厚薄有定命，巧拙果谁欤？归卧掩蓬室，道存何所吁。"

④ 如《与王隐君宿宁真道馆》："不与至道俱，何以超妄蒙？"

⑤ 《澹室为吴君赋》："素士脱纨绮，澹然怡道心。穷庐车马绝，寒鸟下庭阴。酒外寡真趣，琴中多古音。闭门三日卧，风雪满城深。"

⑥ 高启：《寓感二十首》其十，《高青丘集》，上海古籍出版社1985年版，第110页。

⑦ 高启：《素轩记》，《高青丘集》，上海古籍出版社1985年版，第864页。

⑧ 高启：《素轩记》，《高青丘集》，上海古籍出版社1985年版，第864页。

三、高启艺术角度的《庄子》接受研究

高启的文学创作除接受《庄子》的思想影响外，在题材和风格上也可见出受到《庄子》影响的痕迹。主要表现为题材选择上对游仙和山水的偏好，以及风格上清逸自然的审美取向。

（一）

文学创作中的游仙题材源远流长，其源头始自先秦，在经历了汉代、魏晋、唐代三个创作高峰之后，走上了衰而不绝的道路。游仙诗最早定名于曹植，《庄子》中的得道者形象和屈原的《远游》为其远祖。《庄子》一书的核心哲学范畴"道"，具有遍在性、永恒性、超越性、主宰性等特点。而其中的得道者秉承了"道"的特质，呈现出超时空的神异性。《庄子》中的得道者有"至人"、"真人"、"神人"等异名同实的称号，他们高蹈远引，遗世独立；超越生死，长生久视；不受外物侵害，生命健康长寿；乘云御气，于空际自由来去；吸风饮露，不食人间烟火。这些得道者形象是庄子在神仙传说的基础上改造加工而成的，用以展示其对个体价值的关注，传达的是庄子绝对精神自由的理念，也是庄子反抗现实社会和自然压迫的产物。庄子将"无己"、"无功"、"无名"作为体得至道的必要条件，即有志于体道者应摆脱富贵功名等外物的牵累，忘知去欲，以求保持心灵的平静安宁，以此达到与道合一的极致境界。这其中体现了庄子对隐逸思想的吸收。故而，在庄子的得道者形象身上，糅合了隐逸与神仙的思想，可以说，《庄子》中的得道者对后世游仙诗的仙隐结合模式有骅骝先导之功。对庄子关于神仙神异特性的规定和创设的仙隐结合模式，高启在其游仙诗的创作中都有接受与吸收。

高启好神仙。虔信神仙的实存性①，津津有味地创作充满"列仙之趣"的游仙诗②；渴慕追效仙人，向往神仙境界，有强烈的入

① 如其《洞庭湖》言"勿言神仙事恍惚，灵迹具在良非诬"，再如《蔡经宅》言"神仙在世每自呈，凡夫不识等瞽盲"。

② 如《神仙曲》《空明道人诗》《梦游仙》《蔡经宅》《书梦赠徐高士》《赠步炼师祷雨》等诗。

仙之愿①；熟悉神仙典籍，丁令威、浮丘伯、蔡经、王远等神仙及安期枣、青松化石等意象、典故常会出现于高启的诗作中。在高启所创作的游仙诗中，既有对庄子神仙形象的继承，也有突破之处。高启对庄子的继承有如下表现：首先，长生健康的仙人形象。长寿健康于高启是极富诱惑力的，他着力凸显神仙长寿不受侵害的特异性。如其《神仙曲》中塑造了一位长寿到可以睹沧海桑田变化的上清真人。《书梦赠徐高士》则表达了对得道仙人"其神不彫驻景光"的羡慕之情，希望人世间也能遍得甘露，"疾苦不生寿无量"。《太湖》结末也表达了希望借助神仙力量去除人间疾苦的愿望，作者要叩林屋访仙怪，"试探不死方，为人起疴瘵"。其次，神仙可以遨游无际，于空中倏来倏往。如其《蔡经宅》对仙人王方平出游的描写，"绛衣游空拥幢旌，三山五岳自按行"。仙人出游摆脱了空间和物质的束缚，凌空而行，衣袂飘飘，隙驹之间便跨山越岭，逍遥自在于蔚蓝空中。再如《施君眠云堂》中的高士"浩然身欲飘，若乘无倪舟。朝至乎帝乡，夕返乎仙洲"。虽然"性懒复好眠"，但行动起来丝毫不含糊，依旧是仙人空中漫步的洒脱与迅疾。再次，反抗现实污浊，突破现实束缚。世间混浊的名利、疆土纷争，是高启逃离现世，求仙访道的诱因之一。高启寻求的神仙世界超越利害和纷争，清宁而静逸，足以安顿疲惫的身心。《寓感二十首》其九、《萧炼师鹰窠顶丹房》《赠李外史》等诗都可作如是解。最后，仙隐结合。高启往往将隐居与求仙打作一团，他笔下的隐士通常身具仙骨，隐居的山林亦可与仙境相媲美。如其《赠陶篷先生》《送曹生归新安山中》二诗均以神仙来比明于出处的归隐之士，《赠金华隐者》则言秀逸的金华乃"天帝赐与神仙家"的上好隐居之地。总而言之，高启的游仙诗继承了庄子对个体生命本然状态的关注，对生命的意义、价值和命运的思考与探索，对身心双重绝对自由的追求。虽然高启累于妻孥，对尘世还有眷恋，最终也未真正入道成仙，但虚幻的神仙世界却多少让高启获得些许自由，并从中寻找到真正的

---

① 突出者如《萧炼师鹰窠顶丹房》《孤鹤篇》《虎丘次清远道士诗韵》《梦游仙》《洞庭山》《蔡经宅》《云山楼阁图为朱守愚赋》等。

自我。

高启游仙诗对庄子的突破着重表现为神仙世界和神仙形象的平易真实化。一方面，高启笔下的神仙世界绮丽热烈而非庄子的清冷孤寂。这表现为仙境的瑰异奢华和仙人出游的气派壮观。在高启的仙境中会有绛紫色的天门，彩霞幻结而成的金银宫，白玉雕砌的宫城，响彻天地的神钲……仙人出游则鸾车幢旌，笙箫和鸣，前簇后拥，威仪奕奕如大将军。另一方面，神与人互通而不再是庄子笔下弃绝人世，不食人间烟火的仙人形象。仙人充满了人世关怀，向人传授仙方，助人脱离困境；人亦可登临仙界，与仙人彼此往来。高启的游仙诗朝着世俗化的方向发展，仙人和神仙世界虽然依旧超异神奇，但较之庄子笔下的得道者形象显然真实可感了许多，更贴近于人们的现实经验。这其中有对游仙诗传统的继承，也有时代因素使然，但总之体现的是高启对庄子的突破。

（二）

人生问题是先秦诸子普遍关注的问题，庄子选择了以自然角度为入手点。"自然"是理解庄子思想的机枢，其意旨所重在自然而然，强调事物的本然状态，是在原意"自然界"基础上的引申。"道"是《庄子》的最高哲学范畴，其论道之言如"已而不知其然，谓之道"（《庄子·齐物论》），申述了道的自然状态，是对老子"道法自然"思想的进一步发挥。庄子对道的体认亦从自然物入手，"原天地之美而达万物之理"（《庄子·知北游》）。《庄子》的最高精神境界：逍遥游，亦是人与自然完美融合、天人合一的境界。追求绝对精神自由的逍遥游是庄子拒斥人世，贴近自然的产物，是对美好自然界的想象与再创造，寄托了庄子对自然界的厚望深情。在"无何有之乡"、"广漠之野"，"乘天地之正"，"御六气之辩，以游无穷"，于虚拟的自然界中获得精神的悠然逍遥。在标榜道与逍遥游的同时，庄子设计了体道、实现逍遥的具体路径：心斋、坐忘、齐物。以之消融主体的外在附加，恢复本然天性，以虚静澄明之心，万物平等之理念体察道体，实现物我合一、天人一体的逍遥境界。庄子思想上重视自然，书中亦多有对自然景物细致观察后的生动描绘，如风鸣众穴、洋洋秋水、无际的大海、广漠的天空等。尤其是对地籁的描绘，历来颇得评庄者的赞誉："庄子之文好处极多，如此一段又妙中之妙者。一部书中此为第一文字，非特庄子一部书中，合古今作者求之，亦无此一段文字"①；"庄子画风之祖"②；"写出风木形声，笔端如画，千古摛文罕有如其妙者"③……诞生于魏晋的山水诗④，离不开此时已化身玄学的老庄思想的影响。在庄子思想影响下的山水作家多以物我平等的观念、超功利的纯审美眼光观察万物，留心于对情景交融，主客一体境界的刻画，以臻抵无我之境为艺术追求。

高启有烟霞之癖，自称"夙负云水债"⑤。"好景如好诗"⑥，令之沉醉不已，乃至山水入梦。隐居地吴中的怡人景色和悠缓闲散的生活方式让高启得以偿付平生夙债。故而风花雪月、山形水貌屡屡出现于高启诗中。高启对笔下的吴中风物充满深情，于景物的描绘中传达对生活的热爱，对生命的礼赞，对吴中厚重历史的感怀。高启的山水诗是承系庄子一派的山水文学而来的。在山水诗的创作中，高启以非功利的纯审美眼光观察景物，故能以平等的身份与自然对话，高启笔下的山水景物常具人格化的特征。如其写"春风似念无花看，远送飞红到砚台"⑦，他的春风婉尔可爱，多情善解人意；而新月则俏皮活泼，会"斜影低窥阁"，探悉诗人的一举一动。时至明代，用拟人手法描写景物，于艺术上已非新鲜事。其意义在

① 林希逸：《庄子口义》卷一，四库全书本。
② 杨慎：《鬐发》，《升庵集》卷四十二，四库全书本。
③ 陆西星：《南华真经副墨》虚字卷之一，严灵峰：《无求备斋庄子集成续编》7、8 册，艺文印书馆 1974 年版。
④ 此处所言山水诗取其广义上的概念。即以审美的视角描写景物，同时兼涉诗人的情感志向，其中景物描写是诗歌的主体，而且描写范围突破了魏晋时期单一的山水景色描写，凡以美景入诗者均可作山水诗理解。
⑤ 高启：《太湖》，《高青丘集》，上海古籍出版社 1985 年版，第 207 页。
⑥ 高启：《登竹竿岭》，《高青丘集》，上海古籍出版社 1985 年版，第 302 页。
⑦ 高启：《云岩东院》，《高青丘集》，上海古籍出版社 1985 年版，第 801 页。

于如前所言的与自然的平等对话，而这需要创作者纯净无染的心灵，对大自然发自内心的亲近，对人与自然是天地间的朋友而没有高低贵贱之分、人无权亦无资格役使自然的充分认识。古已有之的天人合一思想为人与自然的和谐相处立下了源头，而在艺术创作中的完美展现则离不开道家尤其是庄子思想的熏染。庄子以较之其他诸子更为纯粹的审美精神，对物我一体思想的强调影响了后世着意于创作的文人们。在山水诗意境的营造上，高启部分山水诗表现出对无我之境的追求。高启山水诗中达至无我之境者，如《五坞山·飞泉坞》"山空响更远，雨过流还急。余沫撒回风，一林红树湿"。诗歌纯然写景，寥寥数笔便写出了飞泉坞的气势。欢腾而过的泉水打湿了泉边的红树，也流淌出诗人对生活的热情。诗歌无涉抒情主体，但主体的精神气貌却早已化入诗歌的景色描写中，观景如观人。然而高启大多数山水诗中存在着鲜明的主体性，如其《林间避暑》一诗的描绘："自爱蛮藤滑，闲舒卧石苔。松风催暑去，竹月送凉来。石气生琴荐，泉香入茗杯。却怜行路子，愁暍向黄埃。"不与事功，无事纷争，淡然平和的隐者心态与诗中所绘之静逸美景契合无垠，诗末的感情直抒乃触景而生，自然而不生硬，整首诗的主客、情景完美交融为一体。而更多的诗歌则是或以动作，或以情绪，或以明确的第一人称我、吾等来强烈标识主体的存在。

以动作者：

> 一禽不鸣深树烟，明月下照高僧禅。独开西阁咏清夜，秋河欲堕山苍然。(《宿蟾公房》)
> 千山云顶一泉飞，仰面时惊雨湿衣。仿佛香炉峰下看，满溪红叶访僧归。(《题瀑布泉》)

以情绪者：

> 未得看春愁不禁，此日聊复试幽寻。行人入村花宛宛，吠犬隔水树深深。(《过北塘道中》其一)
> 骄阳未出晓凉生，满栉春风细发轻。荷上露华翻曲沼，树

头河影落高城。自舒清簟临窗坐，又听疏钟隔寺鸣。却喜闲身无事役，不须早逐市人行。(《晚凉》)

以第一人称者：

渺渺双凫落晚沙，一江秋色艳明霞。逢人不用停舟问，大树村中即我家。(《江上晚归》)

斜阳傍钓船，秋色满江天。仿佛吾家近，沙村落雁边。(《为外舅周隐君题杂画》其一)

这是高启浓郁的生命意识、个体意识在山水诗中留下的印记，也体现了高启山水诗对庄子影响的突破。

(三)

庄子瞩目于哲学，本无意于文学艺术，"而中国的纯艺术精神，实际系由此一思想系统所导出"①。对庄子哲学与美学思想间的转换，刘绍瑾先生认为"老庄富有美学启迪的哲学命题，在向美学、艺术理论的延伸、移植、发展的过程中，以山水为主体的自然界起了一个至关重要的中介作用"②。联系到山水诗的诞生，可以说，魏晋山水文学是庄子哲学思想的艺术再现。在山水与庄子思想的交互作用下，形成了中国诗学中的诸如清、远、逸、自然等古典审美范畴。沿此诗学传统而下，后世的山水文学也成为突出体现庄子美学思想的重要文学题材之一。受庄子思想影响的写景抒情诗，大多追求精神的自由愉悦，情致的超尘脱俗；景物描写上重在突出其本然特点，情感抒发上则强调含不尽之意于言外，物我、情景力求达到水乳交融的状态，综合呈现于艺术风格上则为自然清新、质淡朴逸的美学风格。

高启富有才情，却未曾懈怠过对诗艺的锤炼，而当他的诗歌最

---

① 徐复观：《中国艺术精神》，华东师范大学出版社2001年版，第28页。

② 刘绍瑾：《山水文化与中国美学传统》，《暨南学报》1998年第3期。

后呈现于我们面前的时候，却自然得如同天授。高启的诗作读来，令人感受到的是珠圆玉润、冰丝雪竹般地美妙和流动于字里行间的逼人才气。明人对高启的诗歌多有赞誉，对其诗风的评价多着眼于清逸自然、古雅俊丽的特点，如：

> 体制雅醇、思致清远、文采缛丽、才气俊逸①
>
> 清新俊雅，沉着痛快②
>
> 缛丽而无粉泽，清新而复高古(李时远)③
>
> 清新俊逸，若天授之然者④
>
> 有温纯典则之风，而不流于疏略；有谨严峻洁之度，而不涉于险僻；该洽而非缀辑，明白而非浅近，不粉饰而华采自呈，不追琢而光辉自著。⑤

其实，高启诗风多变，除此之外，尚有奇峭雄放、刚健畅达、平易敦厚等诗歌风格。其中清逸自然的诗风，是与高启长于写景诗歌紧密相关的，而在根本上是源自高启对庄子思想的接受。此风格一者表现为清丽自然的景色。高启笔下的景物多为常见常闻之物，少有怪奇幽峭之象。如其《春初来》活现了充满鸟语花香的江南春景："春初来，柳条欲舒花未开。晓日窗前鸟声喜，似报春来唤人起。东风吹暖入烟痕，绿遍江南几千里。……"其他诸如《晚憩灵鹫院池上》《萝径》《明月湾》《剡源九曲》其一、其三等诗写景均清丽可喜。一方面是江南风景秀美，入诗极易形成清新秀丽的画境；另一方面也是诗人审美偏好的结果。二者，感情真纯，超尘拔俗。诗歌

---

① 谢徽：《序》，《高青丘集》，上海古籍出版社 1985 年版，第 983 页。

② 张泰：《序》，《高青丘集》，上海古籍出版社 1985 年版，第 987 页。

③ 转引自高启：《附录·高青丘集》，上海古籍出版社 1985 年版，第 992 页。

④ 吕勉：《槎轩集本传》，《高青丘集》，上海古籍出版社 1985 年版，第 995 页。

⑤ 周忱：《凫藻集原序》，《高青丘集》，上海古籍出版社 1985 年版，第 1026 页。

是高启心灵世界的外现，他将人生百味展现于诗中，在诗中表露自己的真实情感：哀、愁、喜、怒与惊惧。利禄功名、是非荣誉于高启不足挂心，他的喜是为偶得的几朵梅花，为逢遇友人，为疆土的统一，为民生安稳；徘徊林间水际也是为排遣无名的愁情。① 高启情致旷达高远，超凡脱俗。如其《秋日山中》虽起于悲秋，但终结以"阨穷勿复叹，天欲昌吾诗"的旷达，以诗歌创作为生命之所托，人生取向超逸高雅。三者，语言省净明晰，精到传神。清逸自然的诗歌风格得力于景与情的自然契合，也离不开有效艺术形式的传达。高启诗歌用语简练传神，如其描绘石井泉的诗句，"树影沉泓碧，苔文渍壁清"②，一"沉"一"渍"，两个动词写出了石井泉之深、年代之久。而"碧"与"清"的鲜亮色彩，则将石井泉的碧绿澄澈与盎然生机逗引出来。再如《月林清影》《清明呈馆中诸公》《江上晚晴》等诗均为传神力作。高启主张兼师众长，学习古人作诗的技巧手法，以期达到"时至心融，浑然自成"③的境界。高启讲究辞藻、技巧，而又能自觉地超越辞藻、技巧，力求达到自然浑融的状态，故而高启诗歌的自然风格呈现出华丽的取向，而没有沿袭庄子的平淡质朴之美。高启清逸自然的诗风也是诗人淡漠名利，重视自由，守虚处静的人生观在诗中的反映。漠视名利、追求自由故能从世俗中超越出来，保持精神的自由鲜活；守静故能心态安宁祥和，易于发现生命与自然的美好。以此作诗，故而高启笔下多有朗润明净的景致风物，技巧手法的运用也灵活多变，诗歌自然会给人以天然、纯净、透明、超逸的审美感觉。

---

① 可参见高启诗作《瓶梅》《金征士留宿江馆阻雨连夕》《登金陵雨花台望大江》《我愁何从来》等。高启反映于诗中的情感远非上述诗歌所能涵盖，此仅为冰山之一角，列举于此以起窥斑见豹之用。

② 高启：《石井泉》，《高青丘集》，上海古籍出版社1985年版，第556页。

③ 高启：《独庵集序》，《高青丘集》，上海古籍出版社1985年版，第885页。

四、艺术化的人生模式

关心时事，伤民倒悬，将高启作为知识分子的良心示知于人；善言权略，谈《威爱》论统兵治国之术，评《四臣》析臣于社稷之道，则展示了高启独到的政治见解；"封侯骨相"①、"四方之志"②，一首《念奴娇·自述》③，又勾画出一个奋然进取的高启形象。而高启的人生亮色却在于他独特的艺术化人生模式，这体现为对政治的疏离、疏懒散漫的个性以及对纯艺术化诗歌创作的笃嗜三个方面。

高启自言"我少喜功名"，但最终心灵的天秤倾向了归隐，他在《赠薛相士》中展露了这种心路历程的转变。高启的归隐是理性思索的结果。有对现实经历的总结，"艰险嗟备尝"，"归来省昨非"；有以史为鉴、惧祸保身的人生权衡，"须臾竟披猖"的王晞，"鼎食复鼎烹"④的主父偃，让通于史事的高启感受到政治风云的变幻莫测，以及生命存在的至珍至贵；有对仕、隐关系的深度思考，《野潜稿序》《娄江吟稿序》《杏林叟传》反复于仕与隐关系的论说。有意思的是他的《娄江吟稿序》和《野潜稿序》两篇序文，前者作于元末，是高启身处江湖的自适之谈；后者作于明初，是高启劝仕友人的谆谆之语。前言天下无事之时，宜处山林草泽自快其意；天下有事，则当骋智效力，建功立业。后言时泰则行道惠民，立朝庙之上；时否则全道自乐，匿迹畎亩。无论时势好坏，高启都能找

---

① 高启：《太白三章》其三，《高青丘集》，上海古籍出版社1985年版，第315页。

② 高启：《秋怀十首》其七，《高青丘集》，上海古籍出版社1985年版，第140页。

③ 高启《念奴娇·自述》言"策勋万里，笑书生、骨相有谁曾许？壮志平生还自负，羞比纷纷儿女。酒发雄谈，剑增奇气，诗吐惊人语。风云无便，未容黄鹄轻举。何事匹马尘埃，东西南北，十载犹羁旅！只恐陈登容易笑，负却故园鸡黍。笛里关山，樽前日月，回首空凝伫。吾今未老，不须清泪如雨"。

④ 高启：《赠薛相士》，《高青丘集》，上海古籍出版社1985年版，第270页。

得出归隐的堂皇理由。颇似于庄子"当时命而大行乎天下，则反一无迹；不当时命而大穷乎天下，则深根宁极而待"（《庄子·缮性》）的灵活出处态度，当仕则仕，不当仕便隐，无需为社会责任、人生价值所束缚，无俞俞，无戚戚，一切顺乎自然。高启如是思考，亦如是行事。张士诚踞吴，礼贤下士却胸无大志，是非高启的理想明主，时不可仕，高启选择了归隐青丘。朱元璋立国，虽君臣相处还算得宜，但妒才嫉能的左右臣僚，立高启于孤独的处境，时无贤臣，是不可仕，于是高启辞官归隐吴下①。高启将这种对政治的疏离反映在创作中，表达归隐的愿望②，抒写隐居生活的惬意③，认同并刻意保持村氓的身份④。隐居田园，无用于世，自觉疏离政治，一者使高启免祸全身⑤；二者又使高启全真保性，维护独立的

————

① 高启于元末之时的吴越之游让他目睹了战乱对生灵的涂炭，故而大明帝国建立后，高启发自内心地欣喜于国家的统一。加之明朝建立后，朱元璋重用文人，励精图治。因此高启对朱元璋的文治武功充满叹服，无论仕朝还是在野，高启都对皇明王朝唱以赞歌。而京师严酷的气候风土、朝廷苛烦的规矩制度以及处朝无知己，草民登朝而受到的"诮与讥"（《喜家人至京》），都是性格直率的高启难以适应的，故而仕明不久后，虽未遭受政治风波的高启选择了再次归隐。然而这次归隐之后，高启还不免要回忆起京师的繁华风光。这些可从以下诗词中看出，如《池上雁》《孤鹤篇》《效乐天》《睡觉》《晓出趋朝》《京师苦寒》《卜算子·京师早起》《送张贡士祥会试京师》《妫蜼子歌》《奉天殿进元史》《送人出镇》《喜家人至京》等。至于高启后来死于非命，则是他的《上梁文》无意中触到了起身草泽、自卑又极度自负、狭心而又猜忌的朱元璋的禁忌。对刚坐上的帝位，朱元璋如犬护食，任何风吹草动都会触动他敏感的神经，不惜对之下狠手，于是高启便成了朱元璋刀下的又一个冤魂。

② 如其《出郊抵东屯五首》其二、《东园种蔬》《练圻老人农隐》《晓睡》《喜家人至京》《京师苦寒》《陪客登陶丘》《倦寻芳·晓鸡》《摸鱼儿·自适》等。

③ 如其《出郊抵东屯五首》其五、《秋日端居》《青丘子歌》《题谿山小隐》《乐圃三首》等。

④ 如其《出郊抵东屯五首》其三、其四等。

⑤ 元末高启拒仕张士诚之聘，使其免于朱元璋的疯狂报复；入明后，任职不到两年便辞官，得与家人共享田园之乐。不幸的是，高启之后因为官场中人魏观作《上梁文》，而无意中被卷入危险的政治漩涡，最终因政治的牵连而遭遇不测。

人格，保持思想的自由与活泼；三者使高启能以超功利的审美眼光看待世间万物，具备了从事艺术创作的必备要素；四者也使他有了充足的时间、精力来创作诗歌，呵护生活小情趣，读书品茗，悦情山水，洁身自爱，充分享受人生的乐趣。徐复观先生认为后世接受庄子影响的真正隐士，在"生活情调上的高洁，亦无不与庄子思想的超越的一面相通，所以在他们的人生中，也呈现出艺术的意味"①。

高启个性懒漫疏散，适性而为。在诗中，甚不避讳"懒"，屡屡言及懒，以懒人自居，并乐此不疲。高启"懒"于操持生计②，更多的是"懒"于追逐功名③。"睡"是高启懒的最直接表现。高启嗜睡，尤喜白日酣睡。如其《昼睡甚适觉而有作》：

> 闲居况懒拙，尽日无营为。掩室聊自眠，一榻委四肢。向暄思益昏，南窗满晴曦。吾神谁能絷，八表从所之。殷忧常苦萦，兹焉忽如遗。有身不自省，此外安得知。觉来邻鸡鸣，已过亭午时。如游钧天还，至乐不可追。我意在有适，宁顾朽木嗤。犹胜夸毗子，尘中争走驰。

睡以忘忧，在睡梦中回避现实的搅扰，精神祥和而安宁；睡境广漠而玄妙，梦中遨游八表，人生自由被发挥到极致。睡之乐堪称人生至乐，无与伦比。高启喜睡，而且为懒觉张大名目："我意在有适，宁顾朽木嗤"，大胆挑战儒家传统人生观，张扬适性随意的人生模式。高启欣赏散漫不拘的处世态度，在《赠漫客》中塑造了一个"与物无留情，所适皆漫尔"的漫客形象。"漫客"畸于人而侔

---

①　徐复观：《中国艺术精神》，华东师范大学出版社2001年版，第64页。

②　如《出郊抵东屯五首》其一"故乡一区田，自我先人遗。赖此容我懒，不耕坐待炊"。《暮行园中》"我懒不自耕，废地茅屋东"，《青丘子歌》"蹑屐厌远游，荷锄懒躬耕"等。

③　如其《秋风》《赠薛相士》《昼睡甚适觉而有作》《效乐天》《京师寓廨三首》其三等。

于天，旷达处世，放情云水，万事不足以挂心，无拘无束，一切顺其自然。高启懒漫疏散，并非自甘堕落或着意于哗众取宠，而着实是源于纯净心灵对超越世俗生活的要求，对审美化人生存在形式的追求，是为舒展自由个性而作出的选择。庄子无用、逍遥、任其自然真性的思想影响了高启个性的形成。他疏懒的个性不仅是庄子精神自由理想的体现，而且蕴含着追求肉体适意的时代取向，体现了高启对生命、生活的热爱，为庄子理想化的精神自由找到了可以昵近的现实途径。

在高启眼中，唯有诗最美。诗歌是高启的最爱，它征服占有了高启的一切。高启平日散漫不拘，却不辞"心苦为寻诗"①，他"吟断新诗方欲睡"②，"闭门睡足诗初成"③，睡梦中仍不舍苦思，梦醒时分，诗篇立就，此种欣快之情令嗜睡的癖好为之却让。高启寄情于艺，痴迷诗歌创作，除天性使然外，还源于他对诗歌的认识，高启曾言："与其嗜世之末利，汲汲者争骛于形势之途，顾独事此，岂不亦少愈哉？"④与庸俗腐臭为利奔波的熙攘尘世相比，诗的世界是高启的一片精神净土，在这片净土之上有他对自由的渴望，对真情的追慕，也有他实现自我价值的用武之地。对高启而言，诗歌不是雕虫小技或政治附庸，而是可以不惜为之取祸的圣体⑤，拥有不可替代的地位和独立的意义价值。高启将诗歌地位提到极致的同时，为自己身为文人而自豪骄傲⑥。他对诗歌创作精益求精，以

---

① 高启：《临顿里十首》其四，《高青丘集》，上海古籍出版社 1985 年版，第 528 页。

② 高启：《月夜南楼》，《高青丘集》，上海古籍出版社 1985 年版，第 840 页。

③ 高启：《青丘子歌》，《高青丘集》，上海古籍出版社 1985 年版，第 434 页。

④ 高启：《缶鸣集序》，《高青丘集》，上海古籍出版社 1985 年版，第 906 页。

⑤ 如高启在《缶鸣集序》中言"一事于此而不他，疲殚心神，搜刮物象，以求工于言语之间，有所得意，则歌吟蹈舞，举世之可乐者不足以易之，深嗜笃好，虽以之取祸，身罹困逐而不忍废"。

⑥ 如高启在《赠钱文则序》中表达了对文人身份的认可。

苦吟诗人姿态出现于世人面前。他将一生大部分心血倾注于诗歌创作，在创作诗歌时如痴如狂："田间曳杖复带索，旁人不识笑且轻。谓是鲁迂儒、楚狂生。青丘子，闻之不介意，吟声出吻不绝咿咿鸣。朝吟忘其饥，暮吟散不平。当其苦吟时，兀兀如被醒。头发不暇栉，家事不及营。儿啼不知怜，客至不果迎。不忧回也空，不慕猗氏盈。不惭被宽褐，不羡垂华缨。不问龙虎苦战斗，不管乌兔忙奔倾。向水际独坐，林中独行。"①诗之外的一切在创作时的高启意识中淡化模糊，唯有诗歌突显增亮。在此时，诗歌便是一切。诗歌创作带来的精神享受可以替代超越肉体的物质需求。对创作的专注使其精神高度集中到可以忘却世俗生活的地步，行吟漫唱，独醉于诗的世界中。高启的生活被诗歌充斥占据着，他的生活已超越了世俗之人的生活常式，是一种艺术化、唯美化的生活态式。

高启作诗感物缘情，"凡可以感心而动目者，一发于诗；盖所以遣忧愤于两忘，置得丧于一笑者，初不计其工不工也"②。他强调诗歌创作应自然而然，是情感蓄积不得不发的内在要求。诗歌用于传意达情，宣泄一己心中郁勃的情感。作诗意在自适、自娱③。情是诗歌的特质，除却表达情感，诗歌不担负任何附加功能。高启以纯艺术的眼光来审视诗歌的创作内容和创作目的，亦本于诗歌的文学特质提出"格"、"意"、"趣"的标准，从体式、情感、意蕴三方面约束、引导诗歌的创作与欣赏。高启醉心于诗歌创作，在《青丘子歌》中真切地描绘了自身的创作体会："斲元气，搜元精。造化万物难隐情，冥茫八极游心兵，坐令无象作有声。微如破悬虱，壮若屠长鲸，清同吸沆瀣，险比排峥嵘。"排除外物干扰，专注于创作，在虚静专一的状态中享受诗歌创作带来的愉悦。高启的诗歌

---

① 高启：《青丘子歌》，《高青丘集》，上海古籍出版社1985年版，第434页。

② 高启：《娄江吟稿序》，《高青丘集》，上海古籍出版社1985年版，第893页。

③ 如其《娄江吟稿序》言"衡门茅屋之下，酒熟豕肥，从田夫野老相饮而醉，拊缶而歌之，亦足以适吾适矣！"再如《青丘子歌》言"世间无物为我娱，自出金石相轰铿"，"叩壶自高歌，不顾俗耳惊"。

理念沿袭了老庄道家的缘情理论，是对中国纯艺术精神的发扬。

艺术化人生应是一种以审美、无功利为人生态度，以精神自由、个性舒展为人生追求的生命样式，最好此种生命存在还能相伴于对唯美艺术活动的实践。在"文以载道"为主流话语的特定历史时空中，高启却以纯文人的姿态从事着超功利的文学创作，并在创作中触到艺术的极境，体会到如庄子得道般的精神自由。高启心灵在诗歌疆域中的安顿，是其艺术化人生之一角的体现。他的艺术化人生更重要的体现是其一生对绝对精神自由的追求与捍卫：力图摆脱生死、是非、情欲、名利对心灵的扰乱，保持精神的虚静专一，淡泊超然，旷达处世。在艺术化人生模式上，高启体现出了与庄子的契合。因为以自由、无功利为特点的庄子之道，"是就整个人生的精神修养，以成就整个人生、人格的境界"①而言的，"老、庄思想当下所成就的人生，实际是艺术的人生"②。由此可言，高启艺术化的人生模式体现了对庄子的深度接受。

五、高启《庄子》接受探源

高启生活于元末明初，入明仅七年便被杀害。新王朝的建立使高启的创作和文学主张发生一定改变，而高启对《庄子》的接受着重表现在其元末的创作中。故而考察高启接受《庄子》的原因时，便很有必要了解一下元末时吴中的特定地域文化风气。晚明张国维在《吴中水利全书》中将苏州、松江、常州、镇江四府纳入吴中版图之内，而明人眼中严格意义上的吴中乃指苏州府的长州吴县、吴江县、常熟县、山县、嘉定县和太仓州，高启的家乡即苏州府之吴县。吴中地区在长期的发展中形成独具特色的地域文化，其特点为崇商、重生、尚文。吴地气候宜人，吴人长于经商，自唐代开始吴中便为富庶繁华之地，如杜牧在《崔公行状》中

---

① 徐复观：《中国艺术精神》，华东师范大学出版社 2001 年版，第 78 页。

② 徐复观：《中国艺术精神》，华东师范大学出版社 2001 年版，第 28 页。

就曾称："三吴，国用半在焉"。时至蒙元，在统治者重商政策的刺激下，吴地市民经济得到迅速恢复发展，成为元廷重要的经济来源。市民经济的发展，一方面为吴人生活提供了雄厚的物质基础，另一方面也冲击了人们原有的价值观念、思维模式。故而较之其他地区，吴人更少因袭传统思想重负，而有更强烈的生命意识和个体意识。元代理学对重一己的陆王哲学的容纳，对此也起到了推波助澜的作用。对个体生命的关注使吴人普遍喜好隐居，使他们不再有先前士人对社会、民族、国家舍我其谁的担当精神。而雄厚的经济基础则使吴人少了书会才人被迫隐居混迹梨园时的愤慨，而更多的是在满足个体现世享乐的同时沉醉于隐居的快乐中。吴人隐居是对适性畅情、尽情舒展生命的追求。吴地土著本勇武好斗，然而魏晋时随着士族的南迁，吴地开始了尚文的传统，至南宋时，江南地区已成为当时的文坛中心。良好的文化积淀，相对稳定的社会环境，以及当地富商大户对文雅风流的追求，使吴中成为元末乱世中文人的首选避隐之地，这一切使吴地的文学创作独步一时，成为元末文学重心之一。吴地文学善于抒发感情，关注个体生命，以山水、游仙、宴饮、游赏、赠别等为其诗作的主要内容。吴人的文学创作态度严肃而纯粹，文人雅集，结联诗社，甚至仿科举形式刊印呈文。文人在形同虚设而又让他们备尝屈辱的科举之外，找到了自身可以尊严地活着的理由与价值。这种纯粹的诗文唱和也成为吴人乐隐的缘由之一。

高启生长于吴地，耳濡目染的吴中人文风情，构成了其接受《庄子》的潜在视野。吴人的生命观、价值观左右着高启对《庄子》思想的取舍；市民文化的影响使高启务实而进取，使其在接受《庄子》的同时又能对之生发改造；而吴地整体文化氛围则培育了高启艺术化的人生心态，并引导了他对隐逸人生道路的选择，使其成为中国文学史上为数不多的能够以艺术化的人生模式接近庄子的作家之一。

吴中文化为高启接受《庄子》提供了适宜的文化气候。高启在思想上认可，并在行为上实践了《庄子》关注个体生命，珍视生命价值，追求精神自由平和的思想；于创作上，山水、游仙题材的选择和清逸自然诗风，是高启在庄子思想参与形成下的审美趣味的选择，艺术地体现了高启对《庄子》的接受；而艺术化的人生模式，则是高启在思想、行为、个性、创作等方面对《庄子》接受深度的综合呈现，也是高启精神上切近庄子精髓的反映。而由吴中文化和高启的人生经历等构成的期待视野，使高启在接受《庄子》影响的同时，又能突破《庄子》有所创新，对《庄子》接受作出丰富发展。

行文至此，我们不妨对明前期的《庄子》接受特点作一番归纳，主要有以下几方面：

其一，明前期以对《庄子》的诗文创作接受为主。首先，据现存资料来看，明前期少有《庄子》注本；其次，明前期文坛的主流文学观是儒家正统文学观，虽有《庄子》一系的文学主张存在，但终少呼应而流为绝响。而在诗文创作中，前期文人对《庄子》的接受则较为全面，从思想内容到艺术风格，从词语、典故到文体、语句，以及从文学角度对《庄子》的理性观照等方面，明前期文人都有涉及。

其二，明前期的《庄子》接受是与文学发展同一律动的。明前期的文学成就主要集中在洪武初期由元入明的一批作家的创作上。洪武初主要的《庄子》接受者也产生于这批作家中，如越派的刘基、宋濂、方孝孺，吴派的高启，闽中诗派的王偁，江右诗派的刘崧等。他们既是各文学流派的代表性人物，同时他们的《庄子》接受也充分反映了各流派的不同特点。而永乐之后，台阁文学风行百年，这种单一而无活力的御用文学最终窒息了明前期的文学，故而台阁文学风行的百年也是明代文学停滞的百年。文学的停滞使依赖于创作的《庄子》接受也收获甚微，期间略可值得一说的只有杨士奇和李东阳的《庄子》接受。

其三，明初期《庄子》接受的地域性色彩非常突出，且受宋学影响较多。越派与江西文人受理学影响较深。越派文人主偏于事功的外王之学，思想开放多元，思维方式灵活多变，对《庄子》的接受较为全面，多有创新之处；江西文人则行偏于道德的内圣之学，注重从道德和性情修养的角度接受《庄子》，带着忠君报国的儒家君子色彩。闽地浓厚的隐逸风气，使闽中十子的《庄子》接受成为历史上隐士群体《庄子》接受的延续。受地域、时代、文化诸方面的影响，吴地文人的《庄子》接受相对而言更为贴近《庄子》的本色。而以高启与庄子精神最为契合，其突出之处在于高启对《庄子》个体意识的强化，以及对艺术化人生的实践。永乐之后，随着政局的稳定，集权的加强，以及科举对人才的集中、聚敛，文人集团的地域性存在渐渐消失，《庄子》接受的地域色彩也随之模糊，此时的《庄子》接受更多地受时代精神及其影响下的士人心态所左右①，杨士奇、李东阳的《庄子》接受所体现出的明前期阁臣心态的特点便极具典型性。

其四，此期文人偏于对《庄子》哲学尤其是人生哲学的接受。在美学思想方面，高启虽提出了近于《庄子》美学思想的文学主张，但高启陨折太速，加之明王朝建立之后推行高压统治，提倡朱子理学，崇尚平易简朴实用的审美观，使重个性、重情感、追求纯艺术化的《庄子》式美学思想难以在明前期得到推广。而在易代之际和高压强权下痛苦而深刻的生命体验，使明前期文人普遍瞩目于《庄子》的人生哲学，或赞同，或否定，阐发他们对《庄子》的一己之见。

---

①　因为明前期《庄子》接受主要是创作接受，故而这里主要是对此而言的。这句话中的时代精神指维护王权和统一的盛世思想，士人则指的是台阁文学的主力军台阁文臣。

第二章　明后期《庄子》接受研究(上)

　　明后期所指乃弘治到崇祯的一百五十余年的历史。此期除孝宗、思宗尚励志国事外，余下的皇帝均淫逸嬉戏，昏庸荒唐，明初帝主建立的绝对皇权旁落于宦要阁老手中。而把持朝政王纲的宦官要臣多热心权禄，忙于倾轧中自保。以豪杰自任，直言敢谏的郎署派官员则大多遭受了来自统治高层的打压，朝廷中的正面力量受到遏制和排挤。权力机构的不作为，致使明代国运走向衰亡，也使当权者放松了对意识形态的控制，人们的言论空间得到扩展，更多人有了批评现世的欲望和行为。较之明前期，明后期的文化大环境宽松了许多。同时，明后期商业经济得到恢复发展。一方面，带来社会财富的增加，另一方面，带来阶层力量的调整和意识观念的变化。所谓的"市民阶层"得到发展壮大，对市民趣味的迎合成为其时文化发展和经济增长的刺激点。市民阶层所追求的平等、自由、个性等观念也极大地冲击了传统思想的故垒，开放、活跃了人们的思维。商业经济的发展与宽松的社会文化环境，为明代新哲学思想的出现提供了基础。发端于吴与弼，昌大于陈献章，成熟于王守仁的明代心学，持续影响了嘉靖到万历的广大士人。王守仁创建的心学体系所强调的心即理、知行合一、致良知等思想，本意于捍卫天理伦常，维护封建统治，却无意中张扬了主体精神。其后，心学流裔多元发展，泰州学派是为尤著，它源于王学又突破王学，将自我意识、个性精神张扬到极致。同样关注个体的庄子在明后期受到士人广泛青睐，它对心学的构筑、丰富起到巨大作用。而积淀深厚又不乏生机活力的庄子思想，在明后期的广泛传播很大程度上也是受惠于心学之风和后期风行的狂禅思想的。明末，实学取代了心学，经世致用思想重新成为一时主导，但庄子之风并未因心学的没落而

68

消失，反而成为明遗民寄托故国情怀的对象，继续大行其世。对于明遗民的《庄子》接受本应亦予专门研究，但限于时间、精力的不足，只好暂且略过以待来日。

本章内容着重于讨论明后期诗文领域内的《庄子》接受。鉴于心学对明后期《庄子》接受的重要影响及部分心学家对文学与《庄子》的双重关注，本章专设"哲思的艺语——心学家的《庄子》接受研究"一节，并重点从思想和艺术风格角度探讨陈献章的诗歌创作对《庄子》的接受。对明后期繁多的诗文流派，本章将之归总为"复古派"与"性灵派"两大派别，由此二派出发，详细讨论了明后期诗文领域内对《庄子》的接受与创新，以及两大派间《庄子》接受的差异，并对其中的原因进行了深入研究。王世贞和袁宏道的《庄子》接受分别作为两派的代表而受到关注，本章对此二人的《庄子》接受研究亦作出深入分析。

第一节　哲思的艺语
——心学家的《庄子》接受研究

一、心学家《庄子》接受研究小引

博综明儒文集、语录，归总明代学术发展脉络，于康熙十五年（1676）黄宗羲著成《明儒学案》，此书为中国第一部学术思想史专著，开后世"学案"体之先河。在书中，黄宗羲将明代诸儒分宗立派，设十八学案加以论说，其中论及心学学者的有"白沙学案"、"姚江学案"、"泰州学案"等十一派，居《明儒学案》半数之多。黄宗羲认为"有明学术，自白沙开其端，至姚江而始大明"，"无姚江，则古来之学脉绝矣"①。故梁启超言："《明儒学案》，实不啻王氏学案也。"②黄宗羲学宗姚江，对王学多有偏袒亦属常情，但如

---

① 黄宗羲：《姚江学案·序》，《明儒学案》卷十，中华书局1985年版，第179页。

② 梁启超：《节本明儒学案·例言》，商务印书馆1916年版，第5页。

此安排的确也是明代，尤其是明后期心学主导学术的真实反映。心学是时代的产物，同时也对时代走向、世风人心等方面产生重要影响。在文学领域，虽然王阳明文以合道、排斥情感和作品艺术性的文学主张，将文学置于理学控制之下，制约了文学的自由发展。但心学思想中所蕴含的重心性，张扬主体精神的哲学因子，以及王学异端和早期白沙之学对此因素的强调，使之成为中晚明主情文学潮流的哲学基础，众多文学现象如小品文的盛行，文人对俗文学的认可和创作参与亦与心学有着说不清的瓜葛。故而，心学与文学的关系成为中晚明文学研究中的重要议题之一，因此，在我们论及中晚明文学对庄子的接受时，也不可避免地要涉及心学方面的诸多问题。

儒学吸纳释老思想而形成宋明理学的观点，已为学界共识。具体而言，宋明理学两派：理学派和心学派，对道家诸子的接受又有所不同，"'理学派'受到《老子》和王弼的影响较深，而'心学派'则较欣赏《庄子》《列子》以及向秀、郭象的《庄子注》，并且常常直接取而用之"①。在心学诸家中，与文学关系密切，且受庄子影响较深的学人中有两人值得关注，一是陈献章，一是李贽。李贽（1527—1602），号卓吾，又号宏甫，别号温陵居士、百泉居士等，泉州晋江（今属福建）人。他以儒学异端自居，将王艮创建的泰州学派思想发展到新的阶段。李贽一生著述丰硕，有《焚书》《续焚书》《藏书》《续藏书》《初潭集》等著作传世，并作有《庄子解》。李贽《庄子解》二卷，对《庄子》内篇七篇进行了注解。在注解中，李贽对西晋人郭象、宋人林希逸、储伯秀等人的解《庄》言论多有征引。在援引以往学者观点的同时，李贽将打破思想禁锢、蔑视传统儒学、独立思考问题的精神，带入对《庄子》的义理阐释中，使其《庄子解》闪烁着独特的思想光芒。在文学领域，李贽的文学成就不高，但他提出了为世瞩目的"童心说"，主张文学创作应率性任真，对晚明公安派产生重要影响。此外，李贽还是文学评点大家，

---

①　陈少峰：《宋明理学与道家哲学》，上海文化出版社 2001 年版，第 2 页。

对四书(《大学》《中庸》《论语》《孟子》)、《史记》《汉书》,以及戏曲《西厢记》《琵琶记》,小说《水浒传》《世说新语》都作过评点。在对戏曲、小说的评点之中,他也将重视真美的美学思想融入其中,尤其表现在对人物性格的把握上。李贽的美学思想固然是其心学观念在文学领域中的体现,同时也与庄子美学思想紧密相通。对此,本书拟在下节再对李贽的文学主张与庄子美学思想的关系进行探讨。接下来所要谈的是陈献章对《庄子》的接受。陈献章(1428—1500),字公甫,别号石斋,晚年自称石翁,广东新会白沙里人,故学者称他为白沙先生。一生历经宣宗、英宗、代宗、宪宗、孝宗五朝,明宪宗成化元年(1465),陈献章成其"自得之学",成化十一年(1475),陈献章的思想进入成熟阶段,完成了其思想体系的建构。依据本书对明前期与后期的时间划分,陈献章为明前期人,应将之置于第一章中加以论说。但考虑到心学影响主要作用于明代后期,以及陈献章的哲学思想和文学创作对晚明主情文学有骈骊先导之功,同时也为论述的方便,故在本章中安排了陈献章的《庄子》接受研究的内容。

二、陈白沙的《庄子》接受研究

《明史·儒林传》序称:"明初诸儒,皆朱子门人之支流余裔。……学术之分,则自陈献章、王守仁始。"此处所言"学术之分",当指明代心学对程朱理学的反动。陈献章为明代心学先驱,但深受陈氏高足湛若水影响的王守仁,在日后论学中却只字未提白沙,个中原委,一直以来人们猜测纷纭。或许是白沙不事著述,以诗为教,故不为以道自居,排斥文学的王阳明所取,以致终其一生不曾言及陈献章。对于"道德之精,必于诗焉发之"①的陈献章,其弟子湛若水唯恐其师之道湮灭,专门作有《白沙子古诗教解》,

① 湛若水:《〈白沙子古诗教解〉序》,《陈献章集》(附录一),中华书局1987年版,第699页。

阐发陈献章寓于诗中的"著作之意"①。陈献章的"著作之意"主要有以下几点，一为对本心、自我的张扬，如其言"君子一心，万理完具"②，"天地我立，万化我出，而宇宙在我矣"③；二为对"以自然为宗"④境界的追求；三为对主静、贵乎自得入道门径的提倡，如其主张"从静中坐养出个端倪"⑤，声称要"学贵乎自得"⑥。陈献章由程朱理学入门，却能独立思考，不为时风所囿，最终实现了由格物穷理的朱子之学向白沙心学的转变。陈献章的高学深识和光辉品格，使之成为岭南唯一一位从祀孔庙的醇儒，但在陈献章心学思想体系的形成过程中，却大量吸收了道家尤其是庄子的思想，对此侯外庐、张岱年等人就早已发觉，如张岱年就曾指出："白沙的思想，实与道家最近"⑦。目前学界对陈献章心学与庄子思想的关系也展开了较为充分的研究，出现了研究专著张运华的《白沙心学与道家思想》等以及一系列研究文章⑧，系统探讨了白沙心学的道论、静悟自得观、自然境界观、心本观、社会批判意识等思想对庄

①　湛若水：《〈白沙子古诗教解〉序》，《陈献章集》(附录一)，中华书局1987年版，第699页。

②　陈献章：《论前辈言铢视轩冕尘视金玉》(中)，《陈献章集》，中华书局1987年版，第55页。

③　陈献章：《与林缉熙》，《陈献章集》，中华书局1987年版，第217页。

④　陈献章：《与湛民泽》其七，《陈献章集》，中华书局1987年版，第192页。

⑤　陈献章：《与贺克恭黄门》十则之二，《陈献章集》，中华书局1987年版，第133页。

⑥　张诩：《白沙先生行状》，《陈献章集》(附录二)，中华书局1987年版，第879页。

⑦　张岱年：《中国哲学大纲》，中国社会科学出版社1982年版，第441页。

⑧　这些研究文章如冯达文：《陈献章心学的道家品味》，《孔子研究》1995年1期；刘兴邦：《论陈白沙的道家文化观》，《船山学刊》1996年第1期；刘宗贤：《试论融汇道家自然之说的陈白沙心学》，《东岳论丛》1990年第6期；刘宗贤：《儒者境界 道家情怀——论陈白沙的人生哲学及其对宋明理学的贡献》，《东岳论丛》2001年第2期。

子的继承发展。故于此处不再赘述白沙思想与庄子的关系，而着重关注白沙的诗歌创作对《庄子》的接受。

陈献章笃嗜诗歌创作，写有大量表达其心学思想的诗作，后人将之称为"性气诗"。这部分诗作可以分为两类，一类以韵言演绎哲理，质木无味；另一类则将哲理与诗情融为一体，理趣盎然。故而《四库全书总目提要》对其诗文的评价为："其诗文偶然有合，或高妙不可思议，偶然率意，或粗野不可向迩。"①而据学者有关统计，第一类诗歌在白沙全部诗作中所占不足百分之五，因此可以说，陈献章创作的性气诗大多是在文学审美质素中，传达其通过静悟自得而领会得来的哲学感受，而这部分诗作正是我们研究所依据的主要对象。这种发自内心、源于自得的诗歌创作，给当时复古模拟、疲软庸弱的诗坛吹进了一股清新卓异之风，因此而得到四库馆臣的认可："献章于诗家为别调，不妨存备一格。"②陈献章以诗为教，传达心学思想，而其心学思想又带有鲜明的道家尤其是庄子思想影响的痕迹，故而其诗文创作中透发着浓厚的庄子气息，这主要体现为内容上对庄子思想的接受，以及在诗歌风格上对庄文文风的因袭。

（一）陈白沙的诗歌对《庄子》思想的接受研究

在内容上，陈献章的性气诗对庄子思想的接受主要有以下几点：其一，对庄子之道本体论的接受。陈献章将心高度抽象化为终极本体，言"一体乾坤是此心"③，作为宇宙万物之本的"道"亦存于心中。陈献章对"道"的论述充分而全面，他的道论从多种角度，如道的本体性、创生性、遍在性、虚无至大等特点展开论述，并在此过程中充分吸收了庄子关于道的思想。陈献章对道的理论阐述主要集中于《论前辈言铢视轩冕尘视金玉》以及《仁术论》《复张东白内

---

① 《四库全书总目提要·白沙集》卷一百七十，集部二十三，别集类二十三，武英殿本。

② 《四库全书总目提要·白沙诗教解》卷一百七十五，集部二十八，别集类存目二，武英殿本。

③ 陈献章：《次韵梅侍御赠别》，《陈献章集》，中华书局1987年版，第415页。

翰》等文章中。在诗歌创作中，他以道入诗的作品有《浮螺得月》《偶得寄东所》《春中杂兴》其二、《梅月》《题山泉》《寒江独钓》《题冷庵》《洗竹》《答周潮州万里》《张见修见访》《太虚至极》等。不妨以下列诸诗为例，来具体探究一下陈献章之道与庄子之道的关系，如：

> 举世好近热，子独畏之猛。投身向蟄雪，永谢白日影。玉壶贮清冰，秋露滴金井。是以冷自胜，于世非绝屏。假令务绝屏，过与近热等。我以道眼观，天下方首肯。寒暑两推移，正中太和境。寄语庵中人，不热亦不冷。(《题冷庵》)
>
> 道眼大小同，乾坤一螺寄。东山月出时，我在观溟处。(《浮螺得月》)
>
> 我道非空亦非小，万事舍旃终未了。朔风吹雪满江天，我只弄我桐江钓。(《寒江独钓》)
>
> 混沌固有初，浑沦本无物。万化自流形，何处寻吾一。(《太虚至极》)

道是庄子思想体系的最高哲学范畴，具有至虚无形、自本自根、独立不依等特点，如其言"夫道，有情有信，无为无形；可传而不可受，可得而不可见；自本自根，未有天地，自古以固存……"(《庄子·大宗师》)，庄子之道还具有遍在性，"于大不终，于小不遗"(《庄子·天道》)。在上面三首诗中，陈献章以道观物，道遍在于万物，在其眼中物无大小均含至道，就连小小浮螺亦是道的载体。陈献章之道"非空亦非小"，"浑沦本无物"，又具有至大虚无的特点。由此可见，陈献章之道明显继承了庄子的道本体论。其二，对庄子去欲、守静致道途径的接受。庄子追求无待、无己、无累的逍遥境界，而对此一理想境界的臻抵，离不开对至高范畴"道"的体认。庄子以心斋、坐忘为途径，摆脱生死、名利等外物的搅扰，坦然面对生死，"不知悦生，不知恶死"(《庄子·大宗师》)，以"死生存亡之一体"(《庄子·大宗师》)，克服对死的恐惧和追逐生的欲望；坚决反对因对名利、权位的追求而带来的人性异化，保持心灵的虚静明通，从而达到绝对自由的理想境界。陈献章的诗歌中有多处对生死、名利、守静的思考，如《晓枕再和》其二、《韦夫人挽》、《病中咏梅》其四、《社西村》、《盆池栽莲，至秋始花》、《梦观化书六字壁间曰造物一场变化》、《挽钟太守美宣》其二；《送李世卿还嘉鱼》其三、《题心泉赠黄叔仁》、《赠林汝和通判》；《夜坐》、《早起》、《和杨龟山此日不再得韵》等作品均是此方面的代表，具体而言如：

> 外生即非死，胡为乐久生。去来大化内，俗眼未分明。我寿元无极，君才亦太清。五峰南斗上，何日踏歌行。(《晓枕再和》其二)
>
> 富贵何欣欣，贫贱何戚戚。一为利所驱，至死不得息。夫君坐超此，俗眼多未识。勿以圣自居，昭昭谨形迹。(《送李世卿还嘉鱼》其三)
>
> 推枕起新晴，披衣向小明。坐忘新病减，梦少凤心清。轧轧开邻户，冬冬杀县更。跛奴呼具盥，旋起绕花行。(《早起》)

在前两首诗中，陈献章以"外生即非死"，抹杀生死界限，打破了人们喜好长生久视的观念。在诗中，陈献章表达了对汲汲于富贵、戚戚于贫贱的世俗之人的厌恶和悲悯。面对世人对生死、义利的斤斤计较，陈献章以超越理念实现了对庄子的依归，与此同时，也实现了精神的自由和人生境界的提升。在《早起》诗中，陈献章记载了其坐忘守静的修持方法，并对此法的功效给予高度肯定。其三，对自然的推重。白沙之学"以自然为宗"，而要归于"自得"。湛若水谈及白沙之自然时，言"如日月之照，如云之行，如水之流。……孰安排是？孰作为是？是谓自然"[1]。白沙于自然，强调其自性本然，不受束缚，不假雕饰。而其"自得"则是个体生命在

---

① 湛若水：《重刻白沙先生全集序》，《陈献章集》(附录二)，中华书局1987年版，第896页。

摆脱世俗负累：“无累于外物，无累于形骸”①后，所进入的一种与万物一体，与天相合，自然无碍，泰然自适的精神状态。陈献章将对自然的推重写入诗歌中，表达对自然的向往，展现物我一体，鸢飞鱼跃，生生不息自然流衍的大化之机，如《示湛雨》《拨闷》《经鳄洲》《观物》《赠周成》《白洋潭鱼》《游白云》《上帆》其一、《偶示诸生》其二、《答张内翰廷祥书，括而成诗，呈胡希仁提学》《藤蓑》其五、《太极涵虚》《读张地曹偶拈之作》《晓枕》《次韵顾别驾留宿碧玉楼》《次韵定山先生种树》等诗歌即可为代表。可以下面的诗歌为例：

> 一弛一张皆自然，嘉宾未醉主人眠。两鸠相对山楼午，唤得晴天作雨天。(《次韵顾别驾留宿碧玉楼》)
> 一痕春水一条烟，化化生生各自然。七尺形躯非我有，两间寒暑任推迁。(《观物》)
> 白洋风起钓丝飞，梦里渔蓑此夜归。明日冷香桥上望，海鸥相对便忘机。(《白洋潭鱼》其一)

由上面的诗作可以看到，白沙将用生命感悟到的自然之道，融入恬静、淳朴的山水、田园景物的描写中。在这些诗作里，哲理与诗情融合为一，自然美景与抒情主体切合无间，无论景、情，还是理，一切都自然而然，毫无造作，彼此和谐。这与庄子所倡导的“天地与我并生，而万物与我为一”(《庄子·齐物论》)，天人一体，“因自然”的思想如出一辙，体现了陈献章对庄子自然思想的继承。

上述所言反映的只是陈献章诗歌内容对庄子思想接受的主要方面，此外，陈献章还接受了庄子的其他思想，如视书籍为糟粕(《和杨龟山此日不再得韵》、《藤蓑》其五)，浑沦无为(《寄李子长》)，万物齐一(《对竹》)等。

---

① 陈献章：《与太虚》，《陈献章集》，中华书局 1987 年版，第 225 页。

(二)陈白沙诗歌对《庄子》艺术风格的接受研究

陈献章接受庄子思想影响的同时，也受到《庄子》艺术的熏染。这主要表现为陈献章诗歌所具有的空灵飘逸和雄奇恣肆之气。

《庄子》文章富有激情，充满想象，画意十足，文辞富赡，于文学上成就斐然。庄子作文用以达道，庄子论道之言诸如："夫道，有情有信，无为无形；可传而不可受，可得而不可见；自本自根，未有天地，自古以固存；神鬼神帝，生天生地；在太极之先而不为高，在六极之下而不为深，先天地生而不为久，长于上古而不为老。"（《庄子·大宗师》）"天不得不高，地不得不广，日月不得不行，万物不得不昌，此其道与！"（《庄子·知北游》）……可见，庄子之道精妙超拔，深闳而肆，超出言意之表，超越理智与逻辑。其他诸如生死齐一、万物一体、至人无己等思想，也往往令人惊怖其言，非一曲之士所能解者。又加之《庄子》中满布"谬悠之说，荒唐之言，无端崖之辞"（《天下》），多用寓言文体，比喻、象征、夸张、想象等手法，在奇特意象的塑造和开阔意境的描绘中含而不露地表达哲理。故而《庄子》文章呈现出空灵缥缈、奇诡雄肆的整体风格。陈献章谙熟庄子思想，在透过文字解读思想时也在无意识中认同了庄子的文学，并在自己的创作中表现出对《庄子》艺术的接受。

陈献章作诗主张"率情为之"①，同时又能注重诗艺的锤炼，认为好的诗歌应该"不见安排之迹"②。故而虽然陈献章以诗为教，其诗却少有头巾气，与一般理学家的言理诗有所不同。陈献章现存诗歌两千余首，"其中以山水、田园为题材的六百余首，约占总数的三分之一，至于与山林相关的意绪与感受的抒发则远远超过此数"③。在这些诗作中，陈献章刻绘景物特征，捕捉美好瞬间，用

---

① 陈献章：《澹斋先生挽诗序》，《陈献章集》，中华书局 1987 年版，第 10 页。

② 陈献章：《与张廷实主事》其九，《陈献章集》，中华书局 1987 年版，第 163 页。

③ 章继光：《陈白沙诗学论稿》，岳麓书社 1999 年版，第 5 页。

细致的笔触将烟光水态之景，鸢飞鱼跃之机定格在文字中，警句佳作层出迭现，如"柳渡一帆秋月，江门几树春云"(《六言》)，"小雨如丝落晚风，东君无计驻残红。野人不是伤春客，春在野人酒杯中"(《春中杂兴》其二)，"水际寻芳去，花枝隔水新。可怜今日望，不是向来人。紫袖垂垂下，黄鹂树树春。东风天外至，南岳梦中身"(《春日写怀》其一)……在省净恬淡的景物描写中，陈献章从中生发出超脱高远的意蕴，传达其以自然为宗的哲学理念，以及超越物累、大化流行、物我一体的浩然自得之情怀。如下列诗作：

> 马上问罗浮，罗浮本无路。虚空一拍手，身在飞云处。白日何冥冥，乾坤忽风雨，襄笠将安之，徘徊四山暮。(《卧游罗浮四首》其一)
>
> 蜻蜓翅短不能飞，款款随风堕客衣。此是天人相合处，蒲帆高挂北风归。(《上帆》)
>
> 初晴楼上燕飞飞，楼下歌人白苎衣。一曲未终花落去，满林啼鸟送春归。(《初晴》)
>
> 系艇黄云下，黄云几度歌。登高云压帽，度密雨沾襄。瀑涧宵鸣瑟，山花昼拥罗。野人携茗榼，路打铁桥过。(《次韵游上游黄云山》)

这些诗触景而成，情景交融。作者写景，景中又蕴含着他对宇宙、人生的关怀，而正是这种关怀赋予其诗境以超越玄妙的一面。哲理的表达含蓄不露，往往融于景中而不直接说破。湛若水充分认识到陈献章诗歌的这种特点，言其诗"物引而道存，言近而指远，自非澄心默识，超然于意象之表，未易渊通而豁解也"①。白沙诗歌意象清新自然，哲理超脱高远，诗境与哲思融合无间，这些因素综合作用，使其诗作呈现出空灵飘逸之姿，十分近于庄子谈哲理又不明言说破，使人在对寓言、比喻等的回味中体会其深刻用意的手法，

---

① 湛若水：《重刻诗教解序》，《陈献章集》(附录一)，中华书局1987年版，第700页。

自然在风格上两者也同时走向了灵逸的一面。

《庄子》想象大胆，比喻奇特，频繁使用夸张等手法，使其文章呈现出浪漫恣肆，奇诡雄豪的特色。陈献章在诗歌创作中也喜爱使用夸张、想象等方法，创造阔大的诗境，飞扬的气势，并在诗中塑造独立、高大的抒情主体形象，诗境洒脱而逍遥，使其诗歌呈现出与庄子风格相近的另一面：雄奇恣肆。如：

> 我昔游太空，太空云冥冥。归来控翠虬，力与金鳌争。巍巍太极尊，挥置东西行。如何千载下，空傲飞鼍名。(《飞舆横翠》)

诗人张开想象的翅膀，漫游在浩渺无垠，云积雾绕的太空中。在这里，诗人摆脱凡身肉体的拘束，而具有了超异的神性，美丽的绿色虬龙为其所控，腿足可以撑起天空的金色巨鳌也无法与诗人相敌。画面瑰丽而宏大，让人不由地想到《庄子》中御风而行的列子和海中硕大无比的鲲鱼。再如：

> 江门洗足上庐山，放脚一踏云霞穿。(《示诸生》)

此二句诗亦颇有雄豪之气，想象、夸张的使用起到了关键作用。其他如《九日诸生携酒饮白沙醉中和答》《与雷震东》《卧游罗浮(四首)》《半江十咏为谢德明赋》等诗均是此方面的代表作。

陈献章平淡的诗歌风格同样非常突出，这与其对庄子哲学、美学思想的接受是脱不开干系的。只因此点在文人的《庄子》接受中没有特别之处，故于此不再赘言。

诗人兼哲学家的双重身份是陈献章的突出特点，此点也深深影响了陈献章的《庄子》接受。以诗为教的陈献章在诗歌创作中传达其大量吸收过《庄子》思想的哲学见解，故在其诗歌创作中表现出对《庄子》思想的接受具有明显的哲理色彩，其对《庄子》思想的关注着重于哲学意味较浓的关于道的相关内容，故而哲理化是陈献章《庄子》接受的显著特点，也是其与一般文人《庄子》接受的最大区

79

别所在，这是由其心学家的身份所必然决定的。对诗歌创作的重视，使陈献章利用诗歌表达对道的见解时，力避质木乏味的纯哲理性论说。对审美因素的重视，为陈献章的诗歌在艺术上得与《庄子》文章相通提供了可能性。陈献章的诗歌对《庄子》哲学思想的吸收，对其空灵飘逸的诗歌风格的形成起到了至关重要的作用。其诗歌雄奇恣肆的一面，则是对《庄子》的艺术手法、艺术风格的直接接受。

第二节　各擅所长解漆园　并驾齐驱骋文坛
——"复古派"与"性灵派"的《庄子》接受研究

一、"复古派"与"性灵派"界说

在明代，通俗文学得到长足发展，出现一批优秀的作家、作品。但在雅文学领域(诗、文、词、赋)，相较已有的辉煌，明代雅文学创作实难以其微薄分量立足中国文苑，但明人在此领域并非毫无作为，值得说道的是他们鲜明的审美性文学主张，以及为宣扬主张而自觉进行文学结盟的意识。故而，明代文坛一大突出景观便是你方唱罢我登场，多彩纷呈的文学流派的涌现。在明后期，仅就大的文学流派而言，便有前七子、后七子、唐宋派、公安派、竟陵派等影响范围广，持续时间长，文学主张鲜明的派别，其他诸如六朝派、中唐派、嘉靖八才子、后五子等闪现而过的，数亦不可计。此处所提及的"复古派"与"性灵派"，在明代文学发展历程中并未曾作为独立流派而出现过，是本书依据明代诸多文学流派的主要观点，同时考虑到各派《庄子》接受的复杂情况而作出的大致归类。所谓"复古派"，是指其在文学上主张以某一文体(以诗文为主)在历史上的成熟范型为典范，以之规定当下文学创作的方向。希望通过对构成文体外在形式的诸多审美因素的研磨与突显，对真实情感的强调，来实现对强调情与理、意与法、主体与客体和谐统一的古典审美理想的复归。以前后七子、唐宋派、杨慎为代表的六朝派等诗文派别虽在具体文学主张上各有差异，但在师古、坚持古典审美理想方面则取得了一致，故而本书将此诸派归入此类。"性灵派"，本指清代乾嘉年间由袁枚所创立的诗歌流派，该派因在明人袁宏道"独抒性灵，不拘格套"诗歌理论的基础上，大力倡导"性灵说"而得名。此派注重诗歌对诗人真情实感的抒发，并以情感作为评判诗歌优劣的标准，其诗歌风格自然清新、明快灵动。"性灵"作为美学思想并非清代所专有，《庄子》的贵真说便为性灵之滥觞，后经陆机、刘勰、钟嵘、杨万里等人的发扬，性灵美学思想在明清时达到了成熟阶段，其特点是推重真情，崇尚个性，强调自我，主观情的一面得到了空前强调，从而突破了古典审美理想情理平衡稳定的结构，迈出了走向近代美学思想的步伐。晚明李贽的"童心说"、徐渭的"本色论"、汤显祖的"至情说"、公安派与竟陵派的性灵主张，都以其文学主张对本真、至情、个性的强调，在此进程中留下了他们坚定而稳健的足印。本书为论说方便，同时也基于前所提及的晚明诸家对"性灵"的一致认可与强调，故而借用了与之一脉相承的清代的"性灵派"的流派名称来总括诸家。"复古派"与"性灵派"仅是一个大致划分，很多作家随着阅历的增长，以及受时代、文学、哲学风气等方面的影响，其创作与主张多发生了向其对立面的转化。如后七子领袖王世贞早年主张复古，晚年却倡导近似于性灵派的"真我说"。再如袁宏道，个性洒脱自适，作诗为文率真自然，提出了给复古派以致命之击的"性灵说"，是公认的"性灵派"主将。在人生后期袁宏道却舍弃了一味妙悟，而注重修持，重视学问对于创作的重要作用，对"质"、"淡"美学风格的兴趣也超过了早年的性灵之趣。之后，袁中道和竟陵派①也多继承了袁宏道后期自我修正后的文学主张。其他诸如唐顺之、屠隆等人亦如此。以上是就各派文学主张而言的，就《庄子》接受而言，"复古派"各派与"性灵派"各派的《庄子》接受分别存在着共同性；同时，"复古派"与"性灵派"两者间又存在着明显差异，故而此种划分也是合乎明

---

① 竟陵派既注重抒写性灵，同时也注重多读书以达到"厚"的境界。试图将复古派的师古与性灵派的师心相结合，以纠正两派的弊端。但因对"幽情单绪"的过分注意，最终导致创作滑向僻涩一路，走进了文学的死胡同。

代《庄子》接受实际情况的。

二、明后期诗文领域内"复古派"与"性灵派"《庄子》接受的透视

在这两派作家阵营中对《庄子》感兴趣的作家，有徐祯卿、郑善夫、王世贞、谢榛、归有光、唐顺之、杨慎、李贽、徐渭、袁宏道、谭元春等人，他们在文学创作、文学主张等方面都借鉴、吸收了《庄子》的相关内容，其中部分人还作有专门评论《庄子》的著作、文字，为求得到显豁的印象，下文将以表格的形式对此进行介绍。在此之前，不妨先看看这批文人的文学创作中接受《庄子》的有趣现象。比如诗歌对《庄子》典故的化用。这在文人而言是驾轻就熟，在读者则是耳熟能详，本不值得惊奇。但如果是用《庄子》典故来表达作者对《庄子》思想的理解，并将典故以充满诗意和形象性的语言表述出来时，便有了些意思。如胡应麟的《咏史八首》其二：

> 鲲鱼产溟渤，鬐鬣如山丘。朝行发碣石，暮宿昆仑陬。竦身激巨浪，喷沫飞洪流。倏忽化大鹏，九万乘风游。翼若垂天云，众羽不敢侔。一飞绝五岳，再举凌十州。翩翩鴬鸠侣，榆枋自相求。翱翔但咫尺，曷睹大化逌。

整首诗只用了《庄子·逍遥游》中鲲鹏之化的典故，表达的是胡应麟对庄子致道思想的理解，不同于普遍流行的大小各自适的观点，胡应麟认为小不如大，翱翔咫尺的鴬鸠是难以达到道的境界的。诗歌以浓淡相宜的笔墨描写了鲲、鹏、鴬鸠三个意象，对于鲲、鹏的描写极尽夸张、铺排、想象之能事，以十二句诗描绘出鲲鹏的宏大气势，以及鲲化而为鹏时波澜壮阔的场面。而鴬鸠于榆枋间的飞翔则仅以两句诗淡淡扫过，最后结以议论表明观点。胡应麟的写作手法颇同于《庄子·逍遥游》中鲲鹏寓言的写法。在《逍遥游》中，庄子在生动地描绘完鲲化鹏的场面后，征引了《齐谐》中的相关记载，又以野马、水舟、风翼三组比喻来加以反复述说。而对鴬鸠则在以三四十字作了一次性的描写后，就未曾在文章中再次提及。由此，

我们可以看到胡应麟对《庄子》写作手法的熟悉，以及他对《庄子》思想的深入思考。再如王世贞的《寓怀》其六亦为此方面的代表作。明代文人以诗歌的文体形式再现了原来散文形式的《庄子》典故，并在充满韵律的语言中融入了自己的思考与想象，从而丰富了《庄子》文本的接受形态，扩大了《庄子》思想的接受途径。

接着，我们来具体看一下"复古派"与"性灵派"文人《庄子》接受的大致状况，不妨先从下面的表 2-1 看起：

表 2-1　　　　"复古派"与"性灵派"的《庄子》接受概况表

	文学流派	《庄子》接受大家	对庄子的熟悉、喜爱	解《庄》著作及论《庄》文字	《庄子》美学思想影响下的文学主张
复古派	前七子	何景明（1483—1521，字仲默，号白坡，又号大复山人，河南信阳人）	"还将斥鷃鹍鹏语，三复庄生第一篇。"（《流萤篇》）	《樊少南字说》："鹏，庄生所称南图者也。……其大且远者弗难也。"	A 推崇汉魏古体诗 B "真诗在民间" C "以盛唐为法"
		郑善夫（1485—1523，字继之，号少谷，福建闽人）	"蒙庄达生死，缅邈烦恼津。"（《出自郭北门行》）"安得庄生达，相与析玄理。"（《大雪行三衵山中》）"郁彼漆园篇，聊用得吾生。"（《黄山杂诗十首》其十）		

续表

文学流派		《庄子》接受大家	对庄子的熟悉、喜爱	解《庄》著作及论《庄》文字	《庄子》美学思想影响下的文学主张
复古派	后七子	李攀龙 (1514—1570,字于鳞,号沧溟。山东历城人)	"高斋只尺小蒙城,三载逍遥傲吏情。"(《寄吴明卿》其三) "磬折路傍君不见,漆园为吏傲如何。"(《酬顺甫见寄》)		
		王世贞* (1526—1590,字元美,号凤洲,又号弇州山人。苏州太仓人)	"还将吾乐同鱼乐,三复庄生濠上篇。"(《玉泉寺观鱼》) "先生中酒难起,卧读《南华》几篇。"(《偶成》) "案头数卷汝自抽,谁为屈宋谁为列御及庄周。"(《好游歌赠游子宗谦》) "手携《南华》一卷,不妨坐待黄昏。"(《郧中杂言八首》其八)	《敖士赞·庄子》、《读庄子》《邵弁庄子标解序》《周之冕书庄子要语后》《读庄子让王篇》《读列子》《南华经评点》	

文学流派		《庄子》接受大家	对庄子的熟悉、喜爱	解《庄》著作及论《庄》文字	《庄子》美学思想影响下的文学主张
复古派	后七子	谢榛 （1495—1575，字茂秦，号四溟山人，山东临清人）	"别来茅屋常虚榻，却忆《南华》枕上看。"（《暮雨山行感怀》） "力疾正披老庄图，邻翁扣门送药裹。"（《守拙吟因客谈及蟭蟟蜘蛛之巧赋此》） "许由颍水心何逸，庄叟濠梁意自同。"（《涌金亭晚酌》） "寓言谁超《庄》《列》上，古来多少大宗匠。"（《读周谏议用馨诗集漫赋长歌行》）		
		胡应麟* （1551—1602，字元瑞，号少室山人，别号石羊生，浙江兰溪人）	"雅志游松乔，奇踪轶《庄》《列》。"（《二怀诗》） "一卷南华子，科头抱双膝。"（《夏日集古堂阅宋元诸名流画题十绝句》其三）	《二酉缀遗中》："古今志怪小说……当百倍于后世小说家云。" 《九流绪论上》："杨朱学于老氏，源流固自了然。庄周天下历叙道术而不及朱……故应尔，尔孰谓贬哉。" "或又以彭蒙、田骈、慎到之属庄……故以二子概之。"	

续表

文学流派	《庄子》接受大家	对庄子的熟悉、喜爱	解《庄》著作及论《庄》文字	《庄子》美学思想影响下的文学主张
复古派	后七子	胡应麟* (1551—1602，字元瑞，号少室山人，别号石羊生，浙江兰溪人)	"散发孤亭相对，忘言一卷《南华》。"(《题画四首》) "肺病寒窗卧绿纱，竹床支枕诵《南华》。""病卧旬日，焚香小斋。偶扶杖过墙东，则池上芙蓉尽放矣。秋色三分，倏忽强半，捉笔聊赋短章。"	"庄、列二家，谭者优劣，往往异同。……读其书，二子气象亦可见。" "道家庄列二氏最杰出……诸人大可哂也。" "庄周《南华》，其文辞瑰玮横放……其为祸也必不赀矣。" "余谓老聃、庄周、杨朱之学……南华所谓支离其德者，舍若人曷归焉。" "庄子愤世嫉邪之论也……余论庄若此，世将以为俗岂得已哉。" "诸子百家并出于春秋之世……自神农以至汤武靡不在其戏侮之列。" "非儒一篇始末皆斥吾夫子姓名，即庄周之诞不至是也。" 《读淮南子》："自战国《庄》《列》，二邹纵谭宇宙，茅靡澜倒，举世若狂。"	

续表

文学流派		《庄子》接受大家	对庄子的熟悉、喜爱	解《庄》著作及论《庄》文字	《庄子》美学思想影响下的文学主张
复古派	唐宋派①	王慎中（1509—1559，号遵岩居士，又号南江。福建泉州人）	"只把两间充葬具，叹君曾未似蒙周。"（《约斋刘公作寿藏戏束》）"方将齐外物，窃比我蒙周。"（《书怀答彭石屋》）"已学蒙庄储葬具，明师相遇若为心。"（《送江山人》）	《与万鹿园》："闲时读《庄子》，……无乃过于恸哭乎？"《丁戊山人诗集序》："《列》《庄》之书……而不得与于尧舜之教也。"	"本色论"（"但直据胸臆，信手写出，如写家书，虽或疏卤，然绝无烟火酸馅习气，便是宇宙间一样绝好文字。"唐顺之《与茅鹿门主事书》；"近来觉得诗文一事，只是直写胸臆，如谚语所谓开口见喉咙者，使后人读之，如见其真面目。瑜瑕俱不容掩，所谓本色，此为上乘文字。"唐顺之《答洪方洲书》）
		唐顺之（1507—1560，字应德，一字应修，江苏武进人）	"琴意相传中散后，玄言每到漆园前。"（《家居喜袁芳洲相过赋此为赠三首》其二）"且效漆园放，还同莲社投。"（《周莲渠以诗问病次韵》）	《南华经释略》（佚）	

---

① 唐宋派是一个相对松散的流派，成员之间的交往亦不如七子派那样过从紧密。而此派文人均主张由学习唐宋之文而上溯史汉之文，主张文道并重，讲究意与法的协调，故而文学史多将几人归为同一流派来研究。唐顺之的"本色论"主张抒写"一段精神命脉骨髓"（《与茅鹿门主事书》），"与庄子关于文艺必须符合'道'的自然无为、必须是主体纯真本性的自然流露的思想有着明显承因发展关系"。只是唐顺之对"精神命脉骨髓"的内在规定未形成明确清晰的认识，而且他的创作质木无文，充满道学气，未能真正实践其文学主张。倒是归有光的创作很好地实践了唐宋派的主张。故而仍按既有传统，将之归入复古派中。

续表

文学流派	《庄子》接受大家	对庄子的熟悉、喜爱	解《庄》著作及论《庄》文字	《庄子》美学思想影响下的文学主张
复古派	唐宋派	归有光(1506—1571,字熙甫,号项脊生。江苏昆山人)	"《庄子》书自郭象后无人深究。近欲略看此书。敬甫有暇,可同看,好商量也。"(《与沈敬甫书》)《清梦轩记》《栎全轩记》《畏垒亭记》等小记中都表达了对庄子处世思想的认可	《六经庄子史记标注》《道德南华经评注》(伪作,但归有光确曾批点过《庄子》)	
		茅坤*(1512—1601,字顺甫,号鹿门,浙江归安人)	"左手持《南华》,右手持棋局。"(《复丹徒邑谕唐白野先生书》)"解囊无他贮,《南华》一卷随。"(《晚过省城邸舍》)"还嘲形与影,疑是漆园身。"(《早起》)	在《唐宋八大家文钞》中点评诸家文字时,每以《庄子》为标准	
	六朝派	杨慎①*(1448—1559,字用修,号升庵,四川新都人)	"少日声名追杜甫,暮途轨绊脱庄周。"(《重寄张愈光》其二)"退想惠施、庄周,千载一朝同游。"(《卜云林篇十二首》其十)	《庄子解》《庄子阙误》《庄子难字》	

① 杨慎主张师法汉魏六朝,追求清新明丽的风格,提出了文与质、才情与学识并重的诗美观,以此反拨七子派摹拟习气和粗豪诗风。与七子派、唐宋派一样都是拟古文学理论。

文学流派	《庄子》接受大家	对庄子的熟悉、喜爱	解《庄》著作及论《庄》文字	《庄子》美学思想影响下的文学主张
性灵派	李贽（1527—1602，号卓吾，又号宏甫，别号温陵居士、百泉居士等。福建泉州晋江人）	李贽的著作中多留有《庄子》思想的痕迹，如《耿楚倥先生传》中仿庄子赞温伯雪子"目击而道存矣，亦不可以容声矣"的口吻来称美耿定理。	《庄子解》	A"童心说"（"夫童心者，绝假纯真，最初一念之本心也。"《童心说》）B"化工说"（"画工虽巧，已落二义"《杂说》）
	徐渭（1521—1593，字文长，号青藤老人、青藤道士等，浙江山阴人）	"嗟彼漆园人，横天纵溟翼。"（《治冢五首》其一）"予耽庄叟言真诞，子爱江郎石更奇。"（《天池号篇为赵君赋》）	《庄子·内篇注》（佚）《读庄子》《园居五记序》："庄周虽放……故曰：'老子其犹龙。'"《赠张君序》《虚室生白斋扁记》："《南华》有言'虚室生白'矣……家人矛盾也。"	"本色说"①（"世事莫不有本色，有相色。本色犹俗言正身也；相色，替身也。……贱相色，贵本色……岂惟剧者，凡作者莫不如此。"《西厢序》）

① 徐渭与唐顺之都提倡"本色说"，而徐渭的"本色说"注重对强调自我表现和自我宣泄的个性意识的张扬，比唐顺之的理论前进了一大步。

续表

文学流派		《庄子》接受大家	对庄子的熟悉、喜爱	解《庄》著作及论《庄》文字	《庄子》美学思想影响下的文学主张
性灵派		汤显祖(1550—1616，字义仍，号海若，又号若士，别称清远道人，江西临川人)	"上法修童智，齐庄入老玄。"(《入学示同舍生》)		"至情说"("情不知所起，一往而深，生者可以死，死可以生。生而不可与死，死而不可复生者，皆非情之至也。"《牡丹亭题辞》)
性灵派	公安派	袁宏道(1568—1610，字中郎，号石公。湖广公安人)	"管库名伊吕，闭门读《老》《庄》。"(《刘子威》其一)"兴来学作春山画，病起重笺《秋水》篇。"(《闲居杂题》其二)"十分漆园学得五，逍遥犹可物难齐。"(《闲居杂题》其四)"雪案堆《庄子》，花函出内家。"(《双寺逢本上人》)"灰心竟日疏《庄子》，弹舌清晨诵准提。"(《戊戌初度》其二)	《广庄》	A"性灵说"("独抒性灵，不拘格套，非从自己胸臆流出，不肯下笔。"袁宏道《叙小修诗》"真诗者，精神所为也。察其幽情单绪，孤行静寂于喧杂之中，而乃以其虚怀定力，独往冥游于寥廓之外。"钟惺《诗归序》)B对趣、质、淡美学风格的提倡(袁宏道)

文学流派		《庄子》接受大家	对庄子的熟悉、喜爱	解《庄》著作及论《庄》文字	《庄子》美学思想影响下的文学主张
性灵派	公安派	袁宏道（1568—1610，字中郎，号石公。湖广公安人）	"自笑蒙庄老弟子，《南华》又作一通书。"（《黄昭质宪使得铜雀败瓦，割而为三，一以寄乃兄平倩，其二遗余及小修弟》其四）"近日蒙庄通大旨，间烧藜火注《逍遥》"（《五月十二日退如生辰，蒙以诗见示，聊述二章奏报》其二）	《广庄》	
		袁中道（1570—1623，字小修，湖广公安）	"量来八笏已周遭，左置庄周右楚骚。"（《新亭成即事》）"右手持《净名》，左手持《庄周》。"（《感怀诗五十八首》其十）	《导庄》	

续表

文学流派		《庄子》接受大家	对庄子的熟悉、喜爱	解《庄》著作及论《庄》文字	《庄子》美学思想影响下的文学主张
性灵派	公安派	袁中道 (1570—1623，字小修，湖广公安)	"未病先储药，生平解老庄。"(《别中郎南归，时偶值嫂及庶嫂之变，槽车双发，不胜酸楚，离别之情可知，因赋诗十首》) "陶诗细读愁何在，庄语重笺意更新。"(《即事》其三)	《导庄》	
		陶望龄 (1562—1609，字周望，号石篑，浙江会稽人)	"鯈鱼时出游，幽禽自来往。鱼鸟还相亲，便有濠上想。"(《山房杂兴》其六)	《解庄》	
性灵派	竟陵派	钟惺 * (1574—1624，字伯敬，湖广竟陵人)	赞"《老》《庄》者，出世之文之妙者也。"(《东坡文选序》)	《庄子娹嬛》 《庄子文归》	

文学流派	《庄子》接受大家	对庄子的熟悉、喜爱	解《庄》著作及论《庄》文字	《庄子》美学思想影响下的文学主张
性灵派	竟陵派	谭元春＊（1586—1637，字友夏，湖广竟陵）	"西畴日在园边绿，《南华》日在园中熟。"（《松石园歌》）"常存游戏眼，洞视老庄书。"（《答憨山师寄老庄影响论》）"读《易》、读《庄》不碍人，亭闲君朴仅可安。"（《题别李漱甫酌甫亭子》）"《庄子》则我五六年苦心得趣之书。"（《与舍弟五人书》）	《庄子南华真经（评点）》《遇庄序》《遇庄》（佚）《又答袁述之》："古人无不奇文字……又不得不止于吾心足矣。"	

说明：＊所标注的文人，都对《庄子》的文学性多有注意。

上面的表格展示的是"复古派"与"性灵派"《庄子》接受的主要成果，以及代表性文人《庄子》接受的概貌。由表2-1，我们可以得出两个直观结论：第一，明后期的《庄子》接受一仍明前期的特点：以南方文人为接受主体。明前期文坛的《庄子》接受以南人为主，对此，第一章中已作过具体分析，可参见前文。在表2-1所列出的明后期19位《庄子》接受大家中，有16位来自南方，只有何景明、李攀龙、谢榛三人是北方籍作家。对此现象，其原因大致有二，首先与南方文坛的繁荣盛况是分不开的。其次与南北文化差异密切相关。对地理环境与文化的关系，先秦诸子如荀子等人便已有论述，司马迁的《史记·货殖列传》和班固的《汉书·地理志》附录的《域分》《风俗》更是充分注意到了不同地理条件下的不同人文现象。至于南北文化的差异，自古至今不乏论说者，如况周颐在《蕙风词话》中说，"南人得江山之秀，北人以冰霜为清"。近人刘师培在《南北文学不同论》中言"大抵北方之地，土厚水深，民生其间，多尚实际。南方之地，水势浩洋，民生其际，多尚虚无"。对南北文化的不同，论者大多看到了北方文化质实厚重、偏于实用的特质，以及南方文化灵动自然、唯美重情的个性。故就文化气质上而言，大言无当、恣肆飘逸的《庄子》与南人天性更为接近，思想观念相对开放灵活的南方人更容易接受《庄子》的影响。所以，尽管他们的人生思想多为儒家所主导，或为现实利益所驱动，或为实现自我人生价值的内在需要，而放力一搏于科场、宦途。但当遇到现实挫折、人生不幸的时候，南方文人更易在人生态度、行为方式等方面认可庄子的思想，逼近庄子的境界。第二，文学主张上对《庄子》的接受，集中在浑整、自然、至真、素朴的美学思想上。对七子派文学主张与庄子美学思想的关系，刘绍瑾先生在其著作《复古与复元古：中国复古文学理论的美学探源》探讨七子派与道家美学思想的关系时，已顺势进行了研究。在书中，刘绍瑾先生认为七子派对汉魏古诗的推崇，是对诗歌概念、体制、格套形成之前的那种原初状态，以及浑整天然境界的追求。真诗只存在于民间的诗歌见解，则反映了七子派对原初体验与感知的崇慕。"以盛唐为法"体现的是对崇尚自然感兴、意象浑融的诗性精神的追求。总之，七子派的复古诗论体现的是道家复元古美学思想的影响，这是一个外儒内道的诗歌美学理论体系。而唐顺之的"本色说"与李贽的"童心说"、徐渭的"本色说"、汤显祖的"至情说"、公安派和竟陵派的"性灵说"，都一致强调抒发内心最真实、自然的情感，体现了对庄子"法天贵真"(《庄子·渔父》)，崇尚自然、真实美学思想的继承。《庄子》中关于"既雕既琢，复归于朴"(《庄子·山木》)，"朴素而天下莫能与之争美"(《庄子·天道》)的思想，深深影响了后世自然朴素美学思想的形成。明代文人对此亦有继承，如袁宏道晚期所提倡的"刊华而求质"①，认为"唯淡也不可造"②的文学主张，呈现出继承庄子自然朴素美学思想的一面。上面所谈的是"复古派"与"性灵派"文人对《庄子》美学思想的继承，同时他们也糅以时代新因素，对《庄子》美学思想作出新发展，如"性灵派"诸人的文学主张除强调文学情感抒发的真实性外，更多地强调个性和自我意识，带上了市民文化与心学异端思想影响的印记。

三、"复古派"与"性灵派"《庄子》接受的宏观比较

为了进一步得到对"复古派"与"性灵派"《庄子》接受的宏观把握，下文拟从整体上对二者进行一番比较。

（一）视角一：对《庄子》思想的认识

"复古派"对《庄子》思想的接受，基本延续了以往《庄子》接受的惯性，主要表现为两种形态：一是用《庄子》"疗伤"，主要通过借助《庄子》中的避世、齐物、去除物累、自然逍遥等思想，来抚平现实（科场、官场、生死等）所造成的精神创伤，提高精神的抗击打能力，增强生命韧度。这方面的例子如：

逍遥思想：

> 山亭下瞰碧潭空，天际云霞落镜中。千古神蛟吞夜月，九皋灵鹤振秋风。许由颖水心何逸，庄叟濠梁意自同。寄迹乾坤须纵酒，不妨醉卧荻花丛。（谢榛《涌金亭晚酌·四溟集》）
>
> 薄俗难共居，红颜不长好。吾将跨大鹏，神游八极表。（胡应麟《独酌逍遥馆醉中拈笔漫书五绝·少室山房集》）
>
> 亭亭孤生木，厥惟豫章材。苍龙蜇岩穴，鳞甲缠莓苔。一朝鲁班氏，伐至秦王台。中天悬高栋，有若登蓬莱。万间碍星月，九级披云霾。金银互文饰，朽栎庸堪偕。宁知大椿树，广

---

① 袁宏道：《行素园存稿引》，《袁宏道集笺校》，上海古籍出版社1981年版，第1571页。

② 袁宏道：《叙呙氏家绳集》，《袁宏道集笺校》，上海古籍出版社1981年版，第1103页。

莫甘尘埋。春秋八千计，逍遥卧无怀。（胡应麟《豫章行·少室山房集》）

避世思想：

病跨山公马，秋过习氏池。远天鸿雁尽，昨日菊花期。棋局翻相恼，鸥群总不疑。生涯抱瓮外，一任隐君为。（郑善夫《十日对酒姚氏园二首·郑少谷集》其二）

我辞承明直，矫志青云端。销声绝车马，卧痾对林峦。甘此皋壤怡，谢彼飙霭干。晨夕咏凿井，春秋歌伐檀。奔曦岂不疾，国火三改钻。游子恋所生，不获常怀安。微尚何足云，弱质良独难。衡门坐成远，尘冠行复弹。已负瀑落性，更从樗散官。进阻岩廊议，退抱江湖叹。旷哉宇宙内，吾道何盘桓。（杨慎《言将北上述志一首答苏从仁王子衡·升庵集》）

齐物思想：

去除名利，摆脱物累：

佳客即良夜，此会安可期。结发为兄弟，晤言今在兹。层台挺浮云，河汉宛其垂。积阴濯列宿，三五正参差。前山殿影乱，雨势坐已移。皎月出平陵，徘徊当照谁。清光澄暑气，飒若撒长帷。潦水明树间，流飙潜华榱。零露响空林，螳蛄以鸣悲。世路良独难，斗酒多所宜。达人忌荣名，千载同一时。（李攀龙《许殿卿郭子坤见枉林园·沧溟集》其二）

呜呼！大圣人世或见疑猜。周公被流言，仲尼困桓魋。贤材实累身，忠信为祸媒。苍蝇点白璧，蚊蚋嘘风雷。麒麟匿郊薮，朱凤成摧颓。仰天再叹息，沈忧热中怀。扰扰蜗角争，忉怛劳形骸。千秋万世后，愚智同尘埃。（胡应麟《君子行·少室山房集》）

壶丘与天游，列子乘风行。飘飘漆园吏，九万凌高冥。胡为末世士，多歧日屏营。骄蹻死财利，夷齐徇空名。宁知大道

观，不异蜗与螟。华胥有逸民，去去行相亲。（胡应麟《寓怀十二首·少室山房集》其六）

生死齐一：

> 山人资术恣浮沉，妙得山高与水深。地理直从分野辨，河源真笑凿空寻。折枝林里成穿杖，举袂人前表合襟。已学蒙庄储葬具，明师相遇若为心。（王慎中《送江山人·遵岩集》）
>
> 一虚郎署间，竟负帝乡期。此日名堪定，千秋事可知。赋宁为异物，人已不同时。垂白君应妒，还丹我自疑。橐装高卧尽，椎结旧游悲。坐识藏舟理，行令荷锸随。（李攀龙《哭公实·沧溟集》其四）
>
> 鼠肝虫臂任乾坤，修短茫茫一气论。绝粒五旬身尚在，何妨残喘食河豚。（胡应麟《食河豚·少室山房集》）

二是将《庄子》儒学化。常用的手法是在《庄子》意象中掺入儒家的精神意趣，表现其内心久已向往，却在现实中难以实现的人生境界。最为典型的是对大鹏意象的改塑，如下列诸诗：

> 磊落元高士，飞腾且壮年。骅骝万里路，鹏鹗九秋天。白璧先淹楚，黄金晚入燕。春花烂漫日，定醉曲江边。（何景明《赠葛时秀·大复集》）
>
> 刘毅无儋石，一掷百万钱。淮阴置母冢，行营万家田。英豪不在此，意气聊复然。安能效拘儒，规规蝜蝜焉。东海有大鹏，扶摇负青天。可怜蜩与鸠，相笑榆枋间。（归有光《读史二首·震川集》其二）
>
> 锦瑟沉沉夜未阑，胡床明月坐来寒。抽毫久媿门人籍，伏剑重登国士坛。一壑龙门怀豹隐，千山燕阙话鹏抟。青帆咫尺临安路，踯躅河桥去住难。（胡应麟《仲秋北上次武林谒大中丞滕师招饮赋谢·少室山房集》）

　　《庄子·逍遥游》开篇便以浪漫手法塑造了充塞天地、超云绝气的大鹏形象，用以为其阐说无待逍遥的理想精神境界作铺垫。但在后世的《庄子》接受中，庄子所赋予大鹏意象的哲学内蕴，远不如形象本身所具有的宏大气势与力量更能引人注意，人们据此赋予大鹏形象以新的意义：志向远大、事业隆盛。而这种新意又明显带着儒家事功精神的影子，可以看做士人在儒学主导下对《庄子》的改造性接受。在后世，大凡受到儒家思想熏染的文人都承袭了此种看法，儒学化的大鹏成了意义稳定而富有生命力的形象。何景明、归有光与胡应麟三人都是深度认可儒家思想的，然而现实没有给他们实现由其儒学观念而树立起来的价值、理想的机会。他们或在仕途，或在举业，蹭蹬一生，在遭遇坎坷的同时，庄子也伴着坎坷走近了他们，然而无法忘怀的儒家理想使他们在接受《庄子》时，也对它进行了改造，在《庄子》中伸展其不获骋之心志，这便造就了上面三首诗歌中的大鹏样态。这是"复古派"文人在接受《庄子》时，将之儒学化表现的第一个方面。而这一方面又可作为古代文人的共性来看待。第二个方面则表现在对《庄子》之"愤"的接受上。人们通常将庄子的处世态度归为超世、遁世、顺世三种，与世无忤、平和淡泊是三者的共同特点。而庄子本人却未完全如其所言那样平和地对待世事，深刻细微的观察与思考，使他敏锐地察觉到社会中的种种反常现象："窃钩者诛，窃国者为诸侯"(《庄子·胠箧》)，"大乱之本，必生于尧、舜之间，其末存乎千世之后。千世之后，其必有人与人相食者也"(《庄子·庚桑楚》)。这些话语毫无掩饰地流露了庄子对世事的强烈批判和对人类的终极关怀。他批判丑恶，坚决地站到现实的对立面，锋芒毕露，态度决绝，言辞激烈。这使庄子的批判精神与儒家的批判思想形成了区别。儒家在表达对黑暗丑陋的不满时讲究温柔敦厚，其目的是要通过批判来达到维护统治，恢复儒家伦理秩序的目的。"复古派"文人谈庄子时，也谈到了他的"愤"，他们是这样来理解庄子之愤的，如郑善夫的《白袍》：

　　　　白袍存皎洁，傍尔竹林人。安得绿玉杖，长随乌角巾。庄生书是愤，阮瑀行能纯。易俗吾奚敢，将无养道真。

诗歌表达了郑善夫归隐求道的愿望。在诗中，他引用了"竹林七贤"、庄子、阮瑀的历史典故。"竹林七贤"是魏晋正始时期阮籍、嵇康等七位名士的合称，七人因纵诞使性、不拘礼法而留名于史上。阮瑀是建安时期的重要文人，曾经受学于大儒蔡邕，其思想以儒家为主导，他的诗歌多能反映社会问题，即使是个人感怀也多与对国家、民族的忧虑结合在一起，从而具有了深广的社会内容，也唱出了建安风骨的主音。郑善夫渴望归隐，与现实保持距离，故而标举"竹林七贤"，但他又拒绝放纵，以"易俗吾奚敢"来自我克制、约束。他归隐是因为不满世事，主张予之批判，故欣赏庄子的愤世，但又将之与阮瑀并举，并称阮瑀"行能纯"，如此组合便显露出他标举庄子之愤的用意：要批判现实，同时又要守规合俗，而不能过分激烈。这体现了对庄子愤世之情的筛选，是郑善夫在儒学思想主导下对庄子"愤"之情的温和改造。再如杨慎也肯定了庄子的愤世嫉邪之论，看到他批判儒家的一面，但他未就此便将庄子与儒家对立起来，而是在区分了原始儒家与儒学末流的基础上，认为庄子批判的是儒学末流而非原始儒家，言外之意是庄子与原始儒家是不存在矛盾的，如此一来，两者便有了握手的可能性，体现了杨慎为糅合儒道而作出的努力。其论如下：

> 庄子，愤世嫉邪之论也。人皆谓其非尧舜、罪汤武、毁孔子，不知庄子矣。庄子未尝非尧舜也，非彼假尧舜之道而流为之哙者也。未尝罪汤武也，罪彼假汤武之道而流为白公者也。未尝毁孔子也，毁彼假孔子之道而流为子夏氏之贱儒、子张氏之贱儒者也，故有绝圣弃智之论，又曰百世之下，必有以诗礼发冢者矣。诗礼发冢，谈性理而钓名利者以之，其流莫盛于宋之晚世，今犹未珍。使一世之人吞声而暗服之，然非心服也。使庄子而复生于今，其愤世嫉邪之论，将不止于此矣。（杨慎《庄子解·升庵集》）

由此,我们可以对"复古派"文人的《庄子》接受作出如下归结:一者,"复古派"文人对《庄子》思想的接受是一种内倾的、退隐自守的静态接受。一方面表现为对《庄子》中具有涵养心灵作用的思想的关注,以求借之得到平和宁静的心态。另一方面表现为上文所提及的,七子派文学主张对《庄子》复元古美学思想的接受。七子派成员众多,主张鲜明,持续时间长,在整体实力上居于"复古派"核心地位,并对当时整个文坛产生巨大影响,故其理论在"复古派"中具有相当代表性。七子派对《庄子》美学思想的接受,在一定程度上也可以说是代表了"复古派"对《庄子》美学思想的接受。二者,积极利用儒学改造《庄子》,将之由云端拉回现实,以实际化、功利化改造《庄子》。同时,对《庄子》进行了"柔化"处理,消除其棱角,并积极寻找使之与儒学会通融合的途径。

作为同一朝代的"性灵派"文人,他们的《庄子》接受与"复古派"文人存在着相似的地方,可以说"复古派"文人《庄子》接受的两个维度,"性灵派"文人也都涉足其中。但"性灵派"文人的《庄子》接受有许多积极的变化,对此我们作出如下定性,即"性灵派"文人的《庄子》接受带有外向、个性、张扬的动态特点。

虽然"性灵派"诸家理论在具体内涵上各有不同,但无论是李贽的"童心说",徐渭的"本色说",汤显祖的"至情说",还是公安派、竟陵派的"性灵说",都以抒发真性情,表现真实自然的感情为理论核心。对诸家理论与《庄子》美学思想的关系,学术界一致认可了其对《庄子》自然美学与至真美学思想的继承。其中"性灵派"对《庄子》接受的新面貌着重体现在对其"真"美学思想的接受上,此点可从对两者的比较中得出。首先来看庄子之"真"。"真"是庄子对生命状态、人生境界等人生问题的思考,是隶属其哲学体系的,是在一定程度上与其道、天等概念并列的哲学范畴。在《庄子》中,得道之人是为真人,得道之知是为真知。庄子之"真"的含义是指弃除后天人为,回归万物自然而然的本然状态,达到人与自然无碍,天人合一的理想人生境界,即其所言之"反其真"(《庄子·秋水》),"真者,所以受于天也,自然不可易也"(《庄子·列御寇》),"故圣人法天贵真,不拘于俗"(《庄子·列御寇》)。庄子之"真"所倡导的本然状态，是经净化、提纯后的理想状态，如同其笔下滤去了血腥丑陋而一切美好的上古社会，是带着超越性的品质的。同时，作为哲学范畴，"真"体现的是庄子对整体意义和抽象意义上的人的终极关怀。而"性灵派"之真，则是具有明确理论对象和具体针对性的文学主张，是为挽救当时文坛一片黄茅白苇现象而出现的，其理论批判所向直指复古派"刻意古范，铸形宿模"①的偏激做法，以及在创作中由此而产生的无病呻吟、毫无灵魂的假古董。如李贽提倡的"童心说"，言"童心者，绝假纯真，最初一念之本心也。若失却童心，便失却真心；失却真心，便失却真人"，而"非童心自出之言"②，虽工亦是假言假文。真正的创作，在起初"皆非有意于为文"，是情感、思想"蓄积极久，势不能遏"③的自然发泄。袁宏道也明确主张创作要"独抒性灵，不拘格套，非从自己胸臆流出，不肯下笔"。对文之疵处，袁宏道的喜爱超过了对其佳处的欣赏，因为疵处往往"多本色独造语"④，是体现作者真性灵之处。激烈地抨击了"复古派"句比字拟，"弃目前之景，摭腐滥之辞"⑤的行径，甚至视之为令人羞耻的做法。再如徐渭认为文学作品"摹情弥真则动人弥易，传世亦弥远"⑥。将那些假情摹拟之作，斥为"鸟之为人言"⑦，即无意义、无灵魂的学舌语。并进一步提出了重真反假，重本色而轻相色的"本色说"。汤

---

① 何景明：《与李空同论诗书》，《大复集》卷三十二，四库全书本。

② 李贽：《童心说》，《李贽文集》，社会科学文献出版社 2000 年版，第 92 页。

③ 李贽：《杂说》，《李贽文集》，社会科学文献出版社 2000 年版，第 91 页。

④ 袁宏道：《叙小修诗》，《袁宏道集笺校》，上海古籍出版社 1981 年版，第 187 页。

⑤ 袁宏道：《雪涛阁集序》，《袁宏道集笺校》，上海古籍出版社 1981 年版，第 710 页。

⑥ 徐渭：《选古今南北剧序》，《徐渭集》，中华书局 1983 年版，第 1296 页。

⑦ 徐渭：《叶子肃诗序》，《徐渭集》，中华书局 1983 年版，第 519 页。

显祖重"情"，将"情"推到至高无上的地位。他说"情生诗歌"①，并将情描述为"生者可以死，死可以生"②的至真至纯的形态。可以看到，"性灵派"在创作中反摹拟，反束缚，反虚假，强调自得，一切己出。其所言之真是对主体情感自然真实的极致状态的描述和要求，在此意义上，"性灵派"的"真"与《庄子》的"真"美学思想保持了一致。如前所言，《庄子》强调"真"是强调其自然而然的状态和天人合一的境界，而在《庄子》哲学中事物最根本、最真实的状态就是其未被改变的、最初的自然状态，而自然的原生状态便是这种"真"的最佳体现。因此，在《庄子》哲学所规定的"真"的内蕴中，便暗含着强调自然真实的一面。明代"性灵派"文人关于"真"的美学思想有继承《庄子》之真，强调自然而然状态的一面，同时更加突出了"真"的"真实"含义。对此，我们可以找到一个佐证。公安派同盟雷思霈在为袁宏道《潇碧堂集》作序时，说了一段极似《庄子》的话语：

> 真者，精诚之至。不精不诚，不能动人。强笑者不欢，强合者不亲，夫惟有真人，而后有真言。

这段话几乎是对《庄子·渔父》中相关话语的抄录，雷思霈用来赞叹袁宏道诗文发于性灵、真率感人的艺术魅力。单就《庄子》中的这段话而言，其中的"真"的含义的确指情感的真实自然，不造作，不扭捏，不虚假。而将之放于整篇文章中，可以看到，庄子设置规劝孔子修养身心，回到与天合一的道的至境方可摆脱当前窘境的一段内容，是为了宣扬其关于道的哲学的。而雷思霈在使用几乎同样的一段话的时候，明显是在强调情感的自然真实性。这固然是他在阅读《庄子》时，为《庄子》中这段话的真情所感染，从而在诗文评

---

① 汤显祖：《耳伯麻姑游诗序》，《汤显祖全集》，北京古籍出版社1999年版，第1110页。

② 汤显祖：《牡丹亭记题辞》，《汤显祖全集》，北京古籍出版社1999年版，第1153页。

论中不自觉地进行了挪用，同时也是受整个时代重真实的《庄子》接受风向所影响的结果。

到李贽、袁宏道的时代，情突破理的限制，一度成为一面鲜亮的旗帜飘扬于晚明上空，而擎旗健儿正是"性灵派"诸文人。他们张扬情，尤其强调源于主体的真实情感。他们的情感论不存在对感情的节制，而讲究痛快淋漓地宣泄，他们欣赏、提倡、表达的情感都具有激烈奋发的强劲色彩，在传统所推崇的温和平雅之情外突显了与之对立的情感类型的感人魅力。如李贽，他的思想叛逆超前，如风雷石火震烁古今。在文中，他倾诉心中久已郁积不得不吐之意，情感之强烈浓郁令其在喷珠吐玉之后，仍然"发狂大叫，流涕恸哭，不能自止"，他是在为自己的思想、情感得到表达而激动不已。即使因此令"见者闻者切齿咬牙，欲杀欲割"①，也在所不惜。其他诸如徐渭、汤显祖等人亦有此种言论：

> 世总为情，情生诗歌，而行于神。天下之声音笑貌大小生死，不出乎是。因以慆荡人意，欢乐舞蹈，悲壮哀感鬼神风雨鸟兽，摇动草木，洞裂金石。其诗之传者，神情合至，或一至焉；一无所至，而必曰传者，亦世所不许也。（汤显祖《耳伯麻姑游诗序》）

> 人生堕地，便为情使。聚沙作戏，拈叶止啼，情昉此已。迨终身涉境触事，夷拂悲愉，发为诗文骚赋，璀璨伟丽，令人读之喜而颐解，愤而眦裂，哀而鼻酸，恍若与其人即席挥尘，嬉笑悼唁于数千百载之上者，无他，摹情弥真则动人弥易，传世亦弥远，而南北剧为甚。（徐渭《选古今南北剧序》）

在上面的两段引文中，汤显祖和徐渭从美感效果的角度对文学中的强烈情感进行了肯定。至此，文章已对"性灵派"文人的真情观作了一定程度的观照，从中我们可以看到，"性灵派"文人所要表达

---

① 李贽：《杂说》，《李贽文集》，社会科学文献出版社 2000 年版，第91 页。

的是血肉丰盈的人的情感，并将"真"的内涵规定于其上，在创作中力求表现出具体个体的不同神貌。而所有这一切都源于对自我的认识，对人的发现。而作为肉体的人，不但有情，而且有欲。"性灵派"文人在对"真"的提倡中也包含了对人欲的肯定，在他们看来人有欲望要求正是其"真"的体现，虽然欲望有时不免流于卑下，但这也正如文之疵处，是人之本色性灵的体现。如袁宏道便肯定"或为酒肉，或为声伎，率心而行，无所忌惮"①的人生欲望，是真"趣"之一种。我们可以说，对激烈情感和人欲的肯定，是"性灵派"之真对《庄子》之真的突破。而之所以得出如此结论，就不免要先谈到庄子对情与欲的态度和理解。

　　从总体上看，庄子对欲与情是持否定态度的，具体而言又有所区别。对"欲"，庄子是彻底否定的，在其看来欲望的存在便意味着人与天的分离，"其嗜欲深者，其天机浅"(《庄子·大宗师》)，不利于对道的体悟和臻抵，是应坚决予以摒弃的。故其言"同乎无欲，是谓素朴"(《庄子·马蹄》)，"能体纯素，谓之真人"(《庄子·秋水》)，而真人正代表了道的最高境界。故而可言庄子是主张无欲的。而对情，庄子的态度则要相对复杂一些。他一方面主张无情论，另一方面又看到了情于人的不可避免性以及其中所蕴含的与道无碍的因素，因此，庄子对其无情论作出了补充，"吾所谓无情者，言人之不以好恶内伤其身，常因自然而不益生也"(《庄子·德充符》)，"主张人的喜怒哀乐之情应该因顺于自然，相通于大道"②，亦即其所说的"喜怒通四时"(《大宗师》)。既然情感无法避免，那就让它自然地来，自然地去，不去人为压抑，亦不去人为鼓励。一切因于自然的情感，便不会在根本上扰乱得道心灵的宁静平和，这便与心理学上所倡导的通过发泄过强的多余情感，来维持心理的健康平衡的理论多有相似之处。虽然庄子没有在其道的世界中将情感一棒打死，但流露或宣

---

　　① 袁宏道：《叙陈正甫会心集》，《袁宏道集笺校》，上海古籍出版社1981年版，第463页。

　　② 崔大华：《庄学研究》，人民出版社1992年版，第160页。

泄情感在庄子而言仍是等而下之的，他追求的依然是以无己、无待、无为为特征，以心斋、坐忘为途径，宁静平和、逍遥自适的理想境界，这也是"喜怒哀乐不入于胸次"（《庄子·田子方》）的精神境界。这决定了庄子不会放纵情感，而会以种种有形无形的框架来对之进行规范约束，使之归于淡然平和。"真"便是这框架之一，"谨守"、"慎守"的真与情结合，便有了《渔父》中"真悲无声而哀，真怒未发而威，真亲未笑而和"的描述，真悲、真怒、真亲代表的是人类最真实的情感，而这种最真实的情感却没有表现为激烈的形式，而是呈现出了"无声"、"未发"、"未笑"的含蓄形态。由此，对比明代"性灵派"文人的真情、真欲，便显然见出他们对庄子的继承与超越。

在完成从这个视角对"复古派"和"性灵派"《庄子》接受的观照后，我们不免还要就两派《庄子》接受之所以呈现出各自不同特点的原因再多说一点。对此，我们选择将哲学作为切入点。哲学是对具体存在深刻、集中、准确的抽象同一，对某一历史时期的社会整体而言，哲学往往是时代特质最敏锐、最精确的反映，是时代的灵魂。同时，哲学与同为意识形态的文学关系密切，它们"是同一质地的不同样式"①，诸多文学现象都可从哲学中找到原因。明代哲学的突出现象是阳明心学的出现和发展分化，其中，由阳明心学分化而出的泰州学派及其后学在很大程度上变异了王学，受泰州学派影响的士人在精神气质、价值观念、人格理想等方面都不同于以往的士人，相应地，他们的《庄子》接受也具有了新的特点。

阳明心学产生于正德二年（1507），于正、嘉间开始流行，《明史·儒林传》序称：姚江之学"别立宗旨，显与朱子背驰，门徒遍天下，流传逾百年"，"嘉、隆而后，笃信程、朱，不迁异说者，无复几人矣"。其学说所倡导的"心即理"、"致良知"，突显了主体的能动作用，与朱熹天理、人心二分，"存天理、灭人欲"的主张

---

① 周宪等编：《当代西方艺术文化学》，北京大学出版社1988年版，第270页。

截然不同，但其学说旨在通过心对伦理纲常的自觉遵从来达到维护统治的目的，仍"停留在儒家民本思想的范围之内，它的主要之点仍然是在君不在民，重民保民惠民仍然是为保君，维护封建等级制度。他的'民本'思想严格限制在封建等级制度的框架之中，没有超出'尊尊'、'亲亲'的范围，也不能有碍于封建等级制度的长治久安"①。他所激发出的是士人崇高的群体情怀和勇于担当的豪杰精神。其后王门弟子围绕本体—工夫发生分化，如钱德洪、邹守益等以发扬工夫，恪守王学教旨而成为阳明心学的正宗传人；王畿、王艮等人则注重本体，思想开放活跃，多有超越阳明心学思想之处，成为其支脉中最盛的两支。其中尤以王艮为代表的泰州学派为著，《明史·儒林列传二》(王畿列传附王艮列传)说："王(王守仁)氏弟子遍天下，率都爵位有气势。艮以布衣抗其间，声名反出诸弟子上。"泰州学派对晚明文人产生重要影响，"性灵派"诸文人大多与泰州学人过从紧密。如李贽师从王艮之子王襞，与泰州学人焦竑、耿定理、罗汝芳等多有往来，其自身便是泰州学派的重要传人；袁宏道师事李贽，与泰州学派的管志道、潘士藻、陶望龄、焦竑等人也有着较为密切的交往；在对汤显祖产生重要影响的三个人物：罗汝芳、李贽、达观和尚中，有两人是泰州学派主将。泰州学派在阳明学说的基础上引申、突显了其内蕴的个体性原则，对认同自我、成就自我给予相当的关注，去除以外在天理为代表的一切理性规定对主体意志活动的制约、拘范，张扬个体意志。泰州学派对个体自我的突显在李贽那里得到进一步强化，"李贽对个体的存在给予了更多的关注：从内在的精神本体，到外在的人己关系，存在的个体之维都被提到了至上的地位"②。个体原则的凸显使主体的情感、欲望也相应地得到关注和肯定，甚至被提到更高的地位，对晚明文学的重情走向起到了重要作用。

从上面可以看到"性灵派"文人对心学都有不同程度的接触，

---

① 林子秋：《王艮与泰州学派》，四川辞书出版社 2000 年版，第 27 页。
② 杨国荣：《杨国荣讲王阳明》，北京大学出版社 2005 年版，第 153 页。

而且普遍接受的是泰州学派乃至心学异端李贽的影响①。他们从各自立场出发在不同层面上接受了泰州学派的个体本位思想，故在内在哲学理念上相异于传统文人，表露于外时便出现了许多新的特质：重视私人化感情、关注个体自适、正视人欲本能、情感形式多样化呈现等。这些特质不仅反映到他们的文学创作、为人处世中，而且也影响到他们对《庄子》的选择性接受，进一步发扬了《庄子》关注个体的一面，并糅进了新的时代质素如私人化的情感、人欲、激烈浓厚的情感形式等，丰富、发展了《庄子》接受的态式，使他们的《庄子》接受呈现出外向、直露、激烈的特点。因此，无论是从《庄子》接受史看其对《庄子》思想意涵的扩大，还是从他们对《庄子》接受角度的选择来看，"性灵派"文人的《庄子》接受都具有动态的特点。"复古派"文人的思想状况则较为复杂，有以理学为主导的如李梦阳、李攀龙等，也有接受心学影响而弃文入道的如徐祯卿、郑善夫、何景明、唐顺之、王慎中等。以唐顺之为例，他受王畿的影响较大，同时又与邹守益、聂豹、欧阳德、万表、季本、薛应旂、罗洪先等思想主张存在差异的心学人物有所交往，但却不存在与张扬个性的泰州学人的往来，其他诸人亦如此。故而可以说，虽然部分"复古派"文人受到了心学的影响，但心学对于他们来说所激起的是主体对社会的责任感，心学接受动机依然属于儒家内圣外王的模式。"复古派"文人的价值体系在整体上延续的是儒家的价值模式，强调群体对个体的优先性。故而在这种传统价值模式支配下进行的《庄子》接受，必然对以往文人《庄子》接受习惯多有沿袭而突破较少。

①　徐渭与心学家王畿、季本、唐顺之等人多有来往，而与泰州学人少有往来。他"由于接受了心学的理论而具备了独立的人格与充分的自信，但他一生坎坷的遭遇使之再也没有机会立功扬名，同时，在心学上他也难有更多的创获，故而也没有成圣的打算。他所具有的是更强烈的自我表现欲望，以及在痛苦时强烈的自我宣泄意识。因而在人们的印象中，徐渭所具有的不是儒者之圣，而是文人之傲与狂"（左东岭：《王学与中晚明士人心态》，商务印书馆2014年版，第469页）。徐渭身上体现出的精神特质与晚明人趋向一致，他对《庄子》的接受也呈现出与晚明人相似的品性：个性而张扬。

(二)视角二：对《庄子》文学性的把握

据现存资料看，"复古派"文人在此点上整体优于"性灵派"文人。较多关注到《庄子》文学性的在"复古派"有杨慎、茅坤、王世贞、胡应麟等，在"性灵派"有钟惺、谭元春等。王世贞的《南华经评点》①及钟惺的《庄子娜嬛》《庄子文归》②，以文学评点的形式对《庄子》进行了文章学的解读，对其法度、文脉等文本结构作出分析。其他诸人则在著作文章的段落中谈及对《庄子》文学性的认识。杨慎学养深厚，长于独立思考，喜欢以考证的方式研究《庄子》，相关考证著作有《庄子解》《庄子阙误》和《庄子难字》。杨慎在对《庄子》进行考证的同时，注意到对其文学手法的揭示，如"《内则》'卵酱'读作鲲。《国语》亦云'鱼禁鲲鲕'，皆以鲲为鱼子，庄子乃以至小为至大，便是滑稽之开端"③。考证"鲲"字字义，进而揭示出《庄子》有意出奇、行文滑稽的特点。此外，杨慎对《庄子》的文辞特点、修辞手法等也多有阐说，如其言庄子为书"恢谲佹宕于六经外"④，"工于难，命之曰复奥，庄周、御寇是也"⑤，指出了《庄子》为文诡奇奥妙的特征；再如"秦汉以前书籍之文，言多譬况，当求于意外。……《庄子》便谓'子贡乘大马，中绀表素之衣'"⑥，点出了《庄子》善用比喻的特点。茅坤对《庄子》文学性的

---

① 王世贞对《庄子》的评点主要保存在沈汝绅所辑的《南华经集评》中。王世贞的评点"可分为两个层面，即一是属于一般断句意义上的圈点，另一是属于文学欣赏等意义上的评点。……就后者来看，他每在《庄子》原文即郭注旁画圈、点点以示警拔，甚有学术及文学眼光"(方勇：《庄子学史》第二册，人民出版社 2008 年版，第 407 页)。

② 钟惺的《庄子娜嬛》和《庄子文归》现藏于日本国立公文书馆，两书各一卷，"前者节录《庄子》十五篇，加以眉批及圈点，后者节录《庄子》九篇，加以圈点，以词章训读为主，说明钟氏对《庄子》甚有研究，尤其对庄子文辞更有兴趣……"(方勇：《庄子学史》第二册，人民出版社 2008 年版，第 599 页)

③ 杨慎：《升庵集》卷四十六，四库全书本。

④ 杨慎：《升庵集》卷四十六，四库全书本。

⑤ 杨慎：《升庵集》卷五十二，四库全书本。

⑥ 杨慎：《升庵集》卷五十二，四库全书本。

关注主要表现在其《唐宋八大家文钞》中，在对所选古文进行评点时，茅坤常会结合《庄子》来谈论诸家文字妙处，如其评韩愈《送高闲上人序》曰"其用意本《庄子》，而行文造语叙实处亦大类《庄子》"。评苏轼《超然台记》曰："子瞻本色，与《凌虚台记》并本之庄生"。以《庄子》为参照对象进行散文评点，一方面有助于把握唐宋散文的具体特征，另一方面也是对《庄子》文体特征的突显、强化，深化人们对《庄子》艺术特征的整体印象。在上面提到的几个人中，谈到《庄子》艺术最多的是王世贞和胡应麟两人。胡应麟是王世贞晚年所结之至交，他亦以世贞衣钵传人自当，其《诗薮》与王世贞的文学主张多有呼应之处。胡应麟对《庄子》所作的文学性评论多集中在《读庄》《九流绪论上》和《二酉缀遗中》中，王世贞的评论则体现在《读列子》《艺苑卮言》三、《王子裕先生墨刻五跋》《读列子》《古四大家摘言序》《读庄子三》《周之冕书庄子要语后》等文章中。总体而言，胡应麟对《庄子》文学性的论述要深于王世贞，如为两人共同关注的《庄》《列》二书艺术性比较的问题，王世贞晚年改变了早年《列》优于《庄》的看法，对《庄子》作出高度评价："凡《列子》之谈理引喻皆明浅，仅得其虚泊无为，以幻破于肤膜之间；而《庄子》则往往深入而探得其髓，其出世、处世之精妙，有超于揣摩意见之表者。至其措句琢字出鬼入神，固非《列子》之所敢望也。"①在这段话中，王世贞只是从思想与文辞的角度准确但又简单地对二者进行了对比。而胡应麟的对比则要详尽得多：

　　大抵列之文法，庄之文奇，列犹丘明，庄犹司马。列规矩，驯而易入；庄崖岸，峻而难攀。凌厉汪洋，杳冥超忽，乘风骑气，出鬼入神者庄。简劲宏妙，平淡疏旷，周鼎商彝，朱弦疏越者列。源流本始则列，庄之胚胎；震荡波澜则庄，列之极致。（《九流绪论上》）

　　列温纯典厚，尚有春秋前辈风；庄全是战国纵横之习，其

①　王世贞：《读列子》，《读书后》卷一，四库全书本。

文章则妙极矣。读其书，二子气象亦可见。(《九流绪论上》)

胡应麟在《庄》《列》文学孰优孰劣的问题上没有承袭王世贞的说法，而是看到二者各自具有的特点，并进行了具体详尽的分析。在这段文字中，胡应麟首先摆出他对《庄》《列》文章的整体认识：一奇，一法。接下来通过多层比喻对此加以形象说明，同时又追加了对《庄》《列》文章的认识，如《庄子》的阔大、纵横，《列子》的平淡疏旷、温纯典厚的特点。胡应麟对《庄子》的认识客观准确，为后人所广泛接受。胡应麟、王世贞对《庄子》汪洋瑰奇的文辞特点多有论说，此处不再一一列举。对二人值得说的还有两点，一是胡应麟对《庄》《列》在志怪小说发展中的地位的认识。二是王世贞对后人《庄子》接受的概括。对前者，胡应麟曾言：

> 古今志怪小说，率以祖《夷坚》《齐谐》，然《齐谐》即《庄》，《夷坚》即《列》耳。二书固极诙诡，第寓言为近，纪事为远。(《二酉缀遗中》)

胡氏从文风诙诡、长于寓言略于纪事的角度，将《庄》《列》与志怪小说之祖《齐谐》《夷坚》类比，肯定二者的志怪小说的文体潜质，以及二书在志怪小说发展史上的地位、作用，是继南宋黄震在《黄氏日抄》中提出的《庄子》为"千万世诙谐小说之祖"说法后，对《庄子》小说文体性质的更深一层认识。对后者，王世贞将后人的《庄子》接受归结为：

> 后世之修辞者猎其奇，务识者资其博，拘方者疑其诞，而守经者病其诡。彼皆有以来之，虽然彼固有以来之，于彼无与也。吾采之吾以自为而已，于四者亦无与也。(《周之冕书庄子要语后》)

王世贞的归纳一方面是对《庄子》多面价值的认可，另一方面又指出后人在接受《庄子》时的偏好及由此形成的不同接受群体，虽然这个概括并不全面，但对《庄子》研究而言无疑是一种拓展，由对《庄子》本身的研究拓展到更深远的时空进行研究，是对《庄子》研究思维的开阔和发展。王世贞列举完四种接受形式后，言已"于四者亦无与也"，标举出另一种接受样式，只是世贞对此未予明确点出，联系上下文，王世贞的这种接受当是对《庄子》于精神提升维度的接受。谭元春对《庄子》的文学接受主要表现在他对《庄子》寓言的看法上，此点方勇先生已于其著作《庄子学史》（第二册）第十四章"谭元春的《庄子南华真经（评点）》"一节中作了详细解析，于此不再赘述。

"性灵派"诸家只有竟陵一派对《庄子》文学性给予了一定关注，而"复古派"对《庄子》文学性的研究相对来说下的力气要多一些，其中的原因大致有二：其一，"性灵派"接受的是重视本体的泰州学派的影响，在文学上反对格套、规则、法式等一切外在束缚，而注重对主体内心的单向表达，近于近现代的美学体系。因此，他们对《庄子》的关注着重于对本体心灵的涵育、发扬，而忽略了对《庄子》文本外在形式的研究，希望以此为其现实行为和理论主张找到坚实的后盾。因此，"性灵派"诸家对《庄子》文学性的研究相对薄弱。其二，"复古派"文人尽管在具体主张、文学摹拟对象等方面存在不同，但其共同的追求都是情与理、法与意平衡的古典美学理想。对法与理的强调，以及对复归古人门径的探寻，使他们注重分析、学习古人的作品，对作品文学性的把握理所当然地成为该派文人的研究重点，因此，也就不难理解"复古派"文人要对《庄子》文学性研究下工夫了。而属于"性灵派"的竟陵派，虽然继承了公安派抒写性灵的思想，但同时为纠正公安派浅率滑俗的弊病而主张读书养气，将"厚"与"灵"结合起来。该派主张调和了信心与信古的矛盾，一定程度上收敛了对心灵的一味突显，而加强了对情与理、法与意平衡的关注，体现出对古典美学理想的回归，与"复古派"的美学趣味走向了一致，对《庄子》的关注也相应地增加了对其文学性的研究。

第三节　鸿学文士衷笔墨　那堪情变系南华
——王世贞的《庄子》接受研究

　　王世贞(1526—1590)，字元美，号凤洲，又号弇州山人、弇州生、弇山居士、弇山人、天弢居士、天弢道人，苏州太仓人。嘉靖二十六年(1547)进士，授刑部主事，官至南京刑部尚书，历经嘉靖、隆庆、万历三朝。王世贞早年"欲效铅刀于一割"①，为不得升迁而油然伤感；父难的打击以及世事的磨砺，令之宦意日减，没有上书致仕之举。而其对文学的热情则始终如故，初与李攀龙狎主文盟，待隆庆四年(1570)攀龙殁后，世贞独操文柄二十年，是后七子在理论与创作上的杰出代表。王世贞博学多才，著作繁富，有《弇山堂别集》《嘉靖以来首辅传》《觚不觚录》《弇州四部稿》《弇州续稿》《读书后》《王氏书苑》《世说新语补》《全唐诗论》《弇州稿选》《画苑》②等多种著作。王世贞的文学作品较为集中地保存于《弇州四部稿》《弇州续稿》和《读书后》中，其中《弇州四部稿》"皆世贞为郧阳巡抚时所自刊"，《弇州续稿》"则世贞致仕之后，手衰晚岁之作以授其少子士骏，至崇祯中其孙始刊之"③，《读书后》乃"王元美先生晚年所撰《弇州四部稿》《弇州续稿》所未载"者④。王世贞于万历三年(1575)督抚郧阳，万历四年(1576)十月遭弹劾而

---

　　①　王世贞：《与岑给事》，《弇州四部稿》卷一百二六，四库全书本。
　　②　对王世贞的作品，今人施乐在《〈弇州山人年谱〉补注后记》(《古籍整理研究学刊》1985 年第 3 期)一文中加以广泛搜罗，文中罗列了许多稀见的著作，如见诸《天一阁书目》及《太仓州志》者：《王世贞入楚稿》、《入晋稿》、《入湘稿》、《伏阙稿》、《爽鸠氏言》、《汇苑详注》、《少阳丛谈》、《读书后》、《凤州笔记》、《阴羡诸游稿》、《拟古诗》、《尺牍清裁》、《苏长公外纪》、《弇州尺牍》(日本刊本)、《异物汇苑》等。以及未加考证的作品如《古今谥法通记》、《皇明名臣琬琰录》、《权幸录》、《朝野异闻》、《燕说》、《野史家乘考误》。
　　③　《四库全书总目提要·弇州四部稿》卷一百七十二，集部二十五，别集类二十五，武英殿本。
　　④　陈继儒：《读书后原序》，《读书后》，四库全书本。

回籍听用，故《弇州四部稿》所收当为其万历四年之前的作品。而《弇州续稿》和《读书后》则代表了王世贞晚年的创作成就。王世贞专门论《庄子》的文字，有《敖士赞·庄子》《邵弁庄子标解序》《读庄子一》《读庄子二》《读庄子三》《读庄子让王篇》《周之冕书庄子要语后》《读列子》《南华经评点》等，从思想和艺术角度对《庄子》作了全面品评。此外，其诗文中也多有对《庄子》典故、词语及思想的借用。

一、王世贞对《庄子》思想的接受研究

"手携《南华》一卷，不妨坐待黄昏"①，"先生中酒难起，卧读《南华》几篇"②，这是王世贞对自己生活状态的描述，可以看到《庄子》已成为他生活的一部分。他折服于《庄子》的艺术魅力，并有意识地去接受庄子思想的影响，在对人生的每次痛苦体验中，王世贞都试图从中寻找精神慰藉。父难退居离薋园时，王世贞以"柱下漆园之是师"③；后筑弇山园，备列《庄子》于其芳素轩中以供时时翻阅；晚年作《读庄子》一、二、三，及《读庄子让王篇》，高密度地对《庄子》加以关注，由此便可见出《庄子》在王世贞心目中的地位。他对《庄子》的接受是历经人生磨难后的认可，是一种带有鲜明主体选择性的接受。他对《庄子》思想的接受主要有以下几点：

（一）与日月同光的鹓雏情结

陈继儒回忆王世贞时，言其"温秀之气溢于眉目间"④。而这个温雅和蔼、胸怀宽广、不断奖掖后进的长者，同时也是一生强项、不肯曲事权贵的耿介之士。王世贞不为名利权位所奴役，置官场游戏规则于一边，坚守人格底线，正直为官，高洁自守。他耻谒夏言，数忤严嵩，影弹张居正，刻意与当权者保持距离。这并非故

---

① 王世贞：《郧中杂言八首》其八，《弇州四部稿》卷四十六，四库全书本。
② 王世贞：《偶成》，《弇州四部稿》卷四十六，四库全书本。
③ 王世贞：《离薋园记》，《弇州续稿》卷六十，四库全书本。
④ 陈继儒：《王元美先生墓志铭》，《陈眉公先生全集》卷三十三，四库全书本。

作姿态，佯装孤傲，而是对其父当年"名位当自致，毋濡迹权路"①教诫的恪守，也是对自身人生信念的坚持。《庄子》中鹓雏腐鼠的寓言便成了王世贞此种人生信念的重要表达方式。王世贞喜以鹓雏自喻、喻人，并在诗歌创作及与友人的书信往来中屡屡用及这个典故。如"大鹏横空鷃鷾一枝，鹓雏徘徊误吓老鸱"②，"昨夜腐鼠过，鹓雏了不看"③等诗句都是对此典故的运用，其中《野人歌自嘲》一诗最为典型：

> 鹧鸪畏钟鼓，鲁人不肯听。三日缟东门，栖栖竟何营。白鱼自称龙，豫且摇其手。蠚尾短铁钩，胡为在若口。人道野人无所干，曾骑款段客长安。人道野人有所求，白云高卧僧房幽。野人双足顿如缒，野人双鬓半成雪。杖头沽酒钱欲尽，袖里投书字将灭。红尘风吹大道间，若个不作红尘颜。老鸱啖尽腐鼠骨，始信鹓雏心自闲。

诗歌塑造了一个全守天性、高蹈超尘、不追名逐利的野人形象。通过对《庄子》鹓雏腐鼠典故的化用，以鸱枭贪食腐鼠的丑陋与肮脏反衬出鹓雏高洁脱俗的品质，进而以物喻人，暗示出野人的高洁人格。在对鹓雏腐鼠典故的运用中，王世贞对典故意义未作发挥，基本遵循了《庄子》寓言的原意。在王世贞对此典故的偏好中，便可见出其人生观对其《庄子》接受倾向产生的影响，高洁的品格使王世贞偏重于借《庄子》表达其高洁品质。

(二)对理想世界的向往

追求完美的天性使人类常以幻想的形式弥补现实的残缺。面对现实世界的不完美，先秦时期的思想家们便已开始了向理想世界跋

---

①　王世贞：《先考思质府君行状》，《弇州四部稿》卷九十八，四库全书本。

②　王世贞：《箕山行》，《弇州四部稿》卷六，四库全书本。

③　王世贞：《王生近诗爽然有天际真人想，乃父沂州君濡首吏牍，俱所不晓，赋此赠之》，《弇州四部稿》卷十五，四库全书本。

涉的精神之旅。儒家向往恪守伦理道德，稳定、和平、自给自足的社会；墨家的理想世界里充满了公平与人类大爱的温馨；道家则对原始、朴素的自然状态充满憧憬。老子推崇小国寡民的上古世界，庄子则在老子的基础上更详尽、生动地描绘出道家的理想社会。庄子将其理想社会称为"至德之世"、"建德之国"，并在《马蹄》《胠箧》《天地》《盗跖》和《山木》中作了具体勾画：

> 故至德之世，其行填填，其视颠颠。当是时也，山无蹊隧，泽无舟梁；万物群生，连属其乡；禽兽成群，草木遂长。是故禽兽可系羁而游，鸟鹊之巢可攀援而窥。夫至德之世，同与禽兽居，族与万物并，恶乎知君子小人哉！(《马蹄》)

> 子独不知至德之世乎？昔者容成氏、大庭氏、伯皇氏、中央氏、栗陆氏、骊畜氏、轩辕氏、赫胥氏、尊卢氏、祝融氏、伏牺氏、神农氏，当是时也，民结绳而用之，甘其食，美其服，乐其俗，安其居，邻国相望，鸡狗之音相闻，民至老死而不相往来。(《胠箧》)

> 至德之世，不尚贤，不使能；上如标枝，民如野鹿；端正而不知以为义，相爱而不知以为仁，实而不知以为忠，当而不知以为信，蠢动而相使，不以为赐。是故行而无迹，事而无传。(《天地》)

> 古者禽兽多而人少，于是民皆巢居以避之，昼拾橡栗，暮栖木上，故命曰有巢氏之民。古者民不知衣服，夏多积薪，冬则炀之，故命之曰知生之民。神农之世，卧则居居，起则于于，民知其母，不知其父，与麋鹿共处，耕而食，织而衣，无有相害之心，此至德之隆也。然而黄帝不能致德，与蚩尤战于涿鹿之野，流血百里。尧、舜作，立群臣，汤放其主，武王杀纣。自是之后，以强凌弱，以众暴寡。汤、武以来，皆乱人之徒也。(《盗跖》)

> 南越有邑焉，名为建德之国。其民愚而朴，少私而寡欲；知作而不知藏，与而不求其报；不知义之所适，不知礼之所

将；猖狂妄行，乃蹈乎大方；其生可乐，其死可葬。(《山木》)

庄子构想的理想世界存在于上古或遥远的边疆，在这个世界里"无政治和道德的约束(自由)，无人与人的互相倾轧(平等)，无沉重的生活负累(快乐)"①。相比其他诸子，"庄子理想社会所提供的不是世俗的、人类的、物质性的东西，而是某种超俗的、超人类的精神性的东西"②。其中的"唯一观念和因素就是——自然"③。庄子的理想社会是作为对充满倾轧、漠视生命的现实社会的不满和超越而出现的。

王世贞颇有遁世倾向。嘉靖三十一年(1552)，在写给徐中行的信中，王世贞说："酬接还往，都无意味，曩谓京尘眯漫污人，乡里小儿作恶更剧。宇宙之内何可着眼，欲寻一片地如五陵桃源者，吾三数人镇日相对，便足千古。此语殊莫使外闻之。"④是年，王世贞仅27岁，入仕不过四五年，风华正茂的年纪却已生出逃于世外的念头。对理想世界的向往之情，在王世贞的作品中还有多处表达，如下列文字：

大禹迷终北，黄帝游华胥。化城高天表，古莽西南隅。阴阳亡交气，民人恒晏愉。乃知八极外，至乐故有余。沴戾堕中央，令我不可居。阴谋相挡拟，肉攫自纷挐。冥心超形外，冀得恣所如。(《寓怀》其一)

兹地有漆园，是否庄生庐。遗迹杳莫存，遗言亦成诬。北风卷地来，鹏翼寒不舒。岂必真逍遥，能无爱枪榆。不才惧兔烹，存者乃为樗。令我何所据，瞿然思遂初。(《过定远问漆园不得》)

---

① 崔大华：《庄学研究》，人民出版社1992年版，第250页。
② 崔大华：《庄学研究》，人民出版社1992年版，第259页。
③ 崔大华：《庄学研究》，人民出版社1992年版，第259页。
④ 王世贞：《徐子与》，《弇州续稿》卷一百十八，四库全书本。

　　吾闻上古世，纯默澹玄始。太和渐以散，皇纲荡无纪。曒曒白日内，昏风忽然起。生人无常邅，致福岂在己。马以一鸣斥，兔以不鸣死。生者岂必鸣，鸣者岂不生。所以贤达人，顺时复安贞。嗟彼儵与忽，无乃营神形。[《杂诗（为诸生时作）》其三]

　　此三首诗均收于《弇州四部稿》，是王世贞中前期的作品。在诗中，王世贞表达了对充满至乐的理想世界的渴慕。王世贞的理想世界存在于上古，乃至大禹、黄帝之前，以及人迹罕至的西南边陲。在这里，人与自然和谐相处，人与人之间没有机心倾轧，一切都处于自然状态，人们自由快乐地生活着。这一理想世界追求的是"纯默澹玄"，是物我合一，消解自我于广漠之中的精神性境界，具有超俗、超人类的特点，是对道家庄子所构筑的理想世界的认同和承续。崔大华先生认为，这种理想世界只产生于某些特定人群，即"只是在由于某种具体的社会、政治原因，对人类本然的存在状况被异化的现象特别敏感，无力排解，由此而感到生存的沉重压抑和危机的人才能发生"①。

　　王世贞 22 岁中进士，之后断断续续地在宦海中浮沉了二十余年，并且早早地领教了政治的残酷。杨继盛事件，父难的前前后后，屡屡遭到的无端弹劾，让王世贞嗅知政治的血腥味，深刻体会到人事的无常。在他的诗中，常能读到遭遇险恶政治时的心悸："志命相就罹祸殃"②，"恩爱苟一亏，咫尺天茫茫"③，"朝陪君王荐，夕作豺虎匹"④……对丑恶现实的深刻认识，对人类异化的清醒认知却无力排解，使王世贞逃遁于理想的精神世界中。王世贞在对理想世界进行描绘的时候，又往往加以对现实丑恶的批判，两者同时出现于一首诗中，增加了王世贞理想世界的批判性色彩，同时也使其理想世界带上悲、愤的情感倾向。如上引三首诗在歌颂了理

---

　　①　崔大华：《庄学研究》，人民出版社 1992 年版，第 259 页。
　　②　王世贞：《空城雀》，《弇州续稿》卷四，四库全书本。
　　③　王世贞：《行路难》，《弇州续稿》卷六，四库全书本。
　　④　王世贞：《寓怀》其六，《弇州续稿》卷八，四库全书本。

想世界后，接着批判了现实中的阴谋纷争，表达了现实中无用方可全身以及祸福不由己的无奈与悲伤。这种思想与情绪的表达一定程度上冲淡了理想世界的平和与祥宁，带来情感的变调。

(三)对个体生命的关注

庄子确立了个体本位的价值观，重视生命保全，尊重个性自由。强烈的全生意识和自由意识使庄子坚决抵制一切危及生命的因素。面对生死、时命、情欲的困扰，庄子以齐一生死、安时处顺、无知去欲的方式实现精神上的超脱。庄子全守天性和重视精神自由的思想，引导了中国思想史对个性的关注。王世贞接受了庄子思想的影响，如其《满歌行》表达的便是对庄子处刑名间隐居全生和达观以视生死思想的接受。而王世贞的人生经历和思想结构使他对庄子的人生哲学进行了有选择性的接受，主要表现在其对庄子生死观和个体价值观的接受上。

王世贞一生多历情变，对生死的感触尤为深切。父亲被斩，妹妹早亡，小儿夭折，母亲和弟弟敬美病故时而未及一面，以及李攀龙等同道友人的相继离去，让王世贞一次又一次地咀嚼阴阳两隔的痛苦，尝尽了孑然一身的孤寂与凄凉。对生死刻骨铭心的体会，使王世贞对庄子的生死观多有留意。他试图借助庄子齐一生死寿夭的思想得到超脱，泯灭世俗情感，"久将情字付庄周"①，忘却悲情，以求达观对待生死。然而思想上的超越性认识有时却难以真正付诸实际。面对至亲挚友的离去，王世贞终究没有达到庄子鼓盆而歌的境界，他有的依然是"感极神俱竦，声吞泪复流"②的红尘凡情，对此他只有感慨唱叹"忘情岂我辈，分已愧庄周"③。面对生死大碍，王世贞没能超越过去，反而使他对庄子的生死思想产生怀疑，《寓怀》其二及《偶成齿发吟作长庆体示伯龙子念君载》两诗便表达

---

① 王世贞：《哭敬美弟二十四首》其五，《弇州续稿》卷二十五，四库全书本。

② 王世贞：《悼亡儿果祥诗十首》其十，《弇州四部稿》卷二十三，四库全书本。

③ 王世贞：《悼亡儿果祥诗十首》其十，《弇州四部稿》卷二十三，四库全书本。

了这种怀疑，相关诗句如下：

> 庄氏等彭殇，达人守其规。求化焉能化，齐物故不齐。
> (《寓怀》其二)
> 惝恍出世言，渺茫长生药。成证聊自暖，齐物终妄作。
> (《偶成齿发吟作长庆体示伯龙子念君载》)

对齐物思想怀疑的背后是王世贞痛楚的人生体验，是他力求超越而不得的精神历程。这种"蒙庄亦难解"①的悲情、深情，也定义了他对庄子及其思想的认识。从生死观的角度看，王世贞认为庄子"畏死"，庄子对死亡的惧怕使其故意以齐死的方式加以文饰，其言"庄生畏死而齐死者也"，是"有者讳之，不及者文之"②的做法。这种思路大概得于王世贞力图借助庄子超越死亡阴影，却终究为情所困，戚戚于生死悬隔的切己感受。王世贞对情的执着，对生死的不能忘怀，使他认为庄子是"忧生士"，其言"蒙庄忧生士，忧在等彭殇"③。这句诗同样表达了王世贞认为庄子是畏死的认识，同时也传达出新的讯息，即王世贞还认为庄子是生命的热爱者。畏惧死亡故幽怀于生死寿夭，热爱生命才会对牵绊生命的因素表示忧虑，才会寻找摆脱忧虑的方式："等彭殇"。因此，王世贞对庄子生死观的接受便可表述为：力求师随庄子达观对待生死而不得，进而产生怀疑，并重新认定对庄子及其生死思想的认识。这种接受是经王世贞的生命过滤、淬炼后的晶体，是带着王世贞强烈生命体验的《庄子》接受。

　　明中叶，王阳明在孟子、陆九渊、陈献章等人学说的基础上融以佛道思想，创建了系统完整的心学体系。其学说主张"致良知"，认为天理即人心，强调自我意识，高扬主体精神。阳明心学的诞生

---

① 王世贞：《慰殷无美哭女》，《弇州续稿》卷十二，四库全书本。
② 王世贞：《札记内篇一百三十六条》，《弇州四部稿》卷一百三十九，四库全书本。
③ 王世贞：《赠子与》其六，《弇州四部稿》卷十三，四库全书本。

在士林中引起强烈反响，并对明后期士人心态产生重要影响。王世贞14岁便接触到王阳明的作品，"读之而昼夜不释卷，至忘寝食"，"爱之出于三苏之上"。虽然后来王世贞沉浸于古文辞中，不复顾及其书，但仍对之作了充分肯定："王氏实不可废"①，认为其谈理"沈切痛快，诵之使人跃然而自醒"②。同时，王世贞还与王阳明的弟子王畿多有来往，与李贽在思想上产生一定共鸣，在一定程度上接受了阳明心学的影响。受此学说的影响，王世贞的《庄子》接受也凸显出重视个体价值，彰显自我的倾向，如其《题丘户部汝谦吾兼亭》结尾所言"识真垢不辱，贵我物自轻。何必规往哲，吾以师吾情"。庄子外物轻利，重视个体价值，楚相牺牛的寓言便是这种思想的述说。王世贞继承了庄子的这种思想，同时其所受到的王学影响又使王世贞对庄子思想进行了改造发挥：强烈标榜自我主体性，个性呼声更为高亢。再如《敖士赞·庄子》一诗，王世贞认为庄子之傲在于逍遥，庄子是"上下千载莫得而敫"③的杰出人物。诗歌对其洸洋自恣的文风，抑彭等殇的生命理念，诋訾孔氏、楚相牺牛的言行大加赞扬。如果以庄子的逍遥标准对此加以审视的话，会发现诋訾孔氏、楚相牺牛的行迹所传达出的激烈情绪和人生的悲凉无奈，是与庄子无己无待的逍遥游格格不入的。王世贞却拿来说话，其意在突出张扬的个性及对自由人格捍卫、追求的一面，实际上表达的是当时被目为傲士的王世贞的心曲。这种对个体的关注，还表现在对自然天性的维护上。如《野人歌自嘲》一诗：

鹓鶵畏钟鼓，鲁人不肯听。三日飨东门，栖栖竟何营。白鱼自称龙，豫且摇其手。蠆尾短铁钩，胡为在若口。人道野人无所干，曾骑款段客长安。人道野人有所求，白云高卧僧房幽。野人双足顿如缒，野人双鬓半成雪。杖头沽酒钱欲尽，袖里投书字将灭。红尘风吹大道间，若个不作红尘颜。老鸥唉尽

① 王世贞：《书王文成集后一》，《读书后》卷四，四库全书本。
② 王世贞：《书王文成集后二》，《读书后》卷四，四库全书本。
③ 王世贞：《敖士赞·庄子》，《弇州四部稿》卷一百一，四库全书本。

腐鼠骨，始信鹓雏心自闲。(《野人歌自嘲》)

诗歌化用了《庄子》鲁侯养海鸟的典故，意在强调对天性的顺从。诗歌中所刻画的野人形象气定神闲，高逸脱俗，代表了王世贞所向往的天性全然的理想人格。

二、王世贞对《庄子》的理性评价

清代四库馆臣在为《弇州四部稿》所作的《提要》中称："论读书种子，究不能不心折弇州，是其才虽足以自累，而其所以不可磨灭者，亦即在于此。"王世贞积学深厚，又不甘于盲从成说，每每深思发以独到见解，如其散文名篇《蔺相如》，一反传统认识对蔺相如凭借智勇保全和氏璧的赞美，而认为蔺相如所为是既畏秦国"复挑其怒"①的矛盾做法，其之所以获全于璧完全仰赖于上天所助，是偶然性的成功。见解独到，亦无哗众之嫌，由此可以见出王世贞思想的锐利锋芒。王世贞喜好《庄子》，视之为案头必备之书，对庄子亦多有独门见解，合而言之，有以下三方面认识。

(1)对庄子其人的认识。王世贞在《周之冕书庄子要语后》中开篇即言："庄子亦人中天也，其位业所受则天中人也。"在这句话中，王世贞借用了佛家术语"业"。在佛学中"业"意为行为、意志等身心活动，或单由意志所引生之身心生活；若与因果关系结合，则指由过去行为延续下来所形成的力量。在此乃指庄子思想的影响效果。王世贞一方面称赞庄子思想"渊渊如也"、"皦如灿如矣"②，同时他所接受的儒学影响，又使他认为庄子思想超出了中庸的范围，是一种儒者不为的、"过"③的思想，故对庄子思想持保留态度，言"其位业所受则天中人也"。在王世贞这段话中"天"、"人"的两个概念里，"天"是优于"人"的。王世贞思想中的儒家意识，

---

① 王世贞：《蔺相如》，《弇州四部稿》卷一百十，四库全书本。

② 王世贞：《邵弁庄子标解序》，《弇州续稿》卷五十，四库全书本。

③ 王世贞：《邵弁庄子标解序》，《弇州续稿》卷五十，四库全书本。

使他在肯定庄子思想的优秀的同时，又难以完全认可庄子思想所产生的影响，故其对庄子思想作出了这样的评价。但这并不妨碍王世贞对庄子其人的欣赏，这种欣赏是才子间的惺惺相惜。王世贞膺服于庄子其人，叹服他的智慧才学，称其"才高而不胜其无涯之智"①，在《周之冕书庄子要语后》中则直接称其为"人中天"，对庄子其人作出高度评价。

王世贞眼中的庄子是一位特殊的隐士。透过《庄子》文本，王世贞读出了庄子超越隐士平和温雅性情的一面，从《说剑》中王世贞看到了庄子凌厉发扬、激奋人心的一面，其言："夫庄周隐士耳，其著《说剑》能使人攘袂而思奋；陶潜之诗何其冲然澹宕也，《咏荆轲》一篇慷慨感激。"②对陶渊明的双面性格，宋代朱熹便明言："陶渊明诗，人皆说是平淡，据某看他自豪放，但豪放得来不觉耳。其露出本相者，是咏荆轲一篇，平淡底人，如何说得这样的言语出来。"③同样，在《庄子》中，王世贞看出了庄子性格的另一面，故将两者放置一处加以类比。

王世贞眼中的庄子是一位傲士。嘉靖三十五年，王世贞"时置众异议不顾，又性好使酒骂坐，抵掌谈论世事，人称'敖士'"④，而自愧非真能为傲者，其视傲为一种很高的境界，仅老子等七人得傲之真精神，因以作《敖士赞》。庄子以逍遥得入傲士之列，其赞为：

> 庄生漆园，洸洋自恣。抑彭等殇，诋訾孔氏。笑谓楚相，牺牛以譬。上下千载，莫得而縶。请谥曰敖，厥敖逍遥。

---

① 王世贞：《邵弁庄子标解序》，《弇州续稿》卷五十，四库全书本。

② 王世贞：《彭户部说剑余草序》，《弇州续稿》卷五十五，四库全书本。

③ 黎靖德编：《朱子语类》卷一百四十，中华书局 1986 年版，第 3325页。

④ 郑利华：《王世贞年谱》，复旦大学出版社 1993 年版，第 103 页。

王世贞将庄子的逍遥归结为恣肆不拘，齐同生死，排诋孔氏，粪土名利，此外，还包括"贵我"、"师吾情"①等内容。庄子的傲，既有外在狂放不拘的表现，亦有对个体内在自由精神境界的追求。这种兼含内外，包括体用的精神，方可称得上王世贞所谓的傲。这体现了王世贞不从流俗的独立思考，也体现了他对庄子的高度认可。王世贞希慕、效仿庄子，在现实中以傲者姿态出现，只是炉火还未纯青，未曾达到庄子之傲的境界。

（2）对《庄子》其文的辩证认识，具体表现为对其文学成就的充分肯定，及其不足之处的清醒认识，以及对《盗跖》《让王》《说剑》《渔父》四篇真伪问题的认定三个方面。王世贞高度认可《庄子》的文学成就，认为"今天下求工文章者，无不谙习庄子"②，将之列入其手定的为文者必须"熟读涵泳"的典籍之列，认为《庄子》具有"使晓人得之，便当沉湎濡首"③的艺术魅力，并对其文学成就给予高度评价，如其言：《庄子》乃"鬼神于文者"④。王世贞对《庄子》文学成就的认识是一个逐步深入的过程，在汇集其早年作品的《弇州四部稿》中所收的《读列子》中，认为《列子》一书"持论无以大昇《庄子》，其叙事裁而挟辞法则似胜之"⑤，从文辞角度对《庄子》的艺术性提出质疑。而迨乎晚年，随着阅世日深，读书渐细，王世贞对《庄》《列》再作比较时，便认为"《列子》之不如《庄子》远甚"，"《庄子》则往往深入而探得其髓，其出世处世之精妙，有超于揣摩意见之表者；至其措句琢字出鬼入神，固非《列子》之所敢望也"⑥。《庄子》不仅见解深刻新奇，而且用语练字亦鬼神其工，

---

①　王世贞：《题丘户部汝谦吾兼亭》，《弇州四部稿》卷十，四库全书本。

②　王世贞：《邵弁庄子标解序》，《弇州续稿》卷五十，四库全书本。

③　王世贞：《艺苑卮言三》，《弇州四部稿》卷一百四十六，四库全书本。

④　王世贞：《艺苑卮言三》，《弇州四部稿》卷一百四十六，四库全书本。

⑤　王世贞：《读列子》，《弇州四部稿》卷一百一十二，四库全书本。

⑥　王世贞：《读列子》，《读书后》卷一，四库全书本。

王世贞从题旨和艺术两方面对《庄子》加以充分肯定。王世贞肯定《庄子》的艺术成就,并准确捕捉到《庄子》的艺术特点,其相关言论如下:

1. 后世之修辞者猎其奇,务识者资其博,拘方者疑其诞,而守经者病其诡。(《周之冕书庄子要语后》)

2. 其达见峡决而河溃也,窈冥变幻而莫知其端倪也。(《艺苑卮言三》)

3. 庄生之为辞,洸洋森忽,权谲万变。(《古四大家摘言序》)

4. 苏子瞻先生之自名其文如万斛之泉取之不竭,唯行乎其所当行,止乎其所不得不止。斯言也,庄生、司马子长故饶之。(《陶懋中镜心堂草序》)

5. 凡庄子之为文,宏放驰逐纵而不可羁,其辞高妙而有深味。(《读庄子三》)

6. 读《说剑》能"使人攘袂而思奋"。(《彭户部说剑余草序》)

在上述六条资料中,第一条是从接受者的角度对《庄子》特点的把握,指出其文辞之奇,思想之博,以及恣肆不拘的特点。第二条是从思想的角度对《庄子》作出的评判:博大多变。第三、四、五条是对《庄子》文风、文辞特点的认识:畅达诡谲,汪洋恣肆,高妙玄深。第六条是对具体篇章的艺术体味,恰切感触到《说剑》篇的艺术魅力。合而言之,王世贞对《庄子》特点的认识,可归结为畅达恣肆,谲变奇诡,汪洋博大。可以说,王世贞对《庄子》艺术特点的把握可谓准确到位。除却人们所常言的恣肆、奇诡、谲变的特点外,王世贞还看到了《庄子》"畅达"和"博"的特点,这两点确乎为《庄子》所有,而常又为人所忽略,对此二者的强调不失为王世贞为发掘《庄子》而作出的贡献。王世贞对《庄子》成就的认识及对《庄子》艺术特点的准确把握,为其进行诗文评论时拿《庄子》作类比提供了方便，如下面的几则例子：

> 赋中有苏长公前后《赤壁》，余尝谓如文中之有漆园……（《王子裕先生墨刻五跋》）
>
> 屠长卿的诗文如雕龙绘辞，碧鸡宏辨，鞭霆掣雷，扰金拊石，一扫千里，前无留行。即使庄生谈天，季子论人，尤且捧盟盘而让牛耳。（《屠长卿》）
>
> 骋其（按：张伯起）吊诡则可以与庄、列、邹、慎具宾主。（《张伯起集序》）

在这三则例子中，虽然《庄子》并未完全处于被追捧的地位，但这种类比无疑都是以对《庄子》文学地位的肯定和文学特点的明晰认识为前提的，或者言，王世贞对《庄子》的文学成就是高度认可，并有着准确把握的。

王世贞认可《庄子》，却没有扬之入天，他对《庄子》的不足之处看得分明，并毫不讳言之，如其言《庄子》文辞有"剽攘吊诡"[1]之弊，"托名多怪诡，而转句或晦棘而难解，其下字或奥僻而不可识"[2]，话说得可谓不留情面。再如，王世贞在《艺苑卮言三》及《邵弁庄子标解序》中，指出了《庄子》的"不经"和"过"，即言《庄子》不法常规，超出了中庸的范围。虽然在此二文中，王世贞未对此表明态度倾向，但从《读庄子一》的论述中可以看到王世贞对"不经"和"过"是不认可的。《读庄子一》在论述完庄子忠于老子的学说，是老子的忠臣后，发表了一番感慨：

> 夫书不可以多著也。多著而至于十余万言，而其旨不过数百言而已，是以杂而不可竟，复而使人厌。书不可以有意作也。以有意而作之，是以诞而不可信，狂而使人怒。嗟乎！何

---

① 王世贞：《读庄子一》，《读书后》卷一，四库全书本。
② 王世贞：《读庄子三》，《读书后》卷一，四库全书本。

庄子之忠于老子而不自忠也。

"多著而至于十余万言"和"诞"、"狂",都超出了常规,不合儒家的中庸理念,故而受到了王世贞的批判,所以王世贞称庄子是"忠于老子而不自忠"。

王世贞不赞同苏轼所谓的庄子对孔子是阳挤而阴助之的主张,但认同苏轼欲去《盗跖》《让王》《说剑》《渔父》四篇的做法。不同于苏轼因此四篇排孔过甚而去之的理由,王世贞是从艺术角度入手认定此四篇为伪作的,其"以《庄子》之文得之也"①。具体论述如下:

> 凡庄子之为文,宏放驰逐纵而不可羁,其辞高妙而有深味。然托名多怪诡而转句或晦棘而难解,其下字或奥僻而不可识。今是四章独《让王》犹近之而太疑于正,而是三章者,故甚显畅而肤浅,其法类若《礼经》之所谓《乐记》《儒行》者,意必庄子之徒托而为之者也。(《读庄子三》)

《庄子》主体文风高深奇纵,用字奥僻晦涩。而《让王》规整板正,余下三篇则肤浅显畅,全然不合《庄子》的艺术特征。由此断定此四篇必为庄子后徒所伪作。由文学角度进行作品辨伪的方式,首先是对宋人林希逸《庄子口义》辨伪思路的继承②。林希逸点评《让王》《盗跖》《渔父》时曾言:

> 此篇不全似庄子之笔,但隋珠弹雀,两臂重天下,说反屠羊数段犹佳,然终不及他篇矣,若《盗跖》《说剑》《渔父》则又甚焉。(《让王》)

----

① 王世贞:《读庄子三》,《读书后》卷一,四库全书本。
② 宋人开创了由文学角度对《庄子》篇章进行辨伪的思路。除林希逸外,刘辰翁也从文学角度对《庄子》中的《天道》和《秋水》的部分章节进行了鉴别。明人承袭了宋人《庄子》研究的此种路数,明代除王世贞外,还有与之同时的陆西星,他的《南华真经副墨》也从文学角度认定《让王》等四篇为伪作。

此篇文字，枝叶太粗，比之《让王》《渔父》又不及。(《盗跖》)

东坡谓《让王》以下四篇，非庄子所作，此见极高。四篇之中，《盗跖》尤甚，而太史公《庄子传》但谓作《渔父》《盗跖》《胠箧》以诋讥孔子之徒，略不疑其文字精粗异同何也！(《盗跖》)

自《让王》以下四篇，其文不类庄子所作，《让王》篇中犹有一二段，《渔父》篇亦有好处，《盗跖》篇比之《说剑》又疏直矣。(《渔父》)

林希逸从文学角度对《庄子》进行的辨伪，开拓了《庄子》研究的新思路。王世贞继承发展了林希逸的思路，但没有简单地停留在文字精粗的印象式评说的层面，而是精要概括出《庄子》的风格和文辞特点，由此出发判定《让王》诸篇的伪作性质，显然比林希逸对《庄子》的体会更深了一层，论述也更为严整。其次，此种辨伪角度的选择还与王世贞关注文学外在形式的趣好相关联着的。虽然王世贞晚年文学思想有所变化，重视对真我、性灵的抒写，表现出向性灵派转变的痕迹，但这并未动摇复古文学主张在其思想中的根本地位，辨体裁、重格调、讲法度是王世贞始终的坚持，而且他将这种明前期复古派便已涉及的问题作了更深入、周全的探讨。如其对字、句、篇法的论析："首尾开阖，繁简奇正，各极其度，篇法也；抑扬顿挫，长短节奏，各极有致，句法也；点缀关键，金石绮彩，各极其造，字法也。篇有百尺之锦，句有千钧之弩，字有百炼之金。文之与诗，固异象同则。孔门一唯，曹溪汗下后，信手拈来，无非妙境。"[1]如此论"法"，细致而周详。王世贞不仅抽象论述诗文外在形式，并且以此为基准对秦汉文章、盛唐诗歌的艺术美作了精细的分析。可以说，王世贞建构了艺术地审视文学的思维模

---

[1]　王世贞：《艺苑卮言》卷一，《弇州四部稿》卷一百四十四，四库全书本。

式。如此一来，便可推知其从文学角度对《盗跖》等四篇进行的辨伪，便是此种思维模式的套用。

(3)对已有《庄》论见解的思考。此点集中反映在《读书后》卷一中的《读庄子》一、二、三中，三篇文章论及司马迁、苏轼、韩愈等人关于《庄子》的言论，涉及庄子与老子、孔子的关系，《盗跖》《让王》《说剑》《渔父》四篇的真伪问题(此点已述于上)，以及庄子与孟子同时却不相及的三件《庄》学公案。对此三桩公案，王世贞在原有学说基础上进一步补充、修正，提出自己的见解，丰富了《庄子》接受史的研究。

为论述方便，现不妨将王世贞所涉及的司马迁、苏轼、韩愈三人关于《庄子》的言论列于此处：

> 庄子者，蒙人也。名周。周尝为蒙漆园吏，与梁惠王、齐宣王同时。其学无所不窥，然其要本归于老子之言。故其著书十余万言，大抵率寓言也。作《渔父》《盗跖》《胠箧》以诋訾孔子之徒，以明老子之术。(司马迁《史记·老庄申韩列传》)
>
> 庄子，蒙人也。尝为蒙漆园吏。没千余岁，而蒙未有祀之者。县令秘书丞王兢始作祠堂，求文以为记。谨按《史记》，庄子与梁惠王、齐宣王同时，其学无所不窥，然要本归于老子之言。故其著书十余万言，大抵率寓言也。作《渔父》《盗跖》《胠箧》，以诋訾孔子之徒，以明老子之术。此知庄子之粗者。余以为庄子盖助孔子者，要不可以为法耳。楚公子微服出亡，而门者难之。其仆操棰而骂曰："隶也不力。"门者出之。事固有倒行而逆施者。以仆为不爱公子，不可；以为事公子之法，亦不可。故庄子之言，皆实予而文不予，阳挤而阴助之，其正言盖无几。至于诋訾孔子，未尝不微见其意。其论天下道术，自墨翟、禽滑厘、彭蒙、慎到、田骈、关尹、老聃之徒，以至于其身，皆以为一家，而孔子不与，其尊之也至矣。然余尝疑《盗跖》《渔父》，则若真诋孔子者。至于《让王》《说剑》，皆浅陋不入于道。反复观之，得其《寓言》之意，终曰："阳子居西

128

游于秦，遇老子。老子曰：'而睢睢，而盱盱，而谁与居。太白若辱，盛德若不足。'阳子居蹵然变容。其往也，舍者将迎其家，公执席，妻执巾栉，舍者避席，炀者避灶。其反也，舍者与之争席矣。"去其《让王》《说剑》《渔父》《盗跖》四篇，以合于《列御寇》之篇，曰："列御寇之齐，中道而反，曰：'吾惊焉，吾食于十浆，而五浆先馈。'"然后悟而笑曰："是固一章也。"庄子之言未终，而昧者剿之以入其言。余不可以不辨。凡分章名篇，皆出于世俗，非庄子本意。（苏轼《庄子祠堂记》）

　　吾常以为孔子之道大而能博，门弟子不能遍观而尽识也。故学焉而皆得其性之所近。其后离散分处诸侯之国，又各以其所能授弟子，原远而末益分。盖子夏之学其后有田子方；子方之后流而为庄周。故周之书，喜称子方之为人。（韩愈《送王埙秀才序》）

对于三人的观点，王世贞的态度有所不同：全然赞同司马迁的观点，而对苏轼、韩愈的某些关于《庄子》的观点则有所保留。王世贞认同司马迁的庄子学本老子、著书诋孔助老的观点，并进一步加以阐扬，将此种观点发挥到极致，提出庄子乃老子忠臣一说。在《读庄子一》中，王世贞提出"世固未有尊老子如庄子者"，庄子"抑不特尊之而已也，而且老子之忠臣"，并从学说和老子地位的巩固两个方面对此观点加以阐述。王世贞认为庄子所论"其究必宿于老子"，为老子学说遮掩不足，并极尽维护之能事，"或曲而畅之，或旁而通之，且咏言之，嗟叹之，必使老子之道高出于尧舜之上，其遗言下视乎六经而后已"。而在维护老子地位方面，王世贞认为庄子一方面通过"于圣人之外立所谓至人以尊老子"[1]，另一方面利用寓言的形式"尊老子而抑孔子，既抑之而又收之，使为老子徒"[2]。而对苏轼的庄子对孔子是阳挤而阴助的观点，王世贞持以

---

[1]　王世贞：《读庄子二》，《读书后》卷一，四库全书本。
[2]　王世贞：《读庄子二》，《读书后》卷一，四库全书本。

否定的态度。故其言"太史公非识庄子之粗者,轼乃识庄子之粗而巧为之蔽者也"①。但王世贞同时也看到庄子对儒家思想的熟悉,为圆其庄子为老子忠臣一说,王世贞在韩愈的庄子乃子夏之流说的启发下,大胆假设了庄子是"游于吾圣教而中畔之者"②,因习孔子学说不如习老子之深也,故在道家学说一途上前进得更多。在《庄子》问题上,王世贞对待司马迁和苏轼观点的不同态度类同于其文学态度。王世贞推重秦汉文章,尤重《左传》《史记》;而对宋人文章则以批判为主,其中对苏轼的态度颇为矛盾,苏轼是其早年和晚年喜爱的对象,而在作为其文学生命主体的复古运动时期,王世贞将之连带进对宋人的批判中而对之多有异议。换言之,王世贞是以膜拜的态度对待秦汉著作,而以批判的眼光来审视宋人作品的。此种思维模式必然影响到他在庄子问题上的态度倾向,故而使他在对以往庄学观点进行接受时呈现出不同态度。

对庄、孟同时却无相及的问题,王世贞作出了有趣的解答。当年,庄、孟之间定有一场惊天动地的大论辩,"其斗必若涿鹿彭城之战,天地为之荡而不宁,日月为之晦而不辨"③。论辩的结果是庄败孟胜,无为逍遥的理论让庄子败后能息心静处,故两者得以相安无事,此次辩论于史上没有留踪。反之,若气势汹涌,长于雄辩的孟子失败了,他定会血脉贲张,肆言泄气,至少会在《孟子》中记载下这场声势浩大的论战。而流传下来的史料没有关涉庄孟关系的记载,这便证实了他的假设。王世贞的假设确乎有趣,且能引人无尽遐想,但稍作推敲便会露出马脚,故而只可视为王世贞的学术戏言。其实,王世贞在谈及《庄子》时,并非总是持以谨严的学术思维的,此点可为一例。再如他关于《说剑》的言论,也可作此补充。王世贞认为《说剑》乃庄子后徒伪作,并在《读庄子二》《读庄子三》《读庄子让王篇》等文中反复加以论证,此种认识不可不谓明晰深刻。而在《彭户部说剑余草序》中却将之视为庄子的作品,并以

① 王世贞:《读庄子二》,《读书后》卷一,四库全书本。
② 王世贞:《读庄子三》,《读书后》卷一,四库全书本。
③ 王世贞:《读庄子三》,《读书后》卷一,四库全书本。

之证明《庄子》文章的艺术魅力和庄子的别样性情，这除了语境（为友人文集所作的序言）因素外，便只可归因于此了。

三、王世贞近《庄子》的心路历程及其创作体现

较之早年，王世贞晚年文学风格有所变化，王锡爵、胡应麟、陈继儒等人以及《明史·王世贞传》对此都有论及，一致肯定王世贞晚年文学风格发生了向平淡自然之风的转变。人生的磨砺挫折和主体的精神淬炼一起促成了这一转变，伴随这一转变的是王世贞早年和晚年《庄子》接受的不同风貌。此结论的得出源于对王世贞早年的作品汇集《弇州四部稿》和晚年的《弇州续稿》《读书后》所作的对比。对王世贞早年、晚年的划分大致以《弇州四部稿》的编订时间万历四年为界，而决定上述转变的人生思想的变化，则自嘉靖三十九年父难之后便露出苗头，此一趋势是对其早年思想中所隐含的遁世观念的顺承发展。对此小标题所立下的王世贞的庄子接受和其文学创作的关系，我们将作如下表述：早年少不更事的锐气和社会的黑暗不公，使醉心于古文辞的王世贞在对《庄子》艺术和避世观念的表面接受下，是其在实质层面上对庄子现实批判精神的继承，反映在创作中便是其《弇州四部稿》中分量十足的具有现实主义精神的文学创作，流注于作品中的情感激烈而张扬。而带给他"终天之痛"的父难、亲友的飘散凋零以及捕风捉影乃至莫须有的弹劾，使王世贞陷入痛苦、郁闷的精神泥淖中。他逃情于山水园林、诗友唱和，乃至一度求仙学道，祈求实现精神超脱。在这期间他一直未曾放弃对庄子超越精神的揣摩体会，此种思想汇聚累积，最终掩过激于丑恶现实的愤然批判，而成为晚年王世贞庄子接受的主导倾向。对世情的洞悉和对庄子式精神超越的不懈追求，对其晚年文学生涯的影响便是文学思想向性灵方向的发展和性灵小品的大量出现，以及文学整体风格向平淡自然的转变。对此结论，下文将会展开具体论述，姑且不妨从王世贞所建的两座园林：离薋园和弇山园谈起。

吴地气候宜人，经济繁荣，吴人通脱潇洒，重视生命质量，追求感性享受，故而园林之风盛行吴地，而以苏州园林为尤，故有

"江南园林甲天下，苏州园林甲江南"之说。私家园林的大量出现带动了园林理论的发展，两部成熟的古代园林理论专著：计成的《园冶》和文震亨的《长物志》便出现于明末苏州地区，前者在邻国日本备受推崇，并在其影响下形成了富有日本特色的"枯山水"庭院。苏州私家园林的拥有者多为文人雅士，他们在园林布景建构中往往融注自身的美学理想，并在其中寄寓精神祈向，在相当程度上提高了中国园林的文化内蕴。王世贞家资厚实，又有长时间的里居空闲，一生中曾有两度大兴土木的造园经历，一次为离薋园，一次为弇山园。对此二园，王世贞都作有文字加以描述。离薋园建于嘉靖四十二年（1563）父难里居期间，弇山园始建于隆庆六年（1572），世贞"自纳郎节即栖托于此"①，而于离薋园月不能再至。万历四年（1576），王世贞于郧阳任上两遭弹劾，终致回籍听用。故而自万历四年起，除外出任官，王世贞大部分时间寓居弇山园。在规模上，弇山园要远大于离薋园。其言"离薋园最先而又最小"②，"东西不能十余丈，南北三之"③，园内景致不过三五处。而弇山园则要气派得多，园内景致多达十余处，泉池印柳，竹树掩映，亭台隐现，山石错落，王世贞言其"足称三山六水，宏丽幽绝"④，"得一小镇，当不以此地易之"⑤，可谓爱之之甚。王世贞在园林的构建中极力营造近于天然的状态。在其为自己所辑录的历代有关园林诗文的集子《古今名园墅编》作的序中，王世贞提出了"人巧易工，而天巧难措"⑥的园林美学观点。这种观点显然相通于庄子的两点思想，一是崇尚自然的美学思想。对"自然"一词，《庄子》强调其自然而然之义，就美学概念而论，《庄子》中的"天"即此意义上的"自然"，对此，郭象在《大宗师》注中便已指出"天者，自然之谓也"。庄子认为"天地有大美而不言"（《知北游》），天地之美即美在天地

---

① 王世贞：《弇山园记一》，《弇州续稿》卷五十九，四库全书本。
② 王世贞：《山园杂著小序》，《弇州续稿》卷五十，四库全书本。
③ 王世贞：《离薋园记》，《弇州续稿》卷六十，四库全书本。
④ 王世贞：《李伯承》之七，《弇州四部稿》卷一百二十，四库全书本。
⑤ 王世贞：《张幼于》，《弇州续稿》卷二百六十，四库全书本。
⑥ 王世贞：《古今名园墅编序》，《弇州续稿》卷四十六，四库全书本。

本身。主张"顺物自然"(《应帝王》),"无以人灭天"(《秋水》),反对人为,极力强调事物的天然状态。王世贞在"天巧难措"的表述中蕴含了其对事物天然状态的推崇,并将这种境界推到极高的境地,使之作为追求目标而出现。二是对人巧夺天工境界的推崇。庄子反对人为,甚至提出了极端的反艺术观点,但同时又对"以天合天"(《达生》)的人为创造发出了热情洋溢的赞扬,如梓庆斲轮、画史槃礴等典故充分认可了梓庆与画史的行为。园林是人类文明的产物,里面不可避免地融入了人类的智慧与创造,即王世贞所谓的"巧",园林之美在于人工造作对天然境地的逼近。王世贞的园林美学思想对此有明确认识,他将天然状态与人为之巧结合而提出"天巧"概念,并加以大力宣扬,在园林美学层面上发扬了庄子的美学精神。

嘉靖三十八年(1559),因滦河战事失利,世贞父王忬被逮下狱,后为严嵩所构,冤斩于市。此事给王世贞造成沉重打击,也影响了他的人生态度。父难后,王世贞避居家乡,而亡父之痛一直难以稀释、淡化,直到父冤得申,诏复父原官后,王世贞方才出仕为官。父冤得解当年,于吴门邂逅挚友李攀龙,王世贞与之痛饮三日三夜,于此可体会其父难以来所遭受的压抑与痛苦。寓居离薋园期间,王世贞也曾设法排解积聚内心的郁愤与躁动,庄子成为他此时的精神依托,其在晚年所作的《离薋园记》中回忆这段经历时,王世贞明言其当时是以"柱下漆园之是师"①的。他希望借助庄子超越痛苦,化解悲愤。他为园内小室取名"鹖适轩",并赋诗咏之:"大鹏九万苦不足,尺鹖抢榆恒有余。除却逍遥真际在,便应方朔羡侏儒。"②室名得自《庄子》鹏鹖典故,寓意灵感则来自郭象鹏鹖大小各自适的意解。"鹖适轩"三字中融会了王世贞真实的人生体验。王世贞入仕后有近十年寓居京师的生活,与权力中心的接近使他有机会了解到真实的政治内幕。他目睹了于朝事直言谠论的杨继盛,虽获清介美誉,但最终身首异处的人生悲剧。自己则因声名卓著而

----

① 王世贞:《离薋园记》,《弇州续稿》卷六十,四库全书本。
② 王世贞:《离薋园杂咏·鹖适轩》,《弇州续稿》卷六十,四库全书本。

为权相严嵩所拉拢，不为所拢而遭其压制报复，并在滦河事件中以
父亲遇害为之付出沉重代价。最终在对父难的痛苦体会中，王世贞
清醒而深刻地体会到卑微处世以保全生命，获得生命自适的切实，
意识到卓异的才能、质性于个体无益，只能招惹祸端累及生命。因
此，世贞离赟园中的鹦适轩便颇有鹏不如鹦、斥鹦逍遥的意味，其
中也蕴含了王世贞遭遇家族不幸的自我开解与无奈。王世贞寓居离
赟园期间师事漆园，反复于对庄子思想的体悟，他渴望庄子式的逍
遥，希望超越现实的不幸与痛苦，求得内心的平静。这是王世贞接
近庄子的直接动因和主观意图，他也确实朝此方向作出了自己的努
力。然而毕竟是人生剧痛，毕竟是血气方刚的男儿，在面对这虽有
预感却来得煞是突然的灾难时，王世贞的第一反应便是悲痛，便是
愤怒，并在相当一段时间内延续了这种强烈的情感。王世贞意图实
践庄子的超越精神，而终究为现实激起的激烈情绪所左右，在潜意
识中更多地认同了庄子的现实批判精神，反映在此时的创作中便是
对现实的揭露。这便如同他寓居的离赟园，园内小景或有取名于庄
子志在超脱者，而整个园林命名却取自《离骚》。在《离赟园记》中
王世贞述说了离赟园之名的来历，"因读屈氏《骚》得'离赟'二语，
取以名之。夫赟菉葹所谓草之恶者也，屈氏离而弗服"，园名寓意
中包蕴了对现实的不满和批判。庄屈自古并称，面对不公现实的愤
然之情是二者得以合称的原因之一，从这点上来看，王世贞的部分
作品可谓是"吐纳庄骚"①的力作了。对现实的批判，不仅是其父
难时的文学主调，也是其前期作品的基色之一。如其《怨诗行》：

> 忠臣不可为，良臣不可求。李牧却秦师，功多竟不侯。朝
> 谗进郭开，夕骨委荒丘。千金卖社稷，举宗托仇雠。蒙恬破匈
> 奴，挟棰河南收。长城五千里，雉堞如云浮。赵高从中制，片
> 纸下沙丘。扶苏掩袂啼，一剑死阳周。合若投胶漆，弃若覆水
> 杯。捐肝非所难，谁为终国忧？我欲寄此曲，此曲多悲思。今
> 日乐相乐，别后莫相疑。

---

① 屠隆：《与王元美先生》，《由拳集》卷十四，续修四库全书本。

李牧、蒙恬功高不受赏，反遭奸小谗害。荒唐的历史事实让人为英才扼腕叹息的同时，也为统治者翻云覆雨、恩爱无常而满心悲凉。虽然作者依旧忧心国家，但最终在对历史的反思中，发出"忠臣不可为，良臣不可求"的慨叹。庄子早已洞悉忠臣得祸的必然，其言：

> 外物不可必，故龙逢诛，比干戮，箕子狂，恶来死，桀纣亡。人主莫不欲其臣之忠，而忠未必信，故伍员流于江，苌弘死于蜀，藏其血三年而化为碧。（《外物》）
>
> 世之所谓忠臣者，莫若王子比干、伍子胥。子胥沈江，比干剖心，此二子者，世谓忠臣也，然卒为天下笑。自上观之，至于子胥、比干，皆不足贵也。（《盗跖》）
>
> 比干剖心，子胥抉眼，忠之祸也。（《盗跖》）

庄子冷眼旁观历史，往往抓得住历史的真实本质，他的怨愤之情多是通过表面看似平静的叙述中发泄出来的。王世贞虽然还带着儒家忧国忧民的情怀，但诗中对悲愤之情的抒发和对历史本质的认识，一如庄子般痛快淋漓和清醒。又如《钦鸦行》：

> 飞来五色鸟，自名为凤皇。千秋不一见，见者国祚昌。饔以钟鼓坐明堂，明堂饶梧竹，三日不鸣意何长。晨不见凤皇，凤皇乃在东门之阴啄腐鼠，啾啾唧唧不得哺。夕不见凤皇，凤皇乃在西门之阴媚苍鹰，愿尔肉攫分遗腥。梧桐长苦寒，竹实长苦饥，众鸟惊相顾，不知凤皇是钦鸦。

诗歌运用寓言手法，在《庄子》凤凰腐鼠典故基础上衍化生发，借物喻人，表达了对贤愚不分的现实的不满与愤慨。

修建弇山园时，王世贞47岁，又历四年，王世贞51岁时纳郿节，之后便栖身弇山园。细考离薋园、弇山园名目的来历，是一件有意思的事情，会有助于我们把握王世贞的思想走向。寓居离薋园时，王世贞师事庄子而园名却取自《离骚》。对其中的思想内蕴，上文已有述及，故而下文将围绕弇山园展开。弇山园之名的灵感来自庄子，王世贞在读《庄子》"至所谓大荒之西，弇州之北"①时心生向慕之意，而坚定以此命园的念头，却是因为《山海经》《穆天子传》之类神怪书中对弇山的描写。修建弇山园时，王世贞岁近知天命，虽然一仍强项，不改当初，但坎坷的现实终究消磨了这位名将之子、才学少年的那股"肉血躁热，气志衡历"②之气。随着阅世既深，王世贞对庄子思想的体会愈益深刻。由对其早年和晚年分别所作的《读列子》两篇同题小文的对比中，便可见出此点（对此，上文已有论述，此处不再重复）。王世贞对《庄子》评价的前后变化，是其在一次次人生磨砺中主动贴近庄子的结果，是在细味体会中对庄子思想深度的认可，是其思想在人生痛苦经年累月的浸泡后的变酿。面对无法左右、是非无定的外在世界，王世贞放弃了向外的积极探求，开始向内关注个体自身，追求主体自适。他中意于"弇山园"的名字，是因为在弇州这片仙界净土上，人们神思爽然，长寿健康而无生命之虞，借此以寄寓其"并所谓苦与乐而尽付之乌有之乡"③的愿望。在与友人的信中，王世贞也曾表示过对个体自适的关注："窃谓从死生大关勘破，一切有为皆梦幻泡影。第勘破后，终无着落，却转于见在耳目口体间小取适耳。此语虽卑，可为知者道也……物情时事，顷刻万端，亦一切听其顺逆。"④在对关注个体生命、保全肉体生命质量的层面上，王世贞切近了庄子此方面思想的要义。然而这种向内的关注并未带来王世贞的超脱，庄子的逍遥境界对王世贞来说依然是那么遥远，他未能在精神层面上臻至庄子的逍遥之境，而是滑向了鬼神怪异的消极一面。《弇山园记一》记载了他对《山海经》《穆天子传》的兴趣。55岁时更闹出了沸沸扬扬的仙道风波。沉迷神怪，放纵自性，带来的不是精神的超越升华，

① 王世贞：《弇山园记一》，《弇州续稿》卷五十九，四库全书本。
② 王世贞：《宗子相》，《弇州四部稿》卷一百十九，四库全书本。
③ 王世贞：《弇山园记一》，《弇州续稿》卷五十九，四库全书本。
④ 王世贞：《寄用晦》，《弇州续稿》卷一百七十二，四库全书本。

而是生命的空虚、迷茫，仙道风波平息后三年，王世贞感叹学道"所得无一实"①，这种空虚、迷茫又可视为其对生命焦虑的另一种表达。可以说，此时王世贞的精神状态依旧是压抑、紧张的。倒是晚年的高官厚禄，给了具有强烈家族荣誉感的王世贞些许欣慰。终其一生，王世贞虽然祈向庄子，但终究未能实现对现实的庄子式超脱。

王世贞虽然未能超脱，但对庄子思想的深刻体会，促使其晚年转向对个体的关注，使心灵从外事的牵绊束缚中得到一定程度的解脱。人生关注点的转变带来文学思想与创作的变化。先前究心于政治，期抵君明臣贤的盛世之治，相应于文学上，王世贞倡导高格古调以呼应其盛世理想，创作上则以对现实的批判为主要内容。愈至暮年，王世贞对人情世态看得愈是透彻，越能体会庄子的微言大义，目光所及也由外而内，关注生命，关注个体，关注自我。在文学上，晚年王世贞虽然依旧坚持早年的格调说，但同时文学思想上也露出向性灵说转变的迹象，强调抒写主体之真，提出"有真我而后有真诗"②，"诗以陶写性灵、抒纪志事而已"③，"毋凿空、毋角险以求胜于人而列损吾性灵"④等主张。王世贞的性灵文学主张，推动了文学向公案派性灵文学的发展转变。而其性灵主张又不完全等同于公安派的性灵说，它是"有理性、有节制的自然表现论"⑤，但对抒写主体真我的强调则是两者的相通之处。对性灵主张与庄子美学思想的关系，前文已有论述，故于此处略而不谈。下文着重谈其创作上发生的一系列变化。

在创作上，王世贞晚年文学风格发生巨变，学者们对此多有论说，如胡应麟曾评说王世贞前后风格的变化，称"元美郧台之后，

---

① 王世贞：《先师移龛日，忽已三周，晨兴作供，感叹有述》，《弇州续稿》卷六，四库全书本。

② 王世贞：《邹黄州鹪鹩集序》，《弇州续稿》卷五十一，四库全书本。

③ 王世贞：《题刘松年大历十才子图》，《弇州续稿》卷一百六十八，四库全书本。

④ 王世贞：《湖西草堂诗集序》，《弇州续稿》卷四十六，四库全书本。

⑤ 孙学堂：《王世贞与性灵文学思想》，《苏州大学学报》2002年4期。

务趋平淡。视其中年精华雄杰，往往如出二手"①。风格的转变与其晚年多作性灵小品颇有关系，其中以园林小记和游记为代表如《离资园记》《弇山园记》《澹圃记》《约圃记》《游练川云间松陵诸园记》《游慧山东西二王园记》《游金陵诸园记》《游吴城徐少参园记》《旸湖别墅后记》《游摄山栖霞寺记》《游牛首诸山记》《东海游记》《蜕龙亭记》，其他如《灵洞山房记》《澹然庵记》《怡怡堂记》《二酉山房记》《国华堂记》《万玉山房记》《越溪庄图记》《石亭山居记》等，这些小品文直抒胸臆，记录所见所感，文风轻灵洒脱，与晚明小品已无二致。我们不妨以《弇山园记》为例，对其小品文作一番细读。对于弇山园，王世贞作有八记，记一概括介绍弇山园的位置、园内景致、园名来由，余下七记对园内胜景作了细致描绘，手法细腻，勾勒清晰，可谓爱之深察之细，如其记八：

> 山以水袭，大奇也；水得山，复大奇。吾园之始，一兰若傍耕地耳。垒石筑舍，势无所资。土必凿，凿而洼则为池，山日以益崇，池日以洼且广，水之胜遂能与山抗。其源自知，津桥南有斗门，外与潮合，而时闭之。稍北则为藏经阁，阁地若矩，四方皆水，环若珪。左方稍前，跨为石屋三间，以藏吾舟。其一舟具栏楯，羃以青油，可坐十客；其一狭不容席，呼酒网鲜而已。舟行阁前，平桥不可度，两岸皆松竹桃梅棠桂，下多香草袭鼻。直北可数丈，则为中弇之东泠桥，桥下，两岸皆峭壁，□牙垒出，寿藤掩翳，不恒见日，紫薇迎香含笑之类，时时与篱殢，是曰散花峡。循而东首，睹所谓蟹螯峰者，决流杯水，观瀑布之胜，溅人面。稍循而东，傍娱晖滩，是泊之最胜处。更东，抵嘉树亭，折而北至敛霏亭，沿振屦廊，泊文漪堂，于此唤酒炙。乃环小浮玉岛，小浮玉者，其高不盈尺，广十之，以水长落为大小，为其类吴兴"碧浪之浮玉"也故名。岛之南，则可循壶公楼摘红梅碧桃花。西傍先月亭，沿

---

① 胡应麟：《诗薮》（续编）卷二，上海古籍出版社1979年版，第360页。

土山而南出月波桥，逌然别一天地矣。澄潭皎洁如镜，西中两弇夹之。峰势或近或远，近者如媚，远者如盼。其中弇则梵音阁之辅峰皆出，西弇则潜虬洞、西泠滩之景在股掌间。折而南稍东，则为中弇之面山，稍西穿萃胜桥，则为西弇之面山，是皆弇之最胜处。一转楫，则得之，名之曰天镜潭，取青莲"月下飞天镜"语也。其直南入罨画溪，抵知津桥，而水之事穷。吾尝以春日泛舟，处处皆奇花卉，色芬艴目鼻，当欲谢时寄命，微飔每过，酒杯衣裾皆满。花事稍阑，浓绿继美，往往停桡柳阴筱藂以取凉。适黄鸟弄声，嗒嗒可爱；薄暝峰树，皆作紫翠观。少选，月出，忽尽变，而玉玲珑嵌空，掩暎千态，倒影插波，下上竞色，所不受影者，如金在镕，万颖射目。回桨弄篙，迸逸琐碎，惊鳞拨剌，时跃入舟间。一奏声伎，棹歌发于水，则山为之答；鼓吹传于崦，则水为之沸。圆魄之夕，鸣鸡自狎，毋论达丙，而亡倦色。即署光隐约浮动，客犹不忍言去也，曰："吾不惮东曦，安能使东曦之为西魄也。"盖弇之奇，果在水，水之奇在月，故吾最后记水，以月之事终焉。

王世贞弇山园分中、西、东三园，其中中弇以石胜，东弇以月境胜。《弇山园记八》极尽弇园月境之妙：月出，"忽尽变，而玉玲珑嵌空，掩暎千态，倒影插波，下上竞色，所不受影者，如金在镕，万颖射目。回桨弄篙，迸逸琐碎，惊鳞拨剌，时跃入舟间"。月出池中，玉壶莹澈；皓魄当空，流金溢彩；月映池水，波光闪烁；月下的弇园梦幻空灵。月境之美得助于水，故而小文以水开篇，以水收束，首尾照应。中间又以水为主线贯穿园内景致，将藏经阁、散花峡、蟹螯峰、嘉树亭、敛霏亭诸景一一收于笔下，笔不离水又不限于写水，文章开合有致，巧妙而不板滞。文中又载世贞春日泛舟，水上赏月之事，时花艴人目鼻，黄鸟弄声嗒嗒，悠然闲适的心境跃然纸上。故其《弇山园记八》读来，轻灵洒脱，飘逸不群，是为小品佳作。

　　王世贞对《庄子》进行了全方位的接受，在《庄子》接受横向层面的文学、注本、理性阐释三个方面，王世贞均有涉及。就此点而言，王世贞在明代《庄子》接受史上可谓罕有其匹。王世贞的《庄子》接受虽然也受到了地域文化(如吴文化)、哲学思潮(如心学)等大环境因素的影响，但在更大程度上是受制于诸如人生经历、知识结构、审美趣味、文学主张等个体性期待视野的。比如王世贞在创作中表现出的对《庄子》思想的接受和对庄子其人的认识，是与其人生经历密切相关的。对黑暗政治、复杂人事的经历，使王世贞对《庄子》思想进行了多侧面的接受，而尤其对庄子的人生哲学和社会哲学作出了自己的接受。王世贞对《庄子》社会哲学的接受具有外向、批判的特点，而对其人生哲学的接受则着重于庄子关于个体的思想，其中一点便表现为对庄子逍遥的理想精神境界的追慕，而前期的人生悲愤及后期的利禄之想，都使他偏离了庄子的理想精神境界。但这种对个体自适的关注，却使他晚年的创作实践、文学风格、文学主张发生转变，这是其在接受庄子思想后于创作中的表现。王世贞对庄子傲士、隐士的身份定位，也是与其人生经历密切关联着的。王世贞的博学多识及建立在此基础上进行独立判断的自信，则使王世贞在面对《庄子》思想和已有《庄子》学见解时，都能以理性审视的眼光，进行独立思考，作出个体性接受。同时，王世贞对《庄子》的全方位接受也与其知识结构的宏大充实有着密切关系。再如王世贞所作的《庄子》注本《南华经评点》对《庄子》的文学性解读，对《庄子》文章成就与不足的认识，以及艺术角度对《庄子》进行的篇章辨伪，都与王世贞强调文学审美性因素的文学主张有着紧密关系的，于此点可以见出其在"复古派"《庄子》接受中的代表性，同时在上面的分析中也可以看到王世贞《庄子》接受个体性的特点。

第四节　出入三教中　闲适自在我
——袁宏道的《庄子》接受研究

袁宏道(1568—1610)，字中郎，号石公，又号六休、石头道人，湖广公安人(今湖北公安县人)。与兄宗道、弟中道并称"公安三袁"，是倡性灵以革复古之弊的公安派的核心人物。袁宏道一生优游山水，政治上无意仕途的飞黄腾达，思想上经历了从狂禅到净土宗的转变。独寄情寄乐于文章一事，一生热情不减，即便"万念俱灰冷，唯文字障未除"①。在万历十二年（1584）到万历三十八年（1610）的二十六年里，袁宏道创作了《敝箧集》《锦帆集》《潇碧堂集》《华嵩游草》等作品，今人钱伯城在网罗袁氏诸作基础上整理而成的《袁宏道集笺校》，是目前关于袁宏道作品最为通行的本子。袁宏道专门论《庄》的著作为《广庄》，该作是袁宏道于万历二十六年（1598），效左氏之《春秋》，《易经》之《太玄》，围绕《庄子》内篇而著成的，该书特点是"推广其意，自为一《庄》"②。其余涉及《庄子》者达99处，主要体现在诗歌创作中，在袁宏道1653首诗歌中，涉《庄》诗有67首，占诗歌总量的1/25，平均每年有近2.6首诗与《庄子》有关。而且在诗文中，袁宏道多有借用《庄子》中的词语如"趸然"、"神王"、"宗师"、"扶摇"、"大块"、"噫"等。《庄子》是石公一生难以解开的情结，他对《庄子》的接受也形成了其独特的袁氏风格。

一、杂糅儒释道的期待视野与《庄子》接受

自唐开始，文人思想往往很难纯粹地归于一种思想，儒释道三家在同一文人个体身上不同程度地发挥着作用。经过宋代文人的努力，三家思想的融合摆脱了初期的僵硬，彼此生发互证，水乳般交融在一起。至晚明，儒释道杂糅的态势更为明显。中郎便称自己"嗜杨之髓，而窃佛之肤；腐庄之唇，而凿儒之目"③。错综复杂的思想状态使袁宏道的《庄子》接受呈现出以庄用庄、庄典儒用、以儒释助解庄的复杂情况。

以庄用庄。涉《庄》诗文对典故未作进一步的申发，表达的基

---

① 袁宏道：《朱司理》，《袁宏道集笺校》，上海古籍出版社1981年版，第303页。

② 袁宏道：《答李元善》，《袁宏道集笺校》，上海古籍出版社1981年版，第763页。

③ 袁宏道：《袁无涯》，《袁宏道集笺校》，上海古籍出版社1981年版，第1281页。

本是《庄子》或与之相关的思想。袁宏道体弱多病，祖父、母亲、长兄早死，六子夭折，使他对生死有特别的感触，月明之夜，与弟及友人谈及生死，便"泫然欲涕，慷慨唏嘘，坐而达旦"①，死亡带来的痛苦迫使他寻求精神解脱的途径。中郎病中喜读《庄子》(《闲居杂题》其二、《病起独坐》)，《庄子》齐同万物、生死一体的观念缓解了病痛死亡带给他的恐惧和痛苦，使他以坦然的态度、洒脱旷达的情怀去面对生命，提升了生命的境界(《病中短歌》《哀殇》)。其《题曾太史退如憨斋，用十三覃韵》一诗所引象罔玄珠(《庄子·天地》)、混沌(《庄子·应帝王》)、庄周梦蝶(《庄子·齐物论》)、云将(《庄子·在宥》)四个典故全用《庄子》原意，表达了无知、去欲、无为、逍遥、自由、齐物的思想。至于袁宏道诗文中其余以《庄》用例的具体情况可见表 2-2。

表 2-2

袁宏道诗文	《庄子》篇目及相应典故
"世路他如梦，浮名我失弓。" (《病起偶题》其三) "不断青云梦，难堪白发情。" (《病起偶题》其四)	《齐物论》："梦饮酒者，旦而哭泣；梦哭泣者，旦而田猎。方其梦也，不知其梦也。梦之中又占其梦焉，觉而后知其梦也。且有大觉而后知此其大梦也，而愚者自以为觉，窃窃然知之。君乎，牧乎，固哉！丘也与女，皆梦也；予谓女梦，亦梦也。是其言也，其名为吊诡。万世之后而一遇大圣，知其解者，是旦暮遇之也。"
"生前秦项鹿，死后臧穀羊。" (《感兴》其二)	《骈拇》：臧穀亡羊

① 袁中道：《解脱集序》，《袁宏道集笺校》，上海古籍出版社 1981 年版，第 1692 页。

续表

袁宏道诗文	《庄子》篇目及相应典故
"鹓雏虽饿死，不与雀争多。"（《小斋》） "鹓雏终万仞，吓我待如何。"（《秋夜感怀》） "玉树种成千亩实，鹓雏栖遍万年枝。"（《寿毕侍御两尊人》） "梧短难留凤，风行岂用骖。"（《秋日幻影庵同汪师中、龚散木、黄竹石、弟小修、儿子彭年送死心，得三字》）	《秋水》：梧桐凤凰
"彭泽去官非为酒，漆园曳尾岂无才。"（《敝箧集·偶成》） "浮生宁曳尾，断不悔江湖。"（《夏日即事》其二） "小臣虽不敢效彭泽之鞶，曳漆园之尾，然亦安可以性命殉官爵耶！"（《曹以新、王百穀》） "蒙庄去已久，斯意竟谁陈？"（《夏日邹伯学园亭》） "潘岳功名薄，庄生吏体疏。"（《寄杨敦初》） "管库名伊吕，闭门读老庄。"（《刘子威》其一）	《秋水》：拒楚王聘
"不去终惭鸴，无才合类樗。"（《病起》） "竹方曾受削，樗老不堪绳。"（《潇碧堂集·偶成》）	《逍遥游》：无用大樗

143

续表

袁宏道诗文	《庄子》篇目及相应典故
"今若强放达者而为慎密，强慎密者而为放达，续凫项，断鹤颈，不亦大可叹哉!"(《识张幼于箴铭后》)	《骈拇》：凫项鹤颈
"世无海若，故河伯傲然自足，愿请益焉。"(《吴因之》)	《秋水》：河伯海若问答
"弟生平好作迂谈，此谈尤迂之甚，然在弟受用如此，亦怪井底蛤蟆不得也。"(《黄绮石》)	《秋水》：井底之蛙
"鼹腹鹪枝，从吾所好。"(《善哉行》)	《逍遥游》：尧让天下于许由
《拙效传》	《人间世》：支离疏；《德充符》：王骀、申徒嘉、叔山无趾、闉跂支离无脤
"盗悲老氏折横斗，马谢庄生脱辔衔。"(《放言效白》其五)	《马蹄》：伯乐治马
"但从姑射皆仙种，莫道梁家是侍儿。"(《水仙花》)	《逍遥游》：姑射神人
"……此蒙庄氏所谓养虎者也。猝饥则噬人，而猝饱必且负嵎。吾饥之使不至怒，而饱之使不至骄，政在我矣。"(《送江陵薛侯入觐序》)	《人间世》：养虎者
"今伯母之膝下，跪而称觞者，子十有一人，孙三十有许人，鸾停鹄峙，琼芬蕙列，又长支中最繁盛者，华封人之所称，母盖具有之，请以是觞。"(《寿洪太母七十序》)	《天地》：华封人之祝

庄典儒用。即袁宏道在部分涉《庄子》作品中引用《庄子》典故意象，来传达与儒家有关的思想。《庄子·逍遥游》塑造了遮天蔽日、抟风九万、举翼南徙的大鹏形象，意在传达其逍遥自由的哲学思想。伴随《庄子》的接受，大鹏形象受到文人们的喜爱，并被赋予了更多的内涵。魏晋文人阮修首开大鹏言志的传统，之后，李白对此大加发扬，将大鹏与黄鹄并举，抒发其雄心壮志。袁宏道对大鹏也情有独钟，在其征引最多的篇目《逍遥游》(31次)中，有18次采用的是大鹏的形象。除《汤义仍》以大鹏表达对自由的渴望，《和萃芳馆主人鲁印山韵》其二、《游金山寺见旧作有述……》《嵩阳古柏封于汉……》用于描写自然环境、自然景物，以及《和縠字韵》《至日集山响斋送陶孝若谕祁门，限韵》用于形容诗才诗思、文笔风格外，其余13次引用都赋予大鹏合乎儒家要求的壮志理想、高才博学等寓意。

袁宏道诗文	大鹏寓意
"雀劳利，雨雪至，大雀悲，小雀悸。黄鹄举千里，大鹏抟九万。鹈鸪与杜宇，声声来相劝。宇曰不如归，鸪曰行不得。小大各有分，何用嘈嘈在我侧？鹦鹉虽有舌，藏巧不如默。"（《雀劳利歌》）	宏图大志
"鹏飞九万，为学鸠笑。我欲携君，联翩海峤。"（《短歌，燕中逢乐之律作也》）	理想抱负，志图伟业
"牛马呼仍在，鲲鹏路已遥。"（《元日述怀》）	功业理想
"天池老尽垂天翼，斥鹦公然乘羊角。"（《步小修韵，怀景升》）	怀才不遇的人才
"天池九万自乘风，不以蜩鸠损劲翻。"（《舟中夜话赠马元龙》）	个性独立的杰出人才

袁宏道诗文	大鹏寓意
"莫放大鹏天上去,恐遮白日骇愚蒙。"(《放言效白》其四)	超群脱俗的人才
"每笑鹏心侈,闲怜鹢垒危。"(《和散木韵》其八)	功名事业、理想抱负
"千里宿充粮,养就天池翅。"(《十二月十七日五弟初度》)	才华、能力
"秋来怒翮天池老,不怕垂天化不成。"(《送王以明先生赴南都试》)	人才的老当益壮
"近水终怜鹜,飞枪且笑鹏。"(《夏五望日兴德寺纪游,得兴字》)	有大志的人才
"鹏雏虽小,犹能蔽天;鹝即过其母,一拳而已。"(《寿何孚可先生八十序》)	高才博学

袁宏道好以丑陋无用自称。《识周生清秘图后》描绘了一个"支离龙钟,不堪世务"的拙士形象,"头若茅杵,不中巾冠;面若灰盆,口如破盂,不工媚笑;腰挺而直,足劲而短,不善曲折,此亦天下之至不才也",深得《庄子·德充符》写丑手法之妙。在《德充符》中,庄子刻画了"恶骇天下","其脰肩肩"、"瓮㼜大瘿"的哀骀它等丑人形象,《庄子》通过纯粹地对丑的刻画,宣扬了他避命保生的乱世哲学。而袁宏道对拙士外在形象的描绘则相伴于"不工媚笑","不善曲折"之类的评价标准。《庄子》中的恶人不求世用,以因丑而得以尽享天年为幸事,而袁宏道的拙士则希望得一至人"竟不才之用"。类似以丑陋无用而求用的思想还可见于《潘茂硕》中。

以儒释助解《庄》。这主要体现在袁宏道的《广庄》一书中。《广庄》七篇,以《庄子》内篇篇目为题,或针对标题,或针对《庄子》原篇中的某一观点，对《庄子》内篇重新进行义理阐发。是袁中郎在对《庄子》心领神会后，对《庄子》观点的汇通，同时也融合了儒释两家思想来增强其观点的说服力。以《养生主》为例，《庄子·养生主》阐发了顺应自然、护养精神以达养生的哲理。《广庄·养生主》则将养生律以肉体养生而加以反对，认为"养生者，伤生者也"，"生非吾之所得养者也，天之生是人，既有此生，即有此养"，只要明达生死之理，"任天而行"，"顺生之自然"即可，养生之说纯属荒谬，并以儒家立命、佛家无生的主张来支持其观点。袁宏道接受了《庄子》齐同生死、自然无为的观点，同时将他所理解的儒佛养生方法作为论据，来阐述他对养生的看法，形成了异于《庄子·养生主》，又不离《庄子》的养生新论。《广庄》一书是袁宏道对《庄子》的发挥创造，为《庄子》思想的丰富发展作出了贡献。

二、闲适人生与《庄子》接受

袁宏道嗜禅，与教中人物多有往来，写过《西方合论》《宗镜摄录》之类佛学著作，但不为禅宗戒律所束，算不得真正意义上的佛门弟子。他读书应试做官，却又视官为儿戏，入仕十九年，倒有十一年闲居山林。即使居官，不求实现抱负，亦不求仕进高升，唯安逸闲适为乐。宦海风波给他带来过烦恼，却并没有过触及其灵魂的大风大浪。在文坛上，他倡言高蹈，"独抒性灵，不拘格套"的文学主张如风扫尘霾，荡除王李弊习，天下文人唱和响应，在文坛上他几乎未曾受到过排挤。生性乐观开朗，广缔友谊，使他在人生不同阶段都能找到声应气合的友人。好酒，嗜茶，喜欢侍弄花草，对插花颇有讲究，喜欢邀上三五友人登山临水，啸歌长谷，文人雅趣毕集其身。可以说，袁宏道的人生态度是闲适的，他的一生是闲适的一生。

与读书做官相伴而来的是官务缠身，不得自由，受制于官场的游戏规则，甚至是人性的异化。隐是士人摆脱官场的重要途径，也是袁宏道实现其闲适人生理想的渠道。在作诸生未正式踏入仕途的时候，袁宏道就屡屡表示对高人隐士的企慕(《偶成》"谁是乾坤独往来")，对政治的疏离(《寄杨敦初》)，并把庄子作为可以倾诉的精神偶像，称"蒙庄去已久，斯意竟谁陈"①。袁宏道涉隐的有关《庄子》的作品有《曹以新、王百穀》《善哉行》《戊戌初度》其二、《偶成》(掷却颠毛去)等。如其《善哉行》一诗：

> 今日相乐，式舞且歌。鹍弦铁板，白面清娥。食羔以匕，盛酒以盆。刀鲚亦厌，何必河豚。儒迂墨俭，跖非尧是。善哉诸君，请入裈里。读书不成，学仙寡效。瓁腹鹪枝，从吾所好。

诗中所用的"瓁腹鹪枝，从吾所好"的典故，出自《庄子·逍遥游》中尧让天下于大隐许由时，许由所说的一段话，其言"鹪鹩巢于深林，不过一枝；偃鼠饮河，不过满腹。归休乎君，予无所用天下为！"向尧表明自己安于隐居生活的志向与意愿。袁宏道此诗收于万历二十六年(1598)的《瓶花斋集》中，是年袁宏道任京兆校官、顺天府教授，僦居东直房。在此任上，袁宏道"与弟子谈时艺，相与论学，又绝口不谈朝事，得以遗形纵舌而不相妨碍"②。从袁宏道的行径上看，此次虽是任职京师，但实同隐居，是古代文人典型的吏隐人生形态。袁宏道在此诗中用《庄子》鹪鹩偃鼠的典故，表达了其隐居的心态。同时，结合诗中对歌舞宴饮的描写，不拘礼法的魏晋风度，以及对读书、学剑的不强求，可以看到，这个典故在具体使用时在原有隐居含义的基础上又增添出率意适性的洒然。与隐有关，袁宏道还喜欢谈及陶渊明，涉陶作品近50处。隐是袁宏道作品的主旋律之一。唯有隐而不出才能避免异化，全其天性，《冯秀才其盛》及《放言效白》其五表达的正是袁宏道对《庄子》自然天性思想的接受。如其《冯秀才其盛》：

> 割尘网，升仙毂，出宦牢，生佛家，此是尘沙第一佳趣。

---

① 袁宏道：《夏日邹伯学园亭》，《袁宏道集笺校》，上海古籍出版社1981年版，第82页。

② 周群：《袁宏道评传》，南京大学出版社1999年版，第55页。

夫鹦鹉不爱金笼而爱陇山者，桎其体也；鹏鸠之鸟，不死于荒榛野草而死于稻粱者，违其性也。异类犹知自适，可以人而桎梏于衣冠，豢养于禄食邪？则亦可嗤之甚矣。

一病几死，幸而瓦全，未死之身，皆鬼狱之余，此而不知求退，何以曰人？病中屡辱垂念，忽承大士之赐，甚隆素怀，走欲言之久矣。谢不尽。

这封书信并没有直接引用《庄子》典故，但从中仍可明显地看到《庄子》泽雉不求蓄乎樊中和海鸟享钟鼓典故的影子，表达了袁宏道对庄子全守天性思想的接受。袁宏道写了鹦鹉、鹏鸠不恋金笼、稻粱，而向往生命的自由和天性的舒展，进而触类感怀、由物及人，表达了对牺牲天性来追求物质享受之徒的鄙弃，由此可以见出袁宏道对《庄子》天性思想的继承。而袁宏道触类感怀的基点是"异类犹知自适"，其中的"自适"二字除强调依顺天性的含义之外，另一个意义重点是对个体适意、舒适的强调，带有精神享受的意味和个人主义的色彩。

隐而不得，不得不去做官时，袁宏道对《庄子》中的无用散人、无用散木发生了兴趣，宣扬《庄子》无用为用的观念。这类典故最早出现在袁宏道任吴知县时创作的《锦帆集》中。如《任意吟》称"有名终是累，无用可还虚"。再如《汤义仍》认为"五石之瓢，浮游于江海，参天之树，逍遥乎广莫之野，大人之用，亦若此而已矣"。袁宏道屡以无用之人、无用之木自称，如《病起》《张幼于》（走支离无用人也）、《偶成》（去去白云层）、《答沈何山仪部》等诗文，具体而言如：

病起心情泰，闲来礼法疏。愁听传事板，懒答问安书。不去终惭鹄，无才合类樗。何如逃世网，髡发事空虚。（《病起》）

走支离无用人也。无用故不宜用，无用亦自不求用，此自常理，无足怪者。夫吏道有三：上之有吏才，次之有吏趣，下则有之以为利焉。吏才者，吏而才也。吏而才，是国家大可倚

靠人也，如之何而可不用哉！更趣者，其人未必有才，亦未必
不才，但觉官有无穷滋味，愈劳愈佚，愈苦愈甜，愈淡愈不
尽，不穷其味不止。若夺其官，便如夺婴儿手中鸡子，啼哭随
之矣。虽欲不用，胡可得耶？若夫有之以为利者，是贪欲无厌
人也。但有一分利可趁，便作牛亦得，作马亦得，作鸡犬亦
得，最为汙下，最为可厌。然牛马鸡犬，世既不可少，则此等
之人亦可随大小方圆而器之矣。

　　独生则有大乖戾不然者，不才无论矣，又且与乌纱无缘，
既不能负重致远，又不安司晨守夜，此等之人，虽分文用亦无
矣。尚可不知进退，处居人间繁苦地耶？勉强年余，顿成衰
朽，心神俱困，痨瘵遂作，决意求归，亦其宜尔，岂真效令伯
之辈，学元亮之步哉！（《张幼于》）

　　……弟支离可笑人也，如深山古树根，虬曲臃肿，无益榱
栋。以为器则不受绳削，以为玩则不益观。欲取而置之别所，
则又痴重颟顸，非万牛不能致。而世之高人韵士，爱其古朴，
以为山房一种清供，辇而致之，费之唯恐不奢，累累有之。仁
兄或者以弟为山房玩乎？则又何不寻一片清冷宽闲地，苔阶莓
砌，镇日相对，而必欲置之通邑大都，使一人玩而千人唾，则
仁兄亦何以自解乎？虽然，以一痴重无用之物而致高人韵士之
嗜，为幸多矣，敢复偃蹇不听驱置邪？（《答沈何山仪部》）

在上面列举的诗文中，袁宏道表达了无用以得自适逍遥、自在不拘
的想法。在表述这种想法的时候，袁宏道沿用了庄子的惯用语词、
言说习惯和思维模式，表现出对《庄子》无用思想的接受。在《庄
子》中，无用是其于乱世中用以全身的无奈之举，又是其充满智慧
的生命策略。无用常是伴着性命之虞（如斧斤、罔罟等害及生命之
物）而出现的，是庄子在面对充满危机的生命时所作出的严肃思
考。袁宏道的无用思想延续了庄子无用全身的基本思路，但相较
《庄子》而言，袁宏道少了严肃与谨慎，也淡去了庄子式的对生命
的沉重体味。袁宏道安于无用，享受无用，率性的表达、实践着他
的无用思想，他将无用思想的关注点更多地放到了个体适意顺情的

一面，是在庄子无用全身思想的基础上对主体精神自适的进一步凸显。如上面的《张幼于》一信，袁宏道向友人诉说了自己本乖戾不才却勉强为官，结果弄得"心神俱困"，精神极度压抑。所以他最终选择弃官归隐绝非故作清高，而是出于对本性的顺从，是为了求得精神的自在，于此可以看到袁宏道对自我精神畅适的重视，体现的是袁宏道在体贴人性一面作出的努力。可以说，《庄子》的无用之用为袁宏道的闲适人生提供了精神解脱的机缘，而如上所述，袁宏道在继承庄子的基础上又作了进一步的发展。

中郎好山水，视之为人生三大乐事之一。在十一年的宦游生涯中，袁宏道游览了吴越、京都、陕西等处的佳山丽水，栖隐地柳浪居也是湖光树影交相辉映。他一生创作了大量山水作品，其山水小品如《虎丘》《天目》《西湖》《华山记》《嵩游记》等镂心刻骨，传写山水之神情，极得后人推赞。袁宏道的山水作品往往采用拟人的手法赋予山水以生命情怀，如"青山也许酬人价，学得云闲是主人"[1]，在其眼中青山具有了生命与灵气，俏皮可爱，甚至会与人争较价钱。在袁宏道的笔下，山水不再是被观照赏玩的客体，而是能够积极参与精神建构的主体，抚慰愉悦着在世网中挣扎得疲惫了的心灵。它们是袁宏道以闲适态度观照自然的独特发现。对山水充满喜爱，用心去体会"山心水味"[2]，固是袁氏天性使然，但《庄子》的影响也不容忽视。庄子曾言"山林与！皋壤与！使我欣欣然而乐与！"（《庄子·知北游》）。在庄子那里，"天地与我并生，而万物与我为一"（《庄子·齐物论》），天人平等，无有贵贱。袁宏道的山水作品是对《庄子》天人一体自然观的艺术再现。同时，受时代影响，袁宏道的山水作品与《庄子》影响下的隐士的山水文学又有所不同，他笔下的山水多出现在人群熙攘的尘世间，袁宏道在对清丽山水进行描写时往往流露着浓厚的红尘凡情和对尘世的迷恋。这体

---

① 袁宏道：《采石蛾眉亭》其三，《袁宏道集笺校》，上海古籍出版社1981年版，第869页。

② 袁宏道：《和萃芳馆诸人鲁印山韵》其一，《袁宏道集笺校》，上海古籍出版社1981年版，第941页。

现为袁宏道喜以女性之姿态、容貌来写山水，山水小品中多有涉及世俗生活，如其《荷花荡》《初至西湖记》《上方》《满井游记》《虎丘》《雨后游六桥记》等作品，不妨以《虎丘》一文看之：

> 虎丘去城可七八里，其山无高岩邃壑，独以近城故，箫鼓楼船，无日无之。凡月之夜，花之晨，雪之夕，游人往来，纷错如织。而中秋为尤胜。每至是日，倾城阖户，连臂而至，衣冠士女，下迨蔀屋，莫不靓妆丽服，重茵累席，置酒交衢间。从千人石上至山门，栉比如鳞，檀板丘积，樽罍云泻，远而望之，如雁落平沙，霞铺江上，雷辊电霍，无得而状。
>
> 布席之初，唱者千百，声若聚蚊，不可辨识。分曹部署，竞以歌喉相斗，雅俗既陈，妍媸自别。未几而摇头顿足者，得数十人而已。已而明月浮空，石光如练，一切瓦釜，寂然停声，属而和者，才三四辈。一箫，一寸管，一人缓板而歌，竹肉相发，清声亮彻，听者销魂。比至夜深，月影横斜，荇藻凌乱，则箫板亦不复用。一夫登场，四座屏息，音若细发，响彻云际，每度一字，几尽一刻，飞鸟为之徘徊，壮士听而下泪矣。
>
> 剑泉深不可测，飞岩如削。千顷云得天池诸山作案，峦壑竞秀，最可觞客。但过午则日光射人，不堪久坐耳。文昌阁亦佳，晚树尤可观。面北为平远堂旧址，空旷无际，仅虞山一点在望。堂废已久，余与江进之谋所以复之，欲祠韦苏州、白乐天诸公子于其中，而病寻作；余既乞归，恐进之兴亦阑矣。山川兴废，信有时哉！吏吴两载，登虎丘者六。最后与江进之、方子公同登，迟月生公石上，歌者闻令来，皆避匿去。余因谓进之曰："甚矣，乌纱之横，皂隶之俗哉！他日去官，有不听曲此石上者如月。"余幸得解官，称"吴客"矣，虎丘之月，不知尚识余言否耶？

小文取题"虎丘"，文章关涉的是作者的虎丘之游，粗略地看上去是一篇山水文学作品。但此作区别于以往山水文学的最大不同，在于它对世人游虎丘场面浓墨重彩式的描写，栉比如鳞的赏月游人，竹肉相发之际而令飞鸟为之徘徊的美妙的歌声，一切的一切都充满了世俗的情味。而对虎丘景色的描写只寥寥数句，显然不是作者的记述重点。袁宏道的这篇山水游记抒写的是一己情志，沿袭的是山水言情而非载道的一路，是对庄子一系山水文学精神的发扬。但对比以往山水文学，袁宏道的作品显然去掉了传统山水文学中雅淡、超逸、空灵的一面，而是发展出了充满世俗气味的山水文学，这样的山水景致是热闹、拥挤、富有人情味的，体现的是晚明重情欲、世俗化的潮流，也是袁宏道自适人生情致在山水文学中的体现。

此外，袁宏道在艺术上对《庄子》也多有借鉴。化用《庄子》的艺术手法，如《拙效传》刻画的冬、东、戚、奎四仆俨然搞笑版的支离疏；再如《广庄》在推广《庄》意的理论阐述中，借鉴了《庄子》寓言说理的方式，以故事来阐发己见，《广庄·应帝王》可为此方面的代表作。此文几乎是寓言的组合，有文中子对弟子的一番感慨、鹖冠子对文王问、舜遇丈人、齐王求异术等。这些寓言的结构方式、表达特点几与《庄子》无二致，体现了对《庄子》寓言说理的言说方式的继承。

可以说，无论在思想上还是艺术上，《庄子》都给袁宏道的创作提供了丰富的给养，而他的创作又是对《庄子》的丰富再发展。袁宏道的《庄子》接受是晚明世风及其人生态度等因素综合作用的结果，既带着时代的共性，又具有鲜明的个性。袁宏道《庄子》接受中表现出的对个体自适的凸显，及由此带来的《庄子》接受的创新发展，在"性灵派"文人《庄子》接受的创新性发展上极具典型意义。

第三章 明后期《庄子》接受研究(下)

本章着重研究的是注本领域和戏曲、小说创作领域中的《庄子》接受。《庄子》注本的激增是明后期《庄子》接受的突出特色,其特点为既注重对《庄子》的义理阐释,又注重对《庄子》文本的文学解读。本章在对明后期《庄子》注本进行简要概述后,着重从接受美学重视审美经验的角度出发,对此期偏于文学解读《庄子》的注本:陆西星的《南华真经副墨》进行了具体研究。因鉴于诗文领域中《庄子》接受内容的过于庞大,同时考虑到以《庄子》为题材的戏曲、小说较为集中地出现于万历之后的时间特点,本书将同属于文学的诗文与戏曲、小说分作两章,而将戏曲、小说创作中的《庄子》接受置于此章中来进行研究。

第一节 《庄子》研究的飙锐之风
——明后期《庄子》注本概况

《庄子》注本在明前期与后期明显存在着冷热不均的状况。据现存资料来看,可查考的百余部《庄子》专著都诞生于明后期①。这是与两个时期文化大环境的松紧、科举考试的导向②、哲学理念

---

① 方勇先生在其《庄子学史》(第二册)"明代庄子概说"第二节中,对明后期出现的《庄子》专著及其出处进行了详尽列举,可参考之。

② 明王朝定鼎之后,仿唐宋建立起完备的科举制度。前期纯以"四书"、"五经"、《性理大全》为科考内容,而之后渐渐发生变化,弘正年间在"六经"外兼取韩、柳、欧、苏四大家;嘉、隆时,《国策》、《左传》取代了四大家;而隆、万以后,"两科会场中能用子史者咸入彀"(明·郭伟辑《新镌分类评注文武合编百子金丹》,《四库全书存目丛书》子集153册)。科考内容的变化反映了社会风气的变化,由此也带来学风的改变,并推动了《庄子》等子书的传播接受。

以及经济形态的不同等因素关联着的。从总体上看，明代《庄子》注本的研究习气是对唐宋的继承发展。一方面注重义理阐释，并力求融合儒释道来解《庄》，另一方面注意对《庄子》文本文学性、艺术性的解读。对此二者，下文将逐一予以介绍。

对于前者，大体上可分为以儒解庄、以佛解庄、以道教解庄、以庄解庄四种情况，以儒解庄是《庄子》注本最常见的形式如朱得之的《庄子通义》，以佛解庄者如唐顺之的《南华经释略》、释德清的《庄子内篇注》，以道教解庄者如程以宁的《南华真经注疏》，以庄解庄者如释性涵的《南华发覆》、陈治安的《南华真经本义》。而通常情况是儒、释、道教思想并存于同一《庄子》注本中，儒释并存如杨起元的《南华经品节》、焦竑的《庄子翼》，释道并存的如陆西星的《南华真经副墨》，儒释道混融的如袁宏道的《广庄》、谭元春的《庄子南华真经（评点）》。明人的《庄子》研究具有浓重的儒释道三教合一的特点，这不仅体现在《庄子》义理阐释角度的选择，以及作者身份与《庄子》义理阐释角度的互补上（比如道士陆西星主张以佛教、道教思想兼治《庄子》，佛教僧人却能在《庄子》的阐释中还原《庄子》的本来面目，如释性涵的《南华发覆》，再如热衷科举的文人儒士袁中道的《导庄》却主张以佛解庄），而且体现在明人对《庄子》与儒释思想关系的严肃思考上，如释德清的《观老庄影响论》倡导三教一致论，沈一贯的《庄子通》对庄子与儒释思想的异同进行了详尽的对比。

就后者来说，明人对《庄子》文学性的研究是宋代与清代之间的一个过渡，于宋它是承传者，于清它营造出《庄子》文学性研究的适宜气候，为清代《庄子》散文研究的繁荣奠定了基础。最早谈及《庄子》文学性的是《庄子·天下》篇，对《庄子》的言说方式和文章风格作了论说："以谬悠之说，荒唐之言，无端崖之辞，时恣纵而不傥，不以觭见之也。""其书虽瑰玮，而连犿无伤也；其辞虽参差，而諔诡可观。"之后，司马迁在《史记·老子韩非列传》中言《庄子》"大抵率寓言也"，"善属书离辞，指事类情"，指出其长于文辞，善于虚构，喜借物、借事说理的特征。至宋，《庄子》的文学性研究方得到较大发展,宋人林希逸的《庄子口义》首开以文解庄的先河,刘辰翁的《庄子南华真经点校》则是第一部真正的《庄子》文学评点著作,这两部著作对当时及后世的《庄子》研究产生重要影响,明人对两部著作的文学性评语多有引用,如陈深的《庄子品节》、归有光和文震孟的《南华真经评注》、韩敬的《庄子狐白》等。后两部著作对《庄子》文学性有较多的关注,而经方勇先生的考订,此二书为剽窃之作,《庄子狐白》"是剽窃、窜改宋林希逸《南华真经口义》及陆西星《南华真经副墨》等书而成"的。《南华真经评注》经考察,"发现其中有许多条目实出刘辰翁等人之手,而竟公然冠以唐宋八大家等名公名家之姓名字号"①。于此姑且暂不论其是否抄袭,但就其所选择的抄袭对象而言,便可看出林希逸、刘辰翁二人的著作在明代的受欢迎程度。

　　明人注本对《庄子》文学性的研究,多用充满体悟、富有感染力的语言提点《庄子》行文妙处,并着重于对《庄子》进行题旨、段意、文脉、章法、句法、字法等方面的文章学解读,其中的代表如朱得之的《庄子通义》、陆西星的《南华真经副墨》、释德清的《庄子内篇注》、王世贞的《南华经评点》、冯梦祯的《南华真经重校》、叶秉敬的《庄子膏肓》、谭元春的《庄子南华真经评》、董懋策的《庄子翼评点》、陈深的《庄子品节》、徐晓的《南华日抄》等。诸家水平不一,而以陆西星、释德清的成就为著。对陆西星的《南华真经副墨》以文解庄的特点,下文将会有详细论析。释德清《庄子内篇注》文学解庄的特色则可归为四点:强调血脉贯注的整体有机性、强调立言本意及眼目对文章的统贯作用、关注鼓舞变化、戏剧的行文特色、关注《庄子》"三言"的言说方式。其余诸家的《庄子》文学评点则要相对简略,其意义在于延续了宋代以来以文解《庄》的研究方式,并形成一种通过分析《庄子》文章进行义理阐释的研究路数,如黄洪宪的《庄子南华文髓》便将《庄子》篇章进行段落划分并加以相应的小标题,进而在此基础上对《庄子》进行义理阐发,朱得之

①　方勇:《庄子学史》(第二册),人民出版社2008年版,第344页。

《庄子通义》的做法亦如此。虽然明代《庄子》文学评点研究远不及清代，但却是清代《庄子》文学评点取得巨大成就所不可或缺的一步。

第二节　独得红线串珠玉　细赏蒙庄奇葩美
——陆西星《南华真经副墨》的《庄子》接受研究

陆西星（1520—1606），字长庚，号潜虚子、方壶外史，晚号蕴空居士，扬州兴化（今属江苏）人。陆氏聪慧好学，诗文书画兼备。早年热心举业，然九试不遇，遂弃儒入道，著书立说阐发内丹之旨，遂开内丹东一派，被后世道教徒尊为"东派"之祖。晚年逃禅，对佛经多有研究。陆西星著作等身，撰有《方壶外史》《南华真经副墨》《楞严述旨》《乐府考略》《传奇汇考》《封神演义》①等百种著作。《南华真经副墨》（后文简称《副墨》）八卷，"一依郭象本，而以《天道》篇虚静恬淡寂寞无为八字分标八卷"②，其名"副墨"取《大宗师》篇副墨之子语，着重于对《庄子》义理的阐发，"大旨谓《南华》祖述《道德》，又即佛氏不二法门。盖欲合老、释为一家"③，并极力调和儒道，力图寻找庄子思想与儒家思想的契合点。同时，《副墨》还是明代《庄子》散文评点的力作，大多文章前设题解以起提示、引导等作用，后有乱辞以韵语总论一篇之旨④，中间以侧批的形式逐节诠释内容，《逍遥游》《齐物论》《养生主》三篇篇

---

① 《封神演义》的作者又有许仲琳一说。然经孙楷第、张政烺及柳存仁三位先生的考证，基本坐实了陆西星的作者身份。

② 《四库全书总目提要》卷一百四十七，子部五十七，道家类存目，武英殿本。

③ 《四库全书总目提要》卷一百四十七，子部五十七，道家类存目，武英殿本。

④ 《南华真经副墨》中有五篇文章未加乱辞，即《让王》、《盗跖》、《说剑》、《渔父》及《天下》。前四篇被陆西星归为赝作而少作分析，乱辞从省。《天下》篇亦无乱辞，许是与其将《天下》篇作为《庄子》后序的特殊认识有关。

末均列有文评，评点该文文学特点。除却评的形式，陆西星还借助线、圈等批点方法标注对文章结构、大意、关键点的理解，如其以单竖线标示小节"标题"，以双竖线标示"主意"，短横线标示行文段落，圈字表示文章之"肯綮"，侧标小圈以示"精粹"，用以配合其对《庄子》散文的批评研究。

一、对宗旨、肯綮、文脉及行文手法的把握

陆西星对《庄子》宗旨及文脉的把握具有强烈的整体意识，从其对郭象注的批评中即可见出此点。其言郭象"首注此经，影响支离，多涉梦语"，批评郭象解释《庄子》"缺乏通盘考虑，没注意到上下文意思的连贯性，以致弄得'支离'不堪，严重歪曲了《庄子》的本意"①。在具体评点中，这种整体意识主要体现为以下几点。首先，从整体上对《庄子》一书宗旨的强调。此点是建立在陆西星所谓的"《南华经》分明是《道德经》注疏"②的认识上的，在《读南华经杂说》及对《庄子》文章的分析中陆西星反复表达了这种认识：

> (《庄子》)一字一义祖述《道德》。(《读南华经杂说》)
> 《南华经》还是一等战国文字，为气习所使，纵横跌宕，奇气逼人，却非是他自立一等主意。……熟于《道德》者，始可以读《南华》。(《读南华经杂说》)
> 此老识见全自《道德》中来。(《南华真经副墨·在宥》)

将《庄子》归本于《老子》，视"道德"为二书宗旨，其言：

> 看庄、老书先要认道德二字。道者，先天道朴，无名无

---

① 方勇：《庄子学史》(第二册)，人民出版社 2008 年版，第 485 页。
② 陆西星：《读南华经杂说》，《南华真经副墨》，无求备斋庄子集成续编本。

相。所谓无名，天地之始。德，则物得以生。本然之体，一而
不分，大要在人不起情。堕，堕支黜聪。绝圣弃知，则复归于
朴，而道其在是矣。故曰性修反德，德至同于初。又失道而后
德，失德而后仁，失仁而后义，又仁可为也，义可亏也，礼相
伪也。通于道而合于德，退仁义而宾礼乐。古之至人，其心有
所定矣，则二书之宗旨也。(《读南华经杂说》)

《骈拇》篇以道德为正宗，而以仁义为骈附。正好与《老
子》"失道而后德，失德而后仁，失仁而后义"参看。一部《庄
子》宗旨全在此篇。(《南华真经副墨·骈拇》)

从整体高度上把握《庄子》一书的宗旨，并以此宗旨指导具体篇章
的分析。纵使《庄子》文章云龙变化，也能迅速而准确地掌握其义
理、文脉，完成对《庄子》篇章清晰而富有逻辑的艺术批评和审美
分析。这种咬定宗旨不放松的研究心得也被陆西星写进了《副
墨》中：

始终只说个无知、无为的道理。翻出多少议论，苟能得其
宗旨，则虽千言万语，皆是一个印板印将去矣。(《南华真经
副墨·在宥》)

此篇所论天地、帝王之道，贵无为而贱有为，重道德而轻
仁义。篇篇一旨，但阖阖变化如风云之卷舒，千态万状，令人
应接不暇。故予谓读《庄子》者如观幻人、幻物，知其为幻，
则千法万法皆从一法而生，不复受其簸弄矣。(《南华真经副
墨·天运》)

陆西星反复强调《庄子》在思想体系上对《老子》的承袭，对于这种
认识，司马迁在《史记·老子韩非列传》中便已有表述，其言庄子
"要本归于老子之言"，之后持此观点的不乏其人，如前文所提及
的王世贞。陆西星持此观点固然有继承已有《庄》论见解的因素在
其中，同时也与陆西星道教"东派之祖"的身份有关。在道教体系

中，老子被尊为教祖，封号"太上老君"，是道教的精神领袖。庄子作为道教体系的重要一员，他对老子无条件地服从历来是道教学者所宣扬的重点之一。故而道士陆西星在解读《庄子》强调其意旨时，着重突显了其旨宗老子《道德经》的一面，从而成为其把握《庄子》时强调整体意识的一个重要原因。

其次，体现在对内篇与外、杂篇关系的认识上。在《骈拇》及《庚桑楚》的题解中，陆西星对内、外、杂篇作了简单的界说，"内篇七篇，《庄子》有题目之文也，其言性命、道德、内圣外王备矣。外篇则标取篇首两字而次第编之。""杂篇，庄子杂著也，章句有长有短。"并将内、外、杂篇解析为有机整体，其言外篇乃"羽翼内篇而尽其未尽之蕴者"，杂篇"推本道德"，与内篇同一宗旨。"内篇熟则外篇、杂篇如破竹数节之后，可以迎刃而解矣。"在具体文章的评点中，陆西星贯彻了这一认识，如《至乐》篇庄子妻死一段，陆西星认为"此段正好与内篇《养生主》中秦失二号，《大宗师》中子祀、子桑户、孟孙才章参看"。《山木》篇"庄子行于山中……其惟道德之乡乎?"一节内容，"此言处世之道，正好与内篇《人间世》参看"。《寓言》罔两问景一节内容，"与内篇《齐物论》颇同"。在具体的感性分析中，将内、外、杂篇串联为一体，从而强化了对《庄子》题旨的理解，引导读者形成对《庄子》的整体认识。再次，体现为散文评点中对《庄子》文意前后勾连现象的着重关注。在具体篇章分析中，陆西星注意通过对字词、段落间的照应来把握文脉。在字词方面，如分析《逍遥游》"蜩与学鸠笑之曰……之二虫又何知?"一节内容时，陆西星认为此小节中的"聚粮意是自风积字面上换来"。段落方面，如论《胠箧》"故曰唇竭则齿寒……则是重利盗跖也"一节，是"承上章言圣人之于大盗虽不相为谋，然其道未始不相为用也"。"擢乱六律……法之所用也"一节，是"承上文殚残圣法之意而备论之"。再如对《在宥》篇"世俗之人皆喜人之同乎己……悲夫，有土者之不知也"一节的分析中，认为"此下别起一段议论，与上文不相蒙，而意实相属"。对《庄子》草蛇灰线式行文方式的揭示，理出了表面文本形式下的深层意脉，显豁明晰地点明《庄子》的文本意蕴。在篇章之间，陆西星也多注意寻找其间的内在意义关联。如其言《齐物论》开篇"丧我二字又是自前篇（按：《逍遥游》）至人无己上生下"。"《养生主》，养其所以主吾生者也。其意则自前《齐物论》中'真君'透下"。《人间世》篇"篇终反喻不美不才，乃无用之大用。此老平生受用得力处，全在于此。然亦何莫而非至人无己中得来耶!"由《人间世》而返溯《逍遥游》，在思想层面上将两者勾连起来。此种评点在其他篇章的评点中也多有出现，这种超越单篇文章的评析，使读者在类比、对照中深化了对《庄子》的理解，形成对《庄子》的完整认识。

"肯綮"二字，《说文解字》解释"肯"为"肎，骨间肉肎肎箸也。从肉，从冎省。一曰：骨无肉也。苦等切。凧，古文肎"。《集韵》解释"綮"时言"肯綮，肋肉结处也"。故"肯綮"取"骨间肉"之意，引申为要害或关键。在《副墨》中，"眼目"一词与之同义，用来代指有助于理解文章主题或结构的关键词句。陆西星善于利用对文章关键点的分析，来突显主旨、把握文脉。如其分析《在宥》篇"慎汝内，闭汝外……而吾形未尝衰"一节时，指出"守一处和四字又肯綮中之肯綮"。尤以对《齐物论》所作的文评最为典型：

　　钧天之乐，鞃鞈铿锵。常山之蛇，首尾相望。驱车长坂，倏而羊肠。过脉微眇，结局广洋。寻其正眼，开卷数行。
　　先以丧我二字，为一篇之眼目。继以天籁提起一步说，为眼目中之正眼。如下照之以天，天均、天府、天倪，皆从此生。小知以下，皆言有我，又自我中提出个真君来，暗应天字。迷了真君，便有是非，提出因是二字，作为《齐物论》之眼目。以下反覆议论，只说因是以和是非而休天均，作一结。是非之彰，道之亏也。滑疑之耀，圣人所图，又将滑疑二字，作因是之眼目。至止其所不知至矣，以天府作结，又将止其所不知，作滑疑之眼目。引尧舜孔子，归重于大觉之神人，将和

之以天倪作结，总结欲齐物论，必待此人。末却道我亦从梦中
觉来者，应上觉字。首尾照应，断而复连。藏头于回顾之中，
转意于立言之外。于平易中突出多少层峦叠嶂，令人应接不
暇。奇哉！奇哉！

陆西星对《齐物论》的总体评价是首尾照应，变化多姿，如"层峦
叠嶂，令人应接不暇"。面对汪洋恣肆的《齐物论》，陆西星对其
文脉的把握，是通过将文章分解为一个个节点，即文评中所谓的
"眼目"而进行的。在《齐物论》中，陆西星分解出"丧我"、"天
籁"、"因是"、"滑疑"、"将止其所不知"五个眼目，并进一步
区分各眼目的地位、作用，"丧我"、"因是"是一篇之眼目；"天
籁"是"眼目中之正眼"，是关键之关键；"滑疑"、"将止其所不
知"则相对低一层，属于段落中的眼目；并梳理出各眼目所纽结
的相关文意，从而由点及线，进而及面，形成对庄子文章的全面
把握和文脉分析。

　　《逍遥游》《齐物论》《养生主》三篇篇末均列有文评，总结整篇
文章的文学艺术特点，而尤重行文手法的分析。《齐物论》的文评
已引于上，再如其《逍遥游》篇末的文评：

　　　　意中生意，言外立言。绕中引线，草里蛇眠。云破月暎，
藕断丝连。作是观者，许读此篇。

陆西星《副墨》中明确标出"文评"的，仅此三篇文章。然而在《副
墨》的评点中，还存在着一些针对整篇文章而发，分析其文学特点
的文字，这些文字长短不一，位置不定，却也不妨视为其对《庄
子》文章所作的文评。如下列文字：

　　　　《在宥》一篇，自无为说到有为，复自有为而返于无为。
抑扬开阖，变化无穷。末自鸿蒙、云将以下突起三峰，断而不
断，文字之妙，非言说可尽，读者宜详味之。(《南华真经副

墨·在宥》)

　　尝谓《庄子·天道》篇，辞理俱到，有蔚然之文，浩然之气，苍然之光，学者更当熟读。(《南华真经副墨·天道》)

　　篇中意中生意，言外立言，重重照映。如国师为奕，阵势布列而精神血脉，尚未串贯……(《南华真经副墨·秋水》)

陆西星对《庄子》行文手法的分析，多集中在意中生意、前后照应、开阖变化而文意不断诸方面，侧重于强调《庄子》文章一脉贯穿的有机性，此点是与其散文评点中强烈的整体意识密切相关的。

二、对《庄子》艺术特征的认识

　　综合陆西星对《庄子》的分析，可将其对《庄子》艺术特征的认识归纳为四点：奇、画、情、味。

　　《庄子》之"奇"，历来评家多有论说。陆西星之前，阮阅、林希逸、刘辰翁等人对《庄子》之奇作了详尽分析。如阮阅在其《诗话总龟后集·句法门》(卷二十)中言"《庄子》文多奇变"；林希逸称《庄子》"可谓世间至奇之文"①；刘辰翁在其《南华真经点校》中对《齐物论》进行评点时，言庄文"意奇，文奇，事又奇"。之后，清人林云铭、宣颖、刘凤苞等人对《庄子》之奇进行了更为充实而多角度的探索。陆西星对《庄子》之奇的分析，多从字法角度入手，指点庄文用字之奇，经其批点的字词有"吹息"(《逍遥游》)、"之调调之刁刁"(《齐物论》)、"官、府、寓、象"、"望"(《德充符》)、"炊累"(《在宥》)、"横目"(《天地》)、"波臣"(《则阳》)、"图傲"(《天下》)等。陆西星明确点出庄文中的奇字，并对之进行了分析。如其对《德充符》"无聚禄以望人之腹"句中"望"的字分析，"望如月望之望，饱满圆足之义，用字之奇也"。《庄子》"望人之腹"的词语组合，初一看时，"望"字

---

① 林希逸：《秋水·庄子口义》，四库全书本。

下得确实有些怪异，让人不解。"望"字有多重含义，有遥望、敬仰、声望、古祭祀名等。《说文》释"望"字之意为"月满与日相望，以朝君也。从月，从臣，从壬。壬，朝廷也。无放切。🔲古文望省"。陆西星断取《说文》月望之饱满圆足的含义解释《庄子》的"望人之腹"，以言衣食无忧。陆氏的解释虽然简约，却很有些意味，妙契庄子文心。经过陆西星的解释，庄文用"望"字显得顺情合理，而且庄文言简意丰、不落俗套的艺术品性，以及由此而来的艺术魅力，都从这看似不经意的词义解释中透发出来。在《副墨》中，陆西星还形象地表达了此类新奇之语所带来的艺术感受："如霞外杂俎，必非食烟火者之所能道"①，"如层峦叠嶂，争奇献怪。游涉此者，甚可新人耳目，长人意见"②。这种概括的形象描绘，不离实景却又引人无限想象，使人在各自的脑海中织就属于自己的幻奇之景，而这片幻奇景色便是《庄子》。瑰异的画面，细致的阐析，使人们一经读过，便形成对《庄子》永不凋零的记忆，而这正是陆西星的功劳。陆西星还注意到庄文构思、文法、句法的奇特之处，如其言《庄子》文章"字面新、文法奇"③，称《秋水》"夔怜蚿"一节"直是构思奇绝，中间喷唾之喻尤非人思虑所及者"。再如对《齐物论》"大知闲闲，小知间间……近死之心，莫使复阳也"一节的评点，陆西星认为"此中有如许新奇字法、句法，如奇峰怪石，当作别观"。

"画"，是《庄子》散文评点系统中一个重要的审美范畴，其意旨所向乃指由语言符号构成的文本，通过文学手法的运用而使作品具有形象感，令读者在阅读中感受到强烈的画面感。《庄子》是先秦子书中最具文学性的作品，而在其写作之时却无意于借文扬名后世，而是要宣扬其自然无为、齐物逍遥等道家哲学思想。深刻的哲理不是在一板一眼的逻辑推理中表达出来的，而是在富有文学情采

① 陆西星：《庚桑楚》，《南华真经副墨》，无求备斋庄子集成续编本。
② 陆西星：《徐无鬼》，《南华真经副墨》，无求备斋庄子集成续编本。
③ 陆西星：《齐物论》，《南华真经副墨》，无求备斋庄子集成续编本。

的述说，在虚构的寓言故事中，借助艺术形象让思想缓缓流出的。寓言文学对形象性、生动性的要求，锻造了庄子的艺术手笔，《庄子》文章以善体物情，笔补画工而著称。陆西星准确捕捉到了《庄子》的这一艺术特征，在散文评点中对此多有留意，他的分析着重于《庄子》对艺术形象及其神态情状的刻画，以及外在空间环境的描摹，详细情形可参看表3-1：

表 3-1

篇　名	《庄子》原文	陆西星的相应评点	描摹的对象
《逍遥游》	我决起而飞，抢榆枋，时则不至而控于地而已矣，奚以之九万里而南为？	控地，投于地也。模写小虫力弱不能奋飞之容而已矣。	艺术形象
《齐物论》	山陵之畏佳，大木百围之窍穴……而独不见之调调之刁刁乎？	数句描写窍穴意态如画，又复描写窍穴之声。……之调调之刁刁，看他文字奇处。此一段写出风木形声，笔端如画，千古摘文，罕有如其妙者。	
《养生主》	庖丁为文惠君解牛……吾闻庖丁之言，得养生焉。	通篇模写庖人情状，宛然画笔。	
《秋水》	赴水则接腋持颐，蹶泥则没足灭跗。	接腋持颐，蛙赴水则两腋拍水如接物者然。持颐，紧闭其口也。此四字分明写出一个水蛙。	

165

续表

篇　名	《庄子》原文	陆西星的相应评点	描摹的对象
《齐物论》	喜怒哀乐，虑叹变慹，姚佚启态。	此又以十二字面模写接物之情状，有喜者、怒者、哀者、乐者、虑者、叹者、变者、慹者、姚佚启态者，通上一等人皆有如此情状，变态百出。	神态情状
《大宗师》	屈服者，其嗌言若哇。	哇者，吐貌。谓其言只在喉舌间支吾调弄，吞不下，吐不出，分明状出一个屈服的样子。	
《应帝王》	幸矣！子之先生遇我也，有瘳矣，全然有生矣！	明日又来，则曰"子之先生遇我也，瘳矣"。此一句写出行术人的话头，最为亲切。	
《天运》	子欲虑之而不能知也……形充空虚，乃至委蛇。汝委蛇，故怠。	庄子善体物情，只此数句形容殆尽。妙矣哉！妙矣哉！	
《秋水》	惠子相梁……仰而视之曰"吓！"今子欲以子之梁国而吓我邪？	世道交情，观此可以发一长笑。庄生直为千古写出鄙夫鄙怪之态，只以一字形容之。妙哉！妙哉！	
《田子方》	吾闻子方之师，吾形解而不欲动，口钳而不欲言。	解形钳口，写出傥然自失之意，甚真切。庄子善体物情类如此。	

篇　名	《庄子》原文	陆西星的相应评点	描摹的对象
《逍遥游》	野马也，尘埃也……亦若是则已矣	到此分明模写一段造化之妙。天之苍苍以下，又形容出一气际天蟠地，纲缊交密之状。	场景/场面
《山木》	君其涉于江而浮于海……君自此远矣！	庄子善体物情，等闲发出送行二句，宛然离情别思，渭城朝雨之词，不是过也。	
《天地》	至德之世，不尚贤，不使能……是故行而无迹，事而无传。	写出一段上古风气	世风

从表 3-1 中，可以看出陆西星只是点出他所发现的《庄子》善体物情之处，而少作生动形象的描述和对读者具体细致的引导，与清人《庄子》散文评点在此方面取得的成就存在着一定距离。但陆西星一两句的精到评述，却给《庄子》的阅读、欣赏指点了门径，依其门路来体会《庄子》，确实能够体会出庄文如画的艺术魅力。此外，陆西星的评点虽然简单，但为清代《庄子》散文在此方向上的进一步发展夯实了基础。

　　"情"。《德充符》篇末，记录了庄惠之间关于情之有无的一场论辩，在这场论辩中，庄子亮出了他的"情观"："吾所谓无情者，言人之不以好恶内伤其身，常因自然而不益生也。"学者们据此提出庄子不是无情论者的观点，认为庄子不反对情感，无好恶、因自然的情感都在其接受范围之内。代表庄子理想人生境界的至人形象，也是超越喜怒哀乐、凝神内顾的最高典范。庄子希望自己拥有不伤身的情感和平和的心态，力避激烈的情感。然而，污秽的现实、荒唐的历史，终然激起庄子深彻的哀与愤，他将这种情感流注到了《庄子》中。在其寂寞无为的理论背后，后人掘得了《庄子》的这根情感筋脉。如明人陈子龙的《庄周论》称庄子是乱世之民，而"乱世之民，情懑怨毒"，庄子"刺诟古先以荡达其不平之心"。再如清人胡文英在《庄子独见》中言"漆园之哀怨在天下"、"在万世"。陆西星亦具只眼，他看到了《庄子》"激切之语"①的存在，把握到《庄子》文章的情感特性，陆西星集中强调了庄子的愤悱之情：

> 重生圣人是重利盗跖也，盖极厌世俗之愤辞。(《南华真经副墨·胠箧》)
> 今天下皆惑于斯人，而予独欲有所愿往，谁与从之，又自悲已。盖深有所激而愤悱之词。(《南华真经副墨·天地》)
> 篇中重重譬喻，皆愤世嫉邪，极言世道不可挽回之意。(《南华真经副墨·天运》)

透过文字细心体会庄子思想，以三言两语的点睛之评，泉涌出猖狂叛逆的"社会异类"喷火般的愤然之情。歇斯底里的感情宣泄虽然淋漓痛快，但如此一成不变地泄愤，只能演变为无意义的情感叫嚣。庄子的幽默、阔达与对世事的洞悉，将这种激烈的愤慨转化为另一种机智的发泄形式：戏谑、嘲讽，在真真假假的寓言故事中嘲笑、戏弄一切不入其眼的现象。表面上看，庄子是在娓娓道述一个个饶有趣味的寓言故事，而在故事的背后是他锋如利刃的谑讽，其力量来源依然是那股与世违忤的激愤。陆西星看到了庄子这种谑讽的情感表达形式，他以"戏剧"一词来描述他的这个发现。"戏剧"一词，最早出现在宋人林希逸的《庄子口义》中，被其视为《庄子》之眼目，陆西星继承发展了林希逸的观点。"戏剧"一词在《副墨》中出现过六次，有两层含义：虚构和嘲讽。虚构之义表达了陆西星对《庄子》艺术手法的理解，如《大宗师》："闻之副墨之子以下，皆庄子巧立名字，大是戏剧。"再如《至乐》："此自《老子》：'天下大患，谓吾有身。自吾无身，复有何

① 陆西星：《齐物论》，《南华真经副墨》，无求备斋庄子集成续编本。

患?'上,撰出一段寓言,直是戏剧。"在余下的五次运用中,"戏剧"之意均有嘲讽、戏谑的意味:

> 庄子且不说破,直连举三事作譬,用以戏剧惠子。……求唐、斗舟二喻,深可绅绎。一则喻其失之也远,一则笑其虽夜半无人,亦将斗不去也。庄子之文,善于戏剧,此类可见。(《南华真经副墨·徐无鬼》)
> 此段戏剧世儒无实得而专以剽窃古人为事者。(《南华真经副墨·外物》)
> 《盗跖》篇讥侮列圣,戏剧夫子,盖效颦庄老而失之者。(《南华真经副墨·盗跖》)

"戏剧"方式的坚强后盾是庄子的愤世之情,它传达了庄子的愤怒,却又不仅仅限于愤怒情感的传达,也许里面还杂糅了庄子面对自己所不屑的对象时,产生的那种复杂而难以言说的感情。陆西星用"戏剧"一词,统括起他所捕捉到的这种复杂微妙的情感。虽然这种表达模糊而含蓄,但却得到了受过传统文化熏陶的接受者的认同,后人也往往能够通过"戏剧"一词领会庄子的情韵。经林希逸、陆西星二人的努力,"戏剧"成为《庄子》散文评点中的一个重要范畴。

"味"。"味",本为形下意义上描述口体感觉的生理概念,后经陆机、刘勰、钟嵘、司空图、杨万里等人的发展转化,演变为形上意义的审美概念,成为古代文论体系中重要的美学范畴。在客体作品层面,"味"乃指作品的审美特征,突出强调其内蕴的丰厚和言外之美;在审美主体层面,则指主体经涵咏、妙悟等途径而进行的内观式的审美活动,以及由此而得到的美感体验。陆西星在《庄子》散文评点研究中使用了"味"的美学范畴。《副墨》中明确运用"味"的美学范畴而进行的评点如:

> 1. 上正言臣子义命,以解其两病之忧,此则教以为使之道,曲尽人间情状。熟于世故者,方知有味。(《南华真经副

墨·人间世》)

2. 末复结以一二语结之，舍夫种种愨实之民，而悦夫役役御人之佞；释夫恬澹无为之治，而悦夫哼哼哼复之意。不知役役哼哼求治天下，而天下已乱矣。结句软美，有无穷趣味，深可咏叹。(《南华真经副墨·胠箧》)

3. 此篇多有隐晦难解之语，如层峦叠嶂，争奇献怪，游涉此者，甚可新人耳目，长人意见，读《庄子》到此，不得草草，三复愈有深味。(《南华真经副墨·徐无鬼》)

4. 此老识见全自《道德》中来，抑扬阖阖，妙意无穷，读者不可草草，最宜深味。(《南华真经副墨·在宥》)

5. 此篇言圣人之德以养神守神作主，首尾却是一篇文字。中间连用六个故曰，末引野语结之，看他文字波澜。庄文中最近时好者，熟读详味妙义自见。(《南华真经副墨·刻意》)

6. 敦字甚有滋味，言天运于上，地处于下，日月往来，争驰乎其间，是谁主张是，谁纲维是，又谁居然无事推而行是也。(《南华真经副墨·天运》)

7. 此数句甚有意味。太虚之体，本自虚无恬淡，一有所动俱属妄念。(《南华真经副墨·刻意》)

在以上七条材料中，前五则材料是从审美主体角度展开的，其中前三条是对主体美感经验的描述。陆西星在对《庄子》分节断章、梳理文脉的同时，加之以细味、体悟，并在对《庄子》的主观体认中获得精神享受和审美愉悦。他借用现有美学体系中已发展成熟的"味"审美范畴，表达他在《庄子》研究过程中所获得的审美享受，同时也引导着读者利用各自既有的传统美学知识结构，依循其所提点的线索去体会《庄子》的艺术魅力。第四、五条材料中的"味"，则指的是主体的审美活动。在对《庄子》的认知过程中，陆西星强调主体对客体的整体审美直觉感知，重视体悟和理会，除以"味"来明确标示外，《副墨》中还有多处评析，如"庄子之书，字面新，文法奇，读者直谓其难解，便费阁不读，大是可惜。若仔细理会，此等说话，煞有至理"①。再如"看《南华》者，直须吐去旧日闻见，将此个造化根宗，虚心理会"②。对陆西星读《庄》重体悟的特点，陆律在《南华真经副墨序》中就有揭示，他认为《副墨》"逍遥若鲲鹏，悠扬若戏蝶，直悟性灵，不假言筌"。陆律对陆西星这种读庄、解庄的方式作了高度认可。

"味"作为审美概念的两层内涵是合为一体的，主体的审美活动和美感体验是以客体作品的审美性存在为前提的。陆西星的《庄子》评点，对审美概念"味"客体层面的含义亦有涉及。上述材料的第六、七两条即为是例。而在更多的时候，虽然《副墨》未及"味"这一名词，但在实质意义上却是在强调《庄子》无穷之"味"。如下面的例子：

> 意中生意，言外立言。(《南华真经副墨·逍遥游》)
> 首尾照应，断而复连。藏头于回顾之中，转意于立言之外，于平易中突出多少层峦叠嶂，令人应接不暇。奇哉！妙哉！(《南华真经副墨·齐物论》)
> 此篇凡四段，谓养生主者，守中顺理，利害不涉于身，死生无变于己。其意皆在言外，要人深思而自得之，所以为妙。(《南华真经副墨·养生主》)
> 厉人生子惟恐其似，乃好恶之本心也。人莫不有自知之明，而大愚大惑之人乃至终身不解、不灵，鲁厉人之不若。故设此譬欲人深思而得之言意之表。此庄文之三昧，藕断丝连，似结煞而非结煞。(《南华真经副墨·天地》)

《庄子》常借助于寓言、形象等感性形式传达深奥哲理，而且行文跌宕多变，故其意义与结构间往往存在着巨大的张力，构成意义解读的丰富性。形象可感的寓言故事固然成就了《庄子》的艺术魅力，而突破表层形式结构的深层哲理内蕴方为《庄子》的意味之源。陆

---

① 陆西星：《齐物论》，《南华真经副墨》，无求备斋庄子集成续编本。
② 陆西星：《天地》，《南华真经副墨》，无求备斋庄子集成续编本。

西星对《庄子》"言外意"的分析，是其在以"味"解庄思路指导下，对《庄子》审美特征的认识。

　　陆西星的《南华真经副墨》是明代最重要的一部《庄子》注本。在义理层面，其视《庄子》为老子之注疏，以佛理印证庄子思想。在对《庄子》的散文评点中，强调脉络、宗旨的整体性，分析《庄子》文章的关节点，将传统美学概念引入对《庄子》艺术特征的分析中。并在对《庄子》的散文评点中首创"文评"的形式，认为"《庄子》文脉具有'藕断丝连'、'草蛇灰线'之妙等全新见解"①，对后世文学评点产生重要影响。

第三节　热闹场中的文人心
——戏曲、小说创作中的《庄子》接受研究

　　在小说②、戏曲领域，现存或著录的涉《庄子》作品有小说冯梦龙的《警世通言·庄子休鼓盆成大道》③、凌濛初的《二刻拍案惊奇·田舍翁时时经理　牧童儿夜夜尊荣》，以及戏曲如佚名的《蝴蝶梦》、王应遴的《逍遥游》、谢国的《蝴蝶梦》、陈一球的《蝴蝶梦》、佚名的《鼓盆歌》、冶城老人的《衍庄》、谢惠的《玉蝶记》、佚名的《南华记》等。④ 其中后四篇作品均已亡佚，目前所存作品除佚名的《蝴蝶梦》作于元明之际外，余下作品均为中晚明文人所作，故而本节内容以中晚明戏曲、小说创作对《庄子》的接受研究为主，同时兼涉明前期同类文体的《庄子》接受研究。明代戏曲、小说创

---

　　①　方勇：《庄子学史》(第二册)，人民出版社 2008 年版，第 504 页。
　　②　本节所言小说主要指明代以话本和拟话本为代表的白话短篇小说。
　　③　现存韩国的明代佚名话本小说集《唉薤》抄本中，录有《叩盆记》小说。其情节大略同于冯氏的《庄子休鼓盆成大道》。据马美信《论〈唉薤〉与"三言两拍"和〈古今奇观〉的关系》(《明清小说研究》2000 年第 3 期)考证，《唉薤》是抄录"三言二拍"中的故事而成，而与《古今奇观》有直接继承关系，成书年代不会超过明天启年间。
　　④　具体内容可参见本书附录"明代《庄子》题材的戏曲、小说创作情况表"。

作中的《庄子》接受呈现出两个特点，即世俗化和文人化。前者指戏曲、小说创作中的《庄子》接受所表现出的向世俗趣味的靠拢，主要体现为对《庄子》典故的选择、改编，情节化的改造，和通俗性表达以及世俗化庄子形象的塑造。与此特点相应而来的是《庄子》接受的大众性和娱乐性。后者则主要就通俗文学这种文体而言的，是指在文人主体意识渗透进戏曲、小说创作中后，所带来的戏曲、小说创作的新变化，体现为合乎文人趣味的庄子面目在戏曲、小说中的现身和戏曲、小说对庄子思想的艺术再现。相应于此特点的是《庄子》接受的严肃性、厚实性和书卷气。对此二者，下文将展开具体论述。

一、明代戏曲、小说创作中《庄子》接受的世俗色彩

现存明代涉及《庄子》的戏曲、小说作品均与神仙道化有关，主人公庄子以深通方术的道教人物面目出现，并围绕着庄子度人、被人度的修道历程展开故事情节。在对神仙道化的宣扬中，作者融进了对人性的理解和对世事人情的体贴，并在通俗性、娱乐性的刻意追求中，赋予这些道化题材作品以鲜活的生命气息和真实的人间况味。投合市井口味的神仙道化题材，以及通俗文学立足大众、取悦大众的文体特性，决定了明代戏曲、小说创作中的《庄子》接受必定具有浓重的世俗色彩，具体表现为对《庄子》典故的选择、改编，情节化的改造，通俗性表达以及世俗化庄子形象的塑造四个方面，表现出对世俗大众接受习惯及其尚俗、好奇、娱乐性欣赏口味的迎合。

首先，对《庄子》典故的选择、改编。《庄子》漫衍恣肆，鬼神其文，深奥的哲理往往出之以寓言。对寓言，庄子所重不在其新奇性、趣味性，"寓言十九"（《庄子·寓言》）的大量创作是为了阐说其道的藉外之论，有着严肃而深刻的创作目的。在《庄子》的寓言中既有浪漫如庄周梦蝶，通俗如鼓盆而歌、却楚王聘者，也有抽象如齧缺问道、云将就问于鸿蒙者，他的创作一以达道为转移，寓言的可读与否则另当别论。明代涉及《庄子》的戏曲、小说在进行创

作时，除继承已有传统外①，在对《庄子》典故的采用中充分考虑到了典故是否具有吸引性这一因素。被明人纳入戏曲、小说创作中的《庄子》典故多为趣味性、故事性、通俗性较强的寓言，最常见的是庄周梦蝶、鼓盆而歌、却楚王聘、叹骷髅等。这种对通俗《庄子》典故的偏好，即使在《蝴蝶梦》(谢国)这部文人色彩很强的戏曲作品中也有突出表现。在《蝴蝶梦》关目繁盛的四十四出戏中，涉及《庄子》典故的有十余个，如庄周梦蝶、濠梁之辩、庄周贷粟、庄子说剑、叹骷髅、螳螂黄雀、却楚王聘、惠子相梁等，无一不具有很强的可读性。《远山堂曲品·逸品》对谢国的《蝴蝶梦》作出了如下评价："寤云功成而不居，在世出世，特为漆园吏写照。舌底自有青莲，不袭词家浅藩。文章之府，将军且横槊入矣。"肯定了谢国的文学成就，而"特为漆园吏写照"的评语则点出《蝴蝶梦》回归庄子本来面目的一面。由此，我们也可推知谢国对《庄子》是有着充分而深刻的认识的，他绝非喜新奇、好热闹之徒。但他在创作《蝴蝶梦》为漆园吏写照时，却无一例外地选择了故事性很强的《庄子》典故，体现了其顺应文体要求而作出的通俗化努力。

在对《庄子》典故的运用中，创作者大多对之作了不同程度的改造，而以鼓盆而歌典故向庄子试妻故事的转化最具质变性。这一故事在元明之际佚名的《蝴蝶梦》中便已形成，随后冯梦龙的《庄子休鼓盆成大道》、陈一球的《蝴蝶梦》沿用了此一套路。目前，学界多推定此一故事是据《庄子》典故在民间传说的基础上改编而成的。在《庄子·至乐》中，庄子在妻子死后鼓盆而歌，这一举动在礼法之士看来是难以理喻的，惠施就表达了对庄子行为的不解。庄子言"是其始死也，我独何能无慨然"，明确表示了他对妻子的一片真情厚意，继而他解释了他之所以如此行事，是因为参悟了生命应顺应自然，达观对待生死的道理。这一贴近生活又极具思想冲击力的典故在社会下层流传时，故事的面貌渐渐发生了改变。在历史的进

————————

①　如庄周梦蝶的典故，元代有据《庄子·齐物论》敷演而成的《老庄周一枕蝴蝶梦》杂剧，明代也出现了不少吸纳了此典故的戏曲、小说，如谢国的《蝴蝶梦》、佚名的《蝴蝶梦》、冯梦龙的《庄子休鼓盆成大道》等。

程中，下层社会会是推动社会进步的新思想的发源地，而往往也会是旧有保守思想最为坚定而自觉的后盾，而这种自觉又常会被封建卫道士们所利用，对之作夸大宣传，从而达到强化礼教束缚力量和安稳统治秩序的目的。对庄子寄寓于此典故中的深刻思想，民间百姓尚不能完全理解而只被表面的热闹形式所吸引，他们对故事的结局作出了合乎其思想观念和认识水平的理解和推测，于是庄妻被演变出了为一己私悦而劈棺取亲夫脑髓的丑恶嘴脸，在利斧高举的同时，原本《庄子》中的夫妻真情荡然无存，而至此，故事也完成了它的彻底蜕变。

其次，《庄子》典故的情节化改造。这是明代戏曲、小说创作者们在运用《庄子》典故进行创作时的着力点之一，具体体现在细节设计的趣味性、典故新奇性的再运用和典故构织情节的曲折性三方面。在细节设计的趣味性方面，可以谢国《蝴蝶梦》"观鱼"一出戏为例。作者在利用濠梁之辩的典故结构情节时，不满足于原有典故的已有趣味，而是在此基础上进行再创造发挥，进一步助添故事的趣味性。濠梁之辩是庄子与惠施之间一场智者的对话，是诗性与逻辑的一番较量。春日的河边，两位智者在探讨鱼快乐与否的话题，这本身便是一个足佐谈资的内容。谢国的《蝴蝶梦》"观鱼"一出戏写了庄子、惠施、监河侯三人一起出游踏春的情节，在河梁之上庄子与惠施的对话中，作者融进了《庄子》濠梁之辩的典故，二人的对话可谓直接就是《庄子》原文的白话转译。谢国对此典故的趣味性生发着重体现在僮仆驯鹿的插话细节的设计上，驯鹿对二人的争辩表达了自己的看法："比如小人心里快乐，［作踢打介］，便手之舞之，足之蹈之起来。方才那鱼跳起这样高，这不是他快乐?"①僮仆的切身理会和质朴的换位思考，以及作者对其相应动作的设计，令读者在观看、想象的时候，不禁会被小童的可爱言行逗引起兴趣，为之会心一笑。故由此一细节的设计所带来的趣味感，便原非是濠梁之辩的《庄子》原典套用所可比拟的了。

---

① 谢国:《蝴蝶梦》("观鱼")，郑振铎主编:《古本戏曲丛刊》(三集)，古籍出版社 1957 年版。

　　戏曲、小说作品在典故新奇性地再运用方面的努力，往往是通过神仙、方术等内容的介入来实现的，在庄周梦蝶、遇骷髅、庄子妻死三个典故的改造使用中表现得最为突出。如冯梦龙《庄子休鼓盆成大道》的小说在写庄周梦蝶的故事时，加入了老子点破庄子前世的内容，庄子前世乃混沌之初的白蝴蝶，因得日月之秀而长生不死，翅大如轮，后因偷采花蜜而为王母娘娘位下的守花青鸾啄死。精气不散而托生为庄周。而在遇骷髅、庄子妻死的故事中，作者则充分调动了方术伎俩。被点化后的枯骨能言善辩，拥有活人般的情感、思想；幻化出的楚王孙真真假假，假假真真，在庄妻为之心动神摇，情不能已时，庄子的幻术又让楚王孙在人间突然蒸发。这些神仙方术类的东西原本是不入作为知识精英的儒士文人之眼的，明代庙堂上便出了不少因谏阻皇帝斋醮而得祸的文臣儒士，更何况是这类等而下之的虚幻荒唐的方术伎俩、神仙传说。不过，这些内容倒是颇为村妪野夫、市井小民们所津津乐道。于此，便可见出明代文人在戏曲、小说创作中为迎合大众口味所作出的努力。

　　在典故构织情节的曲折性方面，以谢国的《蝴蝶梦》最具代表性。谢国的四十四出《蝴蝶梦》传奇，写了庄子受仙人点化，立志修道，最终功行圆满飞升成仙的故事。十余个《庄子》典故在作者的精心组织下被填充到这个故事框架里，从而支撑起大半个庄子修道成仙的故事。在《蝴蝶梦》里，庄子修道是故事的主线，在此主线下又派生出庄妻、惠施、监河侯等多条线索，情节穿插呼应，多线并进，结构了一个充满戏剧感的庄子修道故事。我们可以庄子度化惠施的故事为例，来观此传奇情节曲折的特色。庄子受仙人点化后练就金丹，为求功行圆满而去梁国济度惠施。虽然惠施终未为其所动，但度化过程中却充满了波折，庄子险些丧命。庄子到梁国后，初未见惠施时，却遭到了惠施漫天遍地的搜捕。庄子施展方术易容变化后方才躲过此难，见到惠施弄明事情原委讲清原因后，二人才得以尽释前嫌。追其缘由，庄子此难皆因监河侯的手书所致。监河侯迷恋丹术，被两个冒以庄子名义的骗子骗取了大量钱物。监河侯遂以为庄子是因其曾向己贷粟不成，而故意指使此二人报复自己。监河侯心中不平，恨意难消，因知庄子要去梁国见惠施，于是便巧织名目致书惠施，欲假其手除掉庄子。于是便有了惠施不分昼夜搜捕庄子的场面。而在此情节之前，庄子、惠施、监河侯三人相与友善的关系以及庄子贷粟于监河侯的故事，便已早早地在前文作了叙述。原本一个简单的度化故事，却枝缠叶绕，一波三折，这里面有《庄子》典故的原始内容在其中，也有作者对情节曲折性的有意识追求和对《庄子》原典的生发改造。在对曲折情节有意识地结构中，《庄子》里原本互不相干的庄周贷粟、惠施相梁、螳螂黄雀等典故被有机地串联在一起。沿惠施、监河侯一线的这一故事，并非集中连续地加以叙述的，而是在不相连接的数出戏中完成的①。此亦可看做作者为增加故事趣味性而作出的努力，作者在不停地讲述着一个个小故事，直到整个故事完毕，方才发现它们原来是彼此勾连牵缠的，体会到在每个小故事中作者用只言片语所设下的伏笔之妙，情节的趣味性在这样的结构方式中得到充分的彰显、发扬。

再次，《庄子》典故的通俗性表达。作为通俗文学的明传奇、杂剧和白话小说是以广大民众为接受主体的，这决定了此种文学样式不仅要有合乎百姓审美趣味的题材、情节、人物，传达他们的思想感情，而且要有能为其所把握和接受的外在形式，语言的通俗易懂成了通俗文学外在形式的首要特性，如此才能保证通俗文学样式在民间的生命力。明代戏曲、小说在运用《庄子》典故进行创作时，在外在形式层面上也对之作了相应的通俗化处理：用通俗易懂的语言转述《庄子》中的典故、语句。如庄周梦蝶的典故，《庄子》中的表述为：

> 昔者庄周梦为胡蝶，栩栩然胡蝶也，自喻适志与！不知周也。俄然觉，则蘧蘧然周也。不知周之梦为胡蝶与，胡蝶之梦为周与？周与胡蝶，则必有分矣。此之谓物化。

---

① 这几出戏分别为第二出"蝶梦"、第五出"贷粟"、第七出"赵聘"、第八出"诱度"、第十五出"试凡"、第十六出"遇师"、第十八出"旁参"、第十九出"悟道"、第二十一出"弹鸟"、第二十四出"丹给"、第二十九出"赚贪"、第三十七出"谗妒"、第三十九出"遭逻"、第四十出"谒惠"。

冯梦龙的《庄子休鼓盆成大道》则是这样来描写的：

> 庄生常昼寝，梦为蝴蝶，栩栩然于园林花草之间，其意甚
> 适。醒来时，尚觉臂膊如两翅飞动，心甚异之。

从对两段文字的对比中来看，冯氏的语言相对简单、直白，口语化
的色彩也更为强烈。如在传达庄周梦中化为蝴蝶自由飞翔的惬意
时，冯氏"其意甚适"的用语要比庄子"自喻适志与"的表达简单且
易理解得多。而且冯氏也注意到了对生动形象的语境的构筑，"园
林花草"这类常见物象的使用，以及"尚觉臂膊如两翅飞动"的感觉
描写，使庄周梦蝶的故事更加形象直观。中晚明文人对戏曲、小说
创作的介入，将文人的炫博等癖好带入其中，反映到《庄子》题材
的戏曲、小说中便是在作品中夸耀其对《庄子》典故、语句、意象
的熟悉和了解，但这些典故、意象、语句在具体表述时都采用了通
俗化的语言。如王应遴在其《逍遥游》中所设计的小道童的开场白
里，便大炫了一把他对《庄子》的熟悉：

> 几曾见五十只牛做的钓饵？几曾见三只脚的鸡公？几曾见
> 荫庇千里的树？几曾见翼若泰山的鹏？几曾见五十一岁不闻道
> 的孔子？几曾见五个月会说话的孩童？几曾见长于蛇的乌龟、
> 白于雪的黑狗？几曾见烧不热的火？能与蛇两个讲话的风？

涉及了《庄子》中的《逍遥游》《人间世》《天运》《秋水》《山木》《外
物》《天下》等文章，并提到一些如三脚鸡、黑狗白、火不热等即使
是在文人传统文学作品中出现频率也不高的《庄子》中的只言片语。
但作者在对这些典故、意象、语句进行表达时，都作了通俗化的处
理，故而读起来不仅不会感到抽象枯燥，反而助添了杂剧的新
奇性。

最后，世俗化庄子形象的塑造。在历史上，庄子有不同面貌。
在《庄子》和后世文人眼中，庄子豁达洒脱，勘透世情又愤世嫉俗，
是傲士，是隐士，是愤青，是达生之士，是真情纯挚之士。在道教

系统里，唐玄宗追号庄子为"南华真人"，宋徽宗又追封其为"微妙无通真君"。在道教体系里，真人与仙人都是道教徒尊崇、仿效的对象，但在品级上，真人要高于一般仙人，是经由帝王册封的，拥有无上的世俗荣誉。而在明代戏曲、小说领域中，无论是从平凡人的角度还是道教人物的角度，庄子都发生了世俗化的转变。

从平凡人的角度看，明代戏曲、小说中的庄子失去了他在历史上的崇高光辉，虽然作品仍有所标榜庄子的高洁、贤达，但终究掩不过在故事的实际展开过程中所描绘出的世俗庄子形象。这在佚名的《蝴蝶梦》（杂剧）和冯梦龙的《庄子休鼓盆成大道》中表现得尤为明显。前者作于元明之际，而后者据目前学界对"三言"的研究来看，尚不能确定其产生的年代，但可肯定的是，此作定为冯梦龙对他人作品的改编。从两篇作品力破夫妇之情，仇视女人的创作出发点，几近雷同的故事情节，以及部分相似的人物语言①来看，《庄子休鼓盆成大道》的底本当与《蝴蝶梦》相去不远。两者相较而言，冯氏作品的世俗味要浓一些，艺术成就相对较高，而《蝴蝶梦》的仙化气息则较重，但两篇作品在成功树立庄子的世俗男人形象方面取得了一致。故事中的庄子是一个有着强烈男权思想的人物，他的身上带着那个时代的性别、婚恋文化思想的烙印。他漠视女性的存在价值、人性欲求，无论生前还是死后，他都要在灵与肉上完全支配、独占在他看来是属于他的女性。所以，他不愿看到女人改嫁，而希望女人用她们的青春韶华作男人的献祭。如庄子远游归来后以及假死之前夫妻间的两段对话，便鲜明体现了庄子的这种男权意识。对这两段情节，冯梦龙的《庄子休鼓盆成大道》是这样写的：

---

① 两篇作品相似的语言如冯梦龙的《庄子休鼓盆成大道》中有"生前个个说恩深，死后人人欲扇坟。画龙画虎难画骨，知人知面不知心"。"可惜前日纨扇扯碎了，留得在此，好把与你扇坟！"的话。在佚名的《蝴蝶梦》中也有类似的语句如："生前个个说恩爱深，死后人人欲扇坟。正是画皮难画骨，知人不知心。""可惜那柄扇儿毁坏，若留得在此，你可去扇坟。尸寒土干，好去重婚再连姻。"

　　田氏闻言大怒。自古道：怒废亲，怒废礼。那田氏怒中之言，不顾体面，向庄生面上一啐，说道："人类虽同，贤愚不等。你何得轻出此语，将天下妇道家看作一例？却不道歉人带累好人。你却也不怕罪过！"庄生道："莫要弹空说嘴。假如不幸，我庄周死后，你这般如花似玉的年纪，难道捱得过三年五载？"田氏道："忠臣不事二君，烈女不更二夫。那见好人家妇女吃两家茶，睡两家床？若不幸轮到我身上，这样没廉耻的事，莫说三年五载，就是一世也成不得，梦儿里也还有三分的志气！"庄生道："难说！难说！"田氏口出詈语道："有志妇人胜如男子。似你这般没仁没义的，死了一个，又讨一个，出了一个，又纳一个，只道别人也是一般见识。我们妇道家一鞍一马，到是站得脚头定的，怎么肯把话与他人说，惹后世耻笑！你如今又不死，直恁枉杀了人！"就庄生手中夺过纨扇，扯得粉碎。庄生道："不必发怒，只愿得如此争气甚好！"

　　过了几日，庄生忽然得病，日加沉重。田氏在床头，哭哭啼啼。庄生道："我病势如此，永别只在早晚。可惜前日纨扇扯碎了，留得在此，好把与你扇坟！"田氏道："先生休要多心！妾读书知礼，从一而终，誓无二志。先生若不见信，妾愿死于先生之前，以明心迹。"庄生道："足见娘子高志，我庄某死亦瞑目。"说罢，气就绝了。

佚名的《蝴蝶梦》中也有类似的情节，只不过更为简略而已，故而不再引述。对孀妇扇坟急嫁的亲历亲闻，让庄子在心中深深埋下了感情的疑根，远归到家后不久便与妻子因之发生了口舌之争。面对庄子莫名的怀疑，其妻一再示以贞心，但这并不能消除庄子对情感的怀疑。他反复用不温不火的言语反激田氏，在充满怀疑和醋意的话语表层下是庄子要如花似玉的田氏为之守节的内心愿望。最后，在田氏信誓旦旦下，庄生方才气绝瞑目。这里面既有封建礼教思想时代性的控制，也有故事主人公庄子一己自私自利的阴暗打算。孀妇扇坟的事件给了他极大的触动，让他看到了他最不愿看到的一面，激发了他要以假死试妻的方式来确证他在婚姻、男女关系中的独统地位。他实践了他的想法，但他失败了，败给了自然的人性欲望，所以他伤心欲绝，最终彻底遁入道门，回避令他伤心而不可左右的现实。

故事中的庄子又表现出对真情的极度重视。孀妇扇坟刺激了敏感多思的庄子对真爱的思索：真爱是否确实存在？它是可把握的吗？是否会随一方的逝去而消失？它到底可以持续多久？孀妇扇坟激起的心下不平，搅扰了他对此一问题冷静而理性的思索，他过早地对他所思索的问题作出否定性判断。而对自己思考得出的这个结论，却又心有不甘，所以他不惜采用了假死的极端方式对此结论再加求证。但当现实宣告其结论的正确性时，他的心理防线彻底崩溃了，在依旧镇定的外在表现下是心的慢慢死亡，而哀莫大于心死。冯梦龙和佚名的两篇作品，都描写了庄子在意识到真爱无存时的痛苦。佚名的《蝴蝶梦》写庄子遇到扇坟妇参透男女之情后，庄子哭了，杂剧描写到"〔生哭介〕我将世情一发看破了"。自古言男儿有泪不轻弹，从庄子的泪水里我们可以读解到真情对于庄子的意义，在这泪水里面有庄子真情理想破灭后的绝望和伤心。冯梦龙的《庄子休鼓盆成大道》对庄子面对真爱无存时的痛苦，描写得更为细腻传神。劈棺后，庄子从棺木中缓缓走出，一路无语直抵房中。当田氏巧言辩饰时，庄子方才一一诘问，直到田氏无言可答。这时庄子"放开大量，满饮数觥"，最后"庄生饮得酒大醉"，提笔写下四句诗："夫妻百夜有何恩？见了新人忘旧人。甫得盖棺遭斧劈，如何等待扇坟干！"庄子看透了田氏无情无义、负心失义的嘴脸，却表现得异常平静，没有愤怒激烈的言行，但那满满的杯中之物在此时胜过了一切，内心的痛苦在开怀痛饮中得到尽情宣泄。这种对真情的执着原本潜含着真纯超越的品质，但在这两个故事里，真情却是伴随着庄子对情感的狐疑、对妻子的不信任以及千方百计对妻子的试探而展开的，如此一来，真情的世俗化色彩便凸显了出来。

从道教人物的角度看，除凌濛初的《田舍翁时时经理……》外，明代的戏曲、小说作品中的庄子都是以尘世间虔诚修道者的面目出现的。这些庄子形象或是秉有慧根，被高人、仙人点化而入道的被度者，如冯梦龙的《庄子休鼓盆成大道》、佚名的《蝴蝶梦》；或是即已得道，为求功行圆满而济度世人的道人，如王应遴的《逍遥游》；又或是被人度又去度人的修道者，如谢国的《蝴蝶梦》、陈一球的《蝴蝶梦》。在作品中，庄子的思想情感一如凡人，唯一的特殊之处只在于他手中所掌握的方术。这样的庄子形象与道教中南华真人的面目已有了一定差距，这是世俗趣味改造的结果，也是明清以来道教世俗化发展趋势在神仙道化题材的戏曲、小说创作中的反映。

二、明代戏曲、小说创作中《庄子》接受的文人色彩

明代戏曲、小说发展过程中的一个突出现象是文人对创作的积极参与和介入，及其审美趣味、偏好对戏曲、小说雅化转变的引导。戏曲、小说在雅化过程中向文人传统靠拢的表现有三点，即文人题材比重的增加、抒写胸中块垒的创作目的的凸显和戏曲、小说体制的日趋规范、典雅化，与此相应的是戏曲、小说在其娱乐性之外，增添了严肃性、厚重性和书卷气。原本传演于勾栏瓦肆、市井里巷的戏曲、小说走进了文人的书斋，搬上了文人的案头。虽然依前所述，明代涉及《庄子》的戏曲、小说作品体现出了强烈的世俗色彩，但从庄子的历史哲人而非市井小民的身份角度依然可以见出其中的文人运作。在文人化的大趋势下，明代庄子题材的戏曲、小说作品不同程度地表现出文人的趣味，具体体现为以下几点：

首先，创作中文人主体意识的增强以及创作目的的个体化回归。随着中晚明市民经济的恢复、发展，市井文化迅速升温，世俗化成为明代文化的一大走向。明代文人不论情愿与否，都在世俗化潮流的裹挟下进行着艰难的蜕变。而文人对自身士人身份的始终认同，使其在融入世俗文化、市井社会的同时又游离而出，以不同的方式与"俗"保持着距离。表现在文学领域，一方面，文人大力倡导并亲身创作通俗文学作品；另一方面，又以文以载道的传统模式去规定通俗文学，要求作品"导愚"、"适俗"①，"意存劝戒，不为

---

① 冯梦龙：《醒世恒言序》，上海古籍出版社1987年版。

风雅罪人"①；又或者以自娱、自寓的文人意趣从事创作，凌濛初的"二拍"固然是应书坊主的请求而写作的，同时也是"聊舒胸中磊块"，"以游戏为快意耳"②的主体自我抒发。谢国《蝴蝶梦》"第以遣闲，原非规利"③的创作初衷，是戏曲案头化的反映，也是文人主体意识在戏曲文学领域中的蔓延。再如陈一球有感于婚姻不偶，感愤解忧而作《蝴蝶梦》传奇。对此，清末学者孙衣言在其著作《瓯海轶闻》中指出："一球为人义侠，以气节自许，顾数奇，不偶者二十余年，牢骚之气发于诗歌及《蝴蝶梦》、《松石亭》诸篇，感愤解忧一时并集，令读者欲哭欲笑。"文人对戏曲、小说的参与，使之摆脱了书肆的控制和对世俗趣味的刻意迎合，提升了戏曲、小说的艺术水准，增加了其文化含量。也使文人在诗文赋等传统文学样式之外，找到了另一种寄托情感、表现自我，甚至是济世、治世的途径。文人的创作习惯在一种新的文学体式中得到延续。

其次，神仙道化故事中表现出的对全真教派的偏好。全真教产生于金元之际，衰落于明清二代，是在儒释道三教合一思想和道家内丹理论的基础上诞生的。其基本教义是三教融通、性命双修、禁欲主义和功行并重，此派道教徒多曾为颇具文化素养的儒士文人，是道教流派中理论素养较高的一支，也是最受文人欢迎的一支道教流派。涉及《庄子》的戏曲、小说在构筑神仙道化故事时，大多吸纳了全真教的因素。在词语使用上，"火宅"、"金枷玉锁"等全真教用语在戏曲、小说作品中多有出现。具体情节的设计上也体现出全真教思想的影响，如被度者往往是在高人的提点下，领悟到富贵、名利等外在欲望的虚幻、肉身的可鄙可厌从而悟道的。入道后，在对人生的悲观性认识下苦修济世，积功累行以求长生。于此反映的是全真教通过消除欲望，净化心灵，而非肉体不死的途径来寻求长生永恒的思想和功行双修的理论。戏曲、小说作品表现出的

---

① 凌濛初：《二刻拍案惊奇·小引》，上海古籍出版社 1983 年版。

② 凌濛初：《二刻拍案惊奇·小引》，上海古籍出版社 1983 年版。

③ 谢国：《蝴蝶梦·凡例》，《古本戏曲丛刊》（三集）本，古籍出版社1957 年版，第 1 页。

对全真教远过于对符箓之类道教迷信的兴趣，充分体现了文人趣味在选择宗教思想结构仙道故事时的主导作用。

最后，情节的吸引性对义理阐说的退让。舞台搬演吸引观众的需要和书商们抢占消费市场的利益刺激，要求面向大众的戏曲、小说必须具备足够的魅力，构成作品的诸因素必须全方位迎合世俗趣味。而文人参与到戏曲、小说的创作中后，在顺应此类文体既有规定的同时，也对之作了文人化的改造。文人对作品深度的习惯性追求，不自觉地强化了作品的说理味道。如王应遴的《逍遥游》杂剧所编织的庄子度化梁栋的故事。此剧情节非常简单，即庄子通过点化骷髅令梁栋于生死关头参透名利二字后而入道的故事。并且在故事的展开中加入了大段人物独白和关于名、利、三教合一等内容的探讨，从而大大放缓了故事的流动性，降低了杂剧的舞台效果。作品的文人化色彩在情节的淡化和义理的凸显中得到进一步体现。

相应地，明代戏曲、小说作品中的《庄子》接受也表现出了世俗化色彩之外的另一种特性：文人化，具体体现为合乎文人趣味的庄子面目在戏曲、小说中的现身和戏曲、小说对庄子思想的艺术再现。

首先，合乎文人趣味的庄子面目在戏曲、小说中的现身。这在谢国的《蝴蝶梦》和王应遴的《逍遥游》中体现得最为明显，如下面的三段文字：

> 【鹧鸪天】小生姓庄名周，字子休，本贯蒙县人也。幼读《八索》、《九丘》之书，长负内圣外王之学。直窥道奥，久传柱下之薪。独领玄宗，时借尼山之错。只因世道交丧，坚白异鸣，子已亡而弗求，寐既魇而未觉。是以糠秕尧舜，戏剧圣贤，不辞立论之高奇，欲振普天之聋聩。
>
> ——谢国的《蝴蝶梦》
>
> 威王币聘柱临门，蝶梦醒来自鼓盆。看破利名如幻泡，《南华》著就百千言。自家姓庄名周，表字子休，道号南华真人，本贯睢阳蒙城人氏，裔出楚庄，以谥为氏。身为楚吏，职司漆园，慨叹世情，逍遥物外。目今春秋之后，世道陵夷，七

雄启疆，功利相尚，因崇有而大盗，饰礼训奸，缘主法以为邪，任智速乱。哀哉纯素不体，惜矣玄珠顿亡。遂致尧舜之德无所行，甚且孔孟之说无所用。贫道心怀愤嫉，劝化无由，因而著就《南华》，寓言有意。奈人皆以异端黜我，然我不以同流望人。不知我言虽反经，阴实卫正，恶流之浊，共澄其源。譬之入山适河，均之期于抵越，亦如乌头钟乳，总之只要病痊。咳，世间人百病缠身，最难医是"名"、"利"两字。

（道童言）……几曾见五十只牛做的钓饵？几曾见三只脚的鸡公？几曾见荫庇千里的树？几曾见翼若泰山的鹏？几曾见五十一岁不闻道的孔子？几曾见五个月会说话的孩童？几曾见长于蛇的乌龟，白于雪的黑狗？几曾见烧不热的火？能与蛇两个讲话的风？那里挨经傍注，真个有影无踪！后来那，这些文人、才子、秀才、相公偷得他几句残言剩语，一嵌嵌在那文字之中，便道笔力遒劲，称他是词匠文宗。咳，不知教尽了世间多少人荒唐为志，又不知变尽了普天下多少人诳诞成风！

——王应遴的《逍遥游》

由上面的文字，我们可以看到虽然两篇作品讲的依旧是神仙道化的故事，但在庄子的自我介绍和道童对庄子的评价中，庄子形象淡去了烂漫虚幻的气息，而多了实实在在的感觉，这种感觉是源于作者对庄子相关史料的熟悉和创作中对其所理解的庄子本来面目的自觉追求。两段庄子的自我介绍既包括了合乎《庄子》本意的，如淡泊名利、逍遥物外、高奇之论是有感于世道交丧而发的、著《庄子》以寓意等内容；同时也包括了后代文人在《庄子》接受过程中所形成的对庄子的认识，如庄子对儒家思想的熟悉，以及表面上的儒家异端而实际上的拥趸者等内容。道童的评价则是从《庄子》文学影响力入手的，对其文学才华给予了高度评价，称庄子是"词匠文宗"。在庄子接受史上，这两篇作品的三段文字中所表现出的对庄子的认识无甚新意可言，但无一例外都是文人普遍感兴趣的话题。将严肃的文人话题引入戏曲、小说这种通俗文体中，对于此种文体创作而言无疑是一种新鲜的尝试，对人们关于戏曲、小说创作中的

《庄子》接受世俗性的先入认识也会是一种很大的挑战。文人趣味的庄子形象在戏曲、小说中的出现，对戏曲、小说这种通俗文学的《庄子》接受而言，算得上是创新性的接受。但文人意识的过多介入会很快地抹杀掉原生态通俗文学的鲜活生命力，影响其异于文人创作的那些特性的自由发挥和发展，最终使之步诗文之后尘，庄子在戏曲、小说中所形成的新的形象也因之无法得到充分发展而失落。

　　合乎文人趣味的庄子形象，还表现在具有三教合一思想的庄子形象的塑造上，王应遴《逍遥游》中的庄子形象便是如此。庄子在开篇的自我介绍中，便点出自己"言虽反经，阴实卫正"的融合儒道的立场。而在成功度化梁栋之后，道童、梁栋与庄子的一番对话进一步将庄子塑造成三教合一式的人物。对道童关于伯夷、盗跖均死名而孰轻孰重的疑惑，庄子作出了完全儒家化的解答："你不晓得流芳百世，遗臭万年么？所以说饿死事极小，失节事极大。"这番解答甚至可以说就是理学家的口吻。而在关于生死的问题上，庄子甚至断然否定了道教的长生理论，而认同佛教的无生论："长生不若无生，此是佛教超于道教"，并以佛教理论对心性修持进行了一番发挥。在戏曲的最后，庄子作了归纳性的总结："释道虽分二途，与儒门总归一理。但做心性工夫，三教岂分同异？"直接点出了三教一致的思想。从北宋开始三教合一思想便已成为社会潮流，时至明代，儒、释、道之间的火药味几乎荡然无存，三教间彼此吸纳，共同发展，成为明代社会中非常突出的文化现象。文人对三教融合的关注多是从哲学层面展开的，重视三教义理的融合，而对形而下的宗教崇拜诸事项的融合的关注则相对少些。从《逍遥游》中庄子对"心性工夫"、生命理论的论说中，可以肯定地判断出其文人兴趣的关注角度。因此，可以说作品中塑造的三教合一的庄子形象，体现的是通俗文学中《庄子》接受的文人化色彩。

　　其次，戏曲、小说对庄子思想的艺术再现。戏曲、小说诞生于民间，其原始功能本是娱乐大众，庄子思想在戏曲、小说中的出现增加了作品的意义含量，无疑也是文人趣味在作品中的反映。在神仙道化故事里，度化能否成功关键在于被度者是否了悟到了富贵、名利等外在欲望的虚幻，以及生死执着的虚妄可笑，所体现的是全真教思想对此类戏曲、小说创作的影响。在庄子题材的戏曲、小说中，这种创作模式不仅体现了全真教教义的影响，而且也是对庄子外物、齐一生死等思想的艺术化再现。王应遴的《逍遥游》破除名利之执，凌濛初的《田舍翁时时经理……》看透富贵无常的本性，谢国的《蝴蝶梦》参透生死大关，冯梦龙的《庄子休鼓盆成大道》摒除情欲的迷误，陈一球的《蝴蝶梦》则对富贵、名利、情欲等的一齐参破，都是设计在不离庄子本然面目的文学庄子形象的见证、参与下完成修道历程的故事。在虚构性的故事中，作者采用各种手段提点读者去注意故事与历史上的真实庄子间的关系，或者用确凿的史料去勾画庄子的面目，如王应遴的《逍遥游》和"编中多用《南华》事实"①，"特为漆园吏写照"②的谢国的《蝴蝶梦》；或者在虚构的故事里反复强调故事与庄子的关联，如凌濛初的《田舍翁时时经理……》在牧童故事开始前，便点出庄子著有《南华经》，故事是"因此起"的。在完成牧童参悟富贵如梦而入道的故事后，作者又言"看官不信，只看《南华真经》有此一段因果"。这段因果指的便是庄子人生如梦、破除富贵等欲望之执的思想。在作者这种有意识地结撰、提点下，作品产生的艺术效果往往堪比《庄子》思想的影响，并在文人圈子的阅读、欣赏中得到肯定性的评价。如祁彪佳《远山堂剧品·曲品》评王应遴的《逍遥游》时，言其"尺幅中解脱生死、超离名利，此先生觉世热肠，竟可夺南华之席"。再如茅元仪在观看谢国的《蝴蝶梦》传奇的演出后，对自己感受的描写："开尊出家伎，惠我忘形骸。炼音变时俗，出态如初芽。命意何寥廓，托词非优俳。哀我劳生久，将与大道偕。我思漆园叟，语旷因心悲。"③两段文字从作品的深层意义上认可了作品的价值，"觉世"

---

① 谢国：《蝴蝶梦·凡例》，《古本戏曲丛刊》（三集）本，古籍出版社1957年版，第1页。

② 祁彪佳著，黄裳校录：《远山堂明曲品剧品校录》（曲品·逸品），上海古典文学出版社1957年版，第14页。

③ 茅元仪：《观大将军谢简之家伎演所自述〈蝴蝶梦〉乐府》，《石民横塘集》卷二，明崇祯刻本。

和"命意何寥廓，托词非优俳"的评语，体现了接受者和创作者在共同的社会责任意识和文人审美趣味的支配下所产生的共鸣。庄子思想在作品中的介入增加了作品的内蕴深度，是作者在文人观念指导下的有意识的行为，体现了戏曲、小说中《庄子》接受的文人化色彩。

三、综论明代戏曲、小说创作中《庄子》接受的世俗化与文人化

世俗化与文人化是现存明代戏曲、小说中《庄子》接受的一体两面，两者共存于同一作品中。戏曲、小说作为通俗文学的文体特性和既已形成的创作套路、审美规范，以及明代文化和道教的世俗化走势，决定了这种虚构文学对《庄子》进行世俗化改造的必然性，从而使戏曲、小说作品中的《庄子》接受呈现出世俗化的特点。虽然这种世俗性改造在一定程度上背离了庄子的本真面目，但世俗化庄子面目的出现，带给严肃雅正的传统《庄子》接受以活泼的气息，对庄子接受而言无疑是一种丰富和发展。中晚明时期，文人开始普遍介入到戏曲、小说创作中，对戏曲、小说艺术品位的提升起到了巨大的作用，同时也将文人的意识、观念、审美趣味等传统内容带入其中，在一定程度上反拨了戏曲、小说创作中《庄子》接受的世俗化走向。对于通俗文学而言，文人的介入带给此种文体以新的变化。而对庄子接受而言，文人的介入一方面削弱了通俗文学中的庄子接受所萌生出的新因素，使庄子接受表现出向文人接受传统回归的趋势；另一方面，戏曲、小说中庄子接受的文人化，又为文人表达对庄子的认识寻找到新的媒介。

现存明代《庄子》题材的戏曲、小说在世俗化与文人化方面又存在着浓淡不一的现象。就作品而言，佚名的《蝴蝶梦》和冯梦龙的《庄子休鼓盆成大道》的世俗化色彩较重，而余下作品的文人化色彩则相对较强。就时间方面而言，明前期戏曲、小说中《庄子》接受的世俗化色彩较重，而后期的文人化色彩则较浓。前者主要针对元明之际佚名的《蝴蝶梦》和冯梦龙的《庄子休鼓盆成大道》而言的。冯梦龙的"三言"包括了宋元明以来旧本的汇辑和新著的创作，

此篇作品是对已有作品的改编，原作诞生的时间当与佚名的《蝴蝶梦》相距不远(此点前文已有论说)，因此，不妨将冯氏此作视为明前期作品。而这两篇作品又是明代具有较浓世俗色彩的《庄子》题材的戏曲、小说，故而言明前期戏曲、小说中《庄子》接受具有较浓的世俗色彩。而文人色彩较重的作品大多是晚明文人所创作的，如陈一球、凌濛初生于万历年间，谢国于万历前后在世，王应遴在万历四十六年(1618)以副榜恩贡，明亡时殉节。因此，在时间方面，明代戏曲、小说中的《庄子》接受呈现出世俗色彩向文人色彩转变的趋势。就文体而言，戏曲中《庄子》接受的文人性要重于小说中的《庄子》接受。在现存明代《庄子》题材的两篇小说和四种戏曲里，有三种戏曲的文人化色彩较重，即谢国的《蝴蝶梦》、王应遴的《逍遥游》和陈一球的《蝴蝶梦》；一篇小说和一部杂剧的世俗色彩较重，即冯梦龙的《庄子休鼓盆成大道》和佚名的《蝴蝶梦》。因此，《庄子》接受的文人色彩从文体上看戏曲要重于小说。

明后期是明代《庄子》接受的繁盛期，以其综合水平代表了明代《庄子》接受在整个《庄子》接受史上所达到的高度。对于明后期的《庄子》接受特点，我们可归为以下几点：

其一，南方文人依然是明后期的主要《庄子》接受主体。《庄子》接受大家如叶秉敬、沈一贯、陶望龄、陈懿典、冯梦祯、周拱辰等为浙江人，焦竑、归有光、唐顺之、朱得之、陆西星、陈深、陈治安等为江苏人，谭元春、袁宏道、袁中道、钟惺、张居正等为湖北人。这一方面与明代南方文学、学术繁荣的现实密切相关。南宋时期，随着政治重心的南移，中国文化中心也随之转移到南方。之后，南方优越的自然环境、相对安定的社会环境，以及南宋以来日渐浓厚的文化氛围，使南方在明代成为当之无愧的文化重心。如明代状元与进士主要来自吴越地区，以状元为例，明朝共取状元89名，浙江20名，江苏16名，江浙两省的状元数量几近全国的半数。良好的人文环境为读书人从事文学创作、学术研究提供了便利条件，一大批才学兼备的文人涌现于南方各地，南方成为中国文士才子的渊薮。而正是这批心灵敏感，时时渴望精神超越的文人为《庄子》接受提供了潜在而庞大的主体基础，一旦时机成熟，这批人往往成为《庄子》接受最为稳固的群体。另一方面南方人在气质上更逼近庄子，更易与庄子发生心灵共鸣。此点在第二章第二节中已作论述，于此不再赘言。

其二，文学领域内《庄子》接受的生命力强劲。中晚明文人在文学创作中多有流露对《庄子》思想的接受，一方面沿袭了传统文人的路数，借《庄子》平抚人生挫折尤其是仕途坎坷所带来的心灵创伤，表达对无用、归隐、齐物、逍遥等思想的兴趣。另一方面又体现出因受明代出现的近现代因素的影响，变异并强化了《庄子》中的相应思想(如重视个性、真实等思想)，并将这种思想引入美学领域，为《庄子》哲学思想的美学转化作出贡献，体现了明人对《庄子》思想接受的新发展。而在创作领域的艺术层面，中晚明文人如晚年王世贞、袁宏道等人的性灵小品，其风格清新飘逸、灵动自然，展现了道家一系的美学风采。此种风格是文人在经《庄子》思想浸润、净化后，空明而富有灵气的心灵在创作中不自觉地流露。这种表现性灵，展露个性的创作，同时也表现了对庄子所开启的"缘情"文学主张的继承。

其三，《庄子》注本的突然增多是明后期《庄子》接受的突出特色。注本的激增，标志着此时的《庄子》接受已摆脱了前期明人的《庄子》接受局面：偏于体悟思想和艺术的私人性《庄子》接受。后期明人对《庄子》的接受则相对注重了细致、深入的理论阐析，并呈现出公开化、潮流化的态式，成为明代《庄子》接受高潮到来的标志之一。后期明人的《庄子》注本以义理阐发为主，并具有浓厚的儒释道杂糅的色彩，同时这些注本又能注意到对《庄子》的文学解读。从文学角度对《庄子》的注解既是对宋人林希逸、刘辰翁等人的继承，同时又为清代《庄子》散文研究的成熟打下了基础，是宋清之间的一座桥梁。文章学角度的《庄子》文学解析，一方面将人们对《庄子》艺术的笼统式印象切实、具体地落实在对《庄子》的文本细读中，从而为人们把握、理解、欣赏《庄子》的艺术提供了可以扪摸的途径。另一方面对《庄子》篇章所进行的文章学手法的分解，又为把握《庄子》的题旨、意脉提供了绝佳的手段，并形成以文章学分析为基础来对《庄子》进行义理阐释的研究路数。

其四，明后期《庄子》接受与明代心学思想关系密切而复杂。首先，就时间性上而言，明后期《庄子》接受的繁荣与阳明心学的成熟、兴盛，几乎同时出现在正德、嘉靖年间，但相较而言，《庄子》的生命力更为持久。正德年间，阳明心学形成并发展成熟，嘉靖十年（1531）左右流布于明代社会，直至万历年间，明代士人几乎无不为心学所影响。同时，正、嘉间出现了第一批《庄子》研究专著，嘉靖三十九年（1560）朱得之的《庄子通义》"是明代第一部完整、系统的庄子学大著"①，《庄子》接受开始进入高调张扬的历史时期。之后，直到明末，《庄子》之风未见消歇。其次，就产生机缘与历史效果来看，两者存在着一致性。《庄子》接受的繁荣与心学思想的产生都是明代后期社会变迁的产物，同时又促进了明代社会文化大环境的开放活跃。弘治、正德年间，朝政日朽，市民经济得到发展，明代社会的各个角落都发生着与前期显著不同的变化，文人心态表现出求新、求变、个性、抗争的新趣向。在这种背景下，《庄子》接受的繁荣局面与心学潮流的盛行得以实现。同时，心学与《庄子》以其接受群体的广泛性，以及对个体的张扬和对主体的高度重视，使明代后期文人主体扩张的心态得到进一步放大，并进而促成明代后期宽松的社会文化氛围。此点虽然有舒展人性的积极一面，但也不免泥沙俱下，人欲的放纵导致世风的堕落败坏，而成为清人不遗余力予以抨击的口实。再次，就二者的关系而言，两者犬牙交错，彼此影响，其主要表现有以下几点：一者，心学的形成离不开对《庄子》思想的吸收。可以说，明代心学代表性人物如陈献章、王守仁、李贽等几无不受庄子思想影响的。二者，心学的变化、发展又对《庄子》接受产生影响，带来《庄子》接受的新局面。阳明心学在随后的发展中融进了市民意识等时代新质素，发展出高度重视个体的泰州学派，受过泰州学派思想影响的文人在观念上显著不同于传统文人，他们对《庄子》的接受也出现了许多新的变化，如李贽的《庄子解》虽然对以往诸家解说多有征引，但在间发己意中时时露出独立思考、桀骜叛逆的峥嵘头角。三者，古老的

---

① 方勇：《庄子学史》（第二册），人民出版社 2008 年版，第 339 页。

《庄子》在明代后期被广泛地正面接受，在很大程度上是得益于心学之风的。心学以其系统、别样而充满时代感的理论，严格的授受师承以及思想成员热情而不遗余力地宣扬，成为在明代社会和士林中间产生冲击性影响的潮流性哲学。而明代《庄子》在儒释道三教大融合、大汇通的趋势下，虽依然为绝大多数士人所钟爱，但它仍只是作为一部道家典籍而存在的，并未曾围绕之而出现过严格意义上的庄学流派。于是，在这样的情势下，形单影只的《庄子》在明代大面积地被接受便很大程度上是受惠于心学潮流的，是在心学大潮裹挟、冲刷下，在变异中随之滚滚东去的。

结　语

在完成从接受美学角度对明代《庄子》接受研究的考察后，我们作出如下归结：

首先，从史的线索来看，明代《庄子》接受呈现出前低后高的"√"形发展态势。在纵向上，本书将明代《庄子》接受分为前后两期，是针对明代《庄子》接受实际进行的大致划分。前期虽然也出现过《庄子》接受的繁荣局面，但总体上看是《庄子》接受的潜行期。后期在整体实力上远过于明前期的《庄子》接受，是明代《庄子》接受的繁荣期。具体而言，明代《庄子》接受经历了前期降温和后期升温的过程，即在明初《庄子》接受出现繁荣局面后，从洪武后期到成化年间，因高压政治和自由被禁，以及长达百年的冗弱的台阁文学等缘由，《庄子》接受走向冷落，洪武后期至成化的这段历史时期成为明代《庄子》接受的低谷、寒冬。而弘治之后的《庄子》接受则呈现出持续升温的态势，并出现了许多创新性接受。明前期《庄子》接受的整体水平虽不如后期，但刘基、高启、李东阳等人在《庄子》接受方面付出的努力，保存并丰富发展了文人《庄子》接受的传统，从明代《庄子》接受发展线索上来看，前期《庄子》接受是后期《庄子》接受的基础，后期《庄子》接受是在此平台上的进一步创新、发展。

庄子与文人的密合度在整体上呈递增趋势。前期文人虽然也接受《庄子》，但在精神境界和内在气质上与《庄子》存在着隔膜，他们对《庄子》的接受常会呈现出分裂的状态，如胡应麟、杨慎等人对《庄子》的文学成就虽予以高度赞誉（第二章第二节对此已有述及），但对《庄子》思想却多加指摘。胡应麟认为庄子"槌仁提义，废礼绝乐，欲以一人私臆扫百代名教而空之……真所谓小人之无忌惮者"①，表达了一个正统儒者对庄子思想的厌恶。而此类情况在后期发生了变化，文人与《庄子》的密合度渐趋紧密，出现了一批新型庄子迷，他们以庄子为人生挚友，推崇庄子思想，接受庄子艺术的熏陶，他们对庄子的接受是对一个完整的庄子的接受。于此，袁宏道的《庄子》接受最具代表性。袁宏道少好庄子，长而不废，即使在其思想由禅入净，放弃对心学思想的执着的时候，袁宏道对《庄子》的热情依旧，并著有《广庄》阐发庄子义理。其小品文创作也鲜明体现出《庄子》影响的痕迹。

其次，从横向的角度看，明代文学、注本、理性阐释三方面的《庄子》接受各具特点，多元分向发展。文学领域是明代《庄子》接受最为稳定的领域，其中以诗文等传统雅文学文体的《庄子》接受为主，出现了诸如刘基、高启、王世贞、袁宏道等《庄子》接受大家。戏曲、小说等通俗文学文体的《庄子》接受相对薄弱，但相较而言，更具创新性，对《庄子》接受的发展也更大。在注本领域，由现存《庄子》注本来看，此领域的突出特点是后期《庄子》注本的陡然增多。明代《庄子》注本沿袭了唐宋的研究路数，一方面注重义理阐释，具有三教合流的鲜明特征；另一方面注意到对《庄子》文本的文学性解读，在此方面，明人在继承宋人的基础上（如对"戏剧"等研究术语，梳理文脉等文章学评点手段的继承），有了进一步的发展，出现了诸如"文评"之类的新现象，为清代《庄子》散文研究的繁荣奠定了基础。理性阐释，即后人对《庄子》的理性认识。其与《庄子》注本的区别在于它的分散不成系统性，或为作者集中论述《庄子》的文字，但多以单篇呈现，或是夹杂于其他论述中的相关于《庄子》的文字。理性阐释层面对《庄子》的研究多是一种整体上的笼统观照，缺少注本式的细致阐析。它在《庄子》接受中的存在缺少普遍性，基本上是个别文人的个别行为，主要涉及了对庄子其人，《庄子》其书、其文（文学性），已有《庄》论见解等方面的认识。整体而言，明人关于《庄子》的理性阐释性文字不多，

---

① 胡应麟：《九流绪论上》，《少室山房笔丛》卷十一，四库全书本。

但为我们把握明人在接受《庄子》时对待《庄子》的态度和对《庄子》的总体认识等问题，提供了明确而清晰的线索，对研究明代《庄子》接受而言具有重要的意义。《庄子》注本和《庄子》的相关理性阐释，以及文学创作中表现出的对《庄子》思想的接受是明人《庄子》接受最直接、明确、外露的表现。而艺术风格、美学思想层面表现出的《庄子》接受则是明人在接受《庄子》思想，进行消化吸收后，在文学创作上的有机表现，而这也往往是最能见出接受主体是否领会到《庄子》内旨的表现之一。

再次，明代《庄子》接受的动态性特点。明代《庄子》接受的动态性主要表现为四点：一为接受主体与《庄子》的互动性影响；二为接受主体自身《庄子》接受的动态发展；三为不同主体《庄子》接受的差异性存在；四为明代《庄子》接受的史的动态历程。这种《庄子》在明代由本文到作品的生成转化过程中出现的动态性特点，既与《庄子》的既定内容、形式有关，但更多的是与明人《庄子》接受的审美期待视野相关联着的。如前文所述，明人《庄子》接受的期待视野，既包括地域文化、市民文化、心学思潮、三教合流、士人心态、文学潮流等大视野，又包括人生经历、文学主张、知识结构、美学趣味等个体性小视野。明人《庄子》接受的审美期待视野使其在对既定《庄子》文本进行接受时，一方面在不同程度、不同层面上受到《庄子》的影响，另一方面又在与《庄子》的视域融合中对《庄子》作出合乎其审美期待视野的创造性接受。无论是本书所涉及的流派（如越派、吴派、闽中诗派、江右诗派、"复古派"、"性灵派"），还是具体的《庄子》接受个体（如刘基、高启、王世贞、袁宏道、谢国、王应遴等人），无一不是在此种互动中完成对《庄子》的接受的。而主体对《庄子》的这种互动性接受，并非一劳永逸式的静态接受，而是随着主体审美期待视野的变化而发生改变的。比如王世贞一生《庄子》接受历程的变化，由早年对《庄子》批判性社会哲学的接受到晚年对《庄子》个体生命哲学的凸显强调，充分体现出个体《庄子》接受的动态变化。主体的不同审美视野也造成了个体间《庄子》接受的差异性存在。如诗文与戏曲、小说中的《庄子》接受者在审美期待视野尤其是文学理念上的差异，使诗文创作者的《庄子》接受更多表现出雅正的一面，而戏曲、小说创作者的《庄子》接受则表现出世俗化的鲜明特点。《庄子》接受的个体性差异，使明代《庄子》接受多姿多彩而非僵化板滞地呈现于世，表现出的是《庄子》接受动态性特点的变化的一面。明代《庄子》接受动态性表现的第二、三方面，固然与审美期待视野中大环境因素有关，而更多的是受制于审美期待视野中的个体性小因素。审美期待的小视野决定了个体接受《庄子》的角度、深度、动态历程及不同个体间《庄子》接受的差异性。至于明代《庄子》接受的史的动态历程，在本结语的第一点中已作论述，于此不再赘言。要说的是明人《庄子》接受的诸多现象(如明初《庄子》的地域性接受；洪武后期到成化年间几近窒息的《庄子》接受；明后期《庄子》接受的世俗化、三教合流趋势等)在时间链条上的动态呈现，无一不是与明人《庄子》接受的审美期待视野中的大环境因素密切关的。这些因素的综合作用对一定时期内《庄子》接受的总体特征起着重要的作用。总而言之，明代《庄子》接受是作为接受主体的明人的《庄子》接受，是构成接受主体审美期待视野诸因素综合作用的结果，是一个动态的发展历程。

以上是对明代《庄子》接受的规律性总结。我们在进行明代《庄子》接受研究的同时，也形成了对明代的认识：明代是一个充满矛盾的朝代。这种矛盾主要表现为以下几点：一方面皇权高度集中，一方面权臣宦要把持朝政，帝位如同虚设；一方面理学一统天下，奉行严厉的文化专制，一方面又思想异端多元，时时有违礼犯教的举动；一方面苛刻不近人情的宣扬禁欲，一方面人性又被放纵乃至堕落；一方面封建经济实体笃厚坚实，一方面具有近现代色彩的市民经济吐露细芽……大致以弘治为界划分出的明前期与后期便是这矛盾对立的两面。在这样的背景下来进行《庄子》接受研究，是一件饶有趣味的事情。我们在进行这件充满趣味的工作时也生出许多感怀，不妨在本书行将结束之际，将之略述于下。

对《庄子》大行其世所需条件的思考。《庄子》在其产生之后便受到或正向或反向的接受，而且随着时间的推移和朝代的更迭，《庄子》在后世的知音愈来愈多。中国文化三教合流的走势使之影响下的文人普遍建立了儒道互补的人生模式，《庄子》通常都会被文人在私下里拿来完善人格结构，坚韧精神世界。然而要在社会上形成一股《庄子》热，使《庄子》接受成为潮流，却不是某几个个人的私下接受所能做到的，也不是在任何一个历史时期都能出现的。《庄子》大行其世需要有宽松的社会环境，尤其是思想领域的非专制性存在，以及接受群体应普遍具有强烈而自觉的个体关怀意识，需要的是心的自由。这一切都源于《庄子》哲学特质的内在规定。《庄子》是关注个体的哲学，重视个体生命价值和精神自由，捍卫自我的独立思想和独立人格，保持人性的本然常态，拒绝任何诸如政治、礼法、功利等异化人性的外来束缚。这一切使庄子选择了对社会现实的自觉疏离，从社会返回自我，回归自然，以立于"独"，处于"无待"的状态，以此实现对个体的关怀。因此重视伦理、秩序、事功，思想一统的社会是压制《庄子》接受的，与这种主流意识形态保持一致的个体多会对《庄子》思想作出反向改造，故而在这种情势下的《庄子》接受基本上是一种有限度的接受。因此，《庄子》的被接受需要社会允许个体的自由，至少允许其疏离现实、疏离政治行为的存在；需要社会给个体提供一定的精神空间，允许多元化思想并存；也需要人自我意识的觉醒，有捍卫个体生命价值和精神家园的勇气和意愿。只有在诸种条件的综合作用下，《庄子》方能被广泛地接受。反过来说，《庄子》的广泛被接受也在某种意义上是对社会思想自由、个体意识觉醒程度的认可。

由明后期《庄子》在文人精神世界里角色的变化所引出的思考。文章中反复提及了一个问题，即明代后期社会的新变给《庄子》接受带来的影响。在明代后期，《庄子》对于文人的意义已突破了心灵庇护所的作用，成为他们寄托个性、表达对自我关注的载体。文人接近《庄子》时已不完全是带着满身疲惫和心灵的伤痕，而是一种自发的主动接近。如李贽49岁作《庄子解》，五年后，面对即将高升的大好时机，李贽却视之为敝屣，毫不犹豫地选择了弃官游学。他在《庄子解》中表现出的独立思考和大胆批判精神，使《庄子》成为李贽传达其个性主张的话筒。再如袁宏道有官可做，却一任己性，出入官场如同儿戏，完全出于自适的考虑来采取行动。

《庄子》无用的思想屡屡被袁宏道拿来标榜，无用的思想在以往文人那里往往有说不出的无奈和酸楚，而在袁宏道这里却加入了个性、自适、洒脱的意味。明代《庄子》接受中出现这种新现象的一个重要原因，便是市民经济的发展及其带来的思想观念的变革，其中一个突出改变即明人价值观的微妙变化：官本位的价值观受到冲击，治学、经商等多条人生道路受到认可。人生道路选择的多种可能性，一定程度上减缓了士人在仕途、科举上的失败所带来的痛苦，相应地，人生在卸下了重负后也开始变得洒脱自由起来。虽然李贽、袁宏道的经历在晚明士人中不能算得上普遍，但毕竟是一种新气象，代表了新的发展趋势，故而对之亦不应小觑。

参 考 文 献

著作：

郭庆藩．庄子集释［M］（新编诸子集成本）．北京：中华书局，1961．

陈鼓应．庄子今注今译［M］．北京：中华书局，1983．

刘　基．诚意伯刘文成公文集［M］．四部丛刊本．

刘　基．林家骊点校．刘基集［M］．杭州：浙江古籍出版社，1999．

刘　基．傅正谷评注．郁离子评注［M］．天津：天津古籍出版社，1987．

宋　濂．宋学士文集［M］．四部丛刊本．

宋　濂著，罗月霞编．宋濂全集［M］．杭州：浙江古籍出版社，1999．

高　启．高太史大全集［M］．四部丛刊本．

高　启．高太史凫藻集［M］．四部丛刊本．

高　启著，徐澄宇、沈北宗校点．高青丘集［M］．上海：上海古籍出版社，1985．

林　鸿．鸣盛集［M］．四库全书本．

王　偁．虚舟集［M］．四库全书本．

王　恭．白云樵唱集［M］．四库全书本．

刘　崧．槎翁诗集［M］．四库全书本．

凌云翰．柘轩集［M］．四库全书本．

王　祎．王忠文集［M］．四库全书本．

王　祎．王忠文公集［M］．北京：中华书局，1985．

贝　琼．清江贝先生集[M]．四部丛刊本．

方孝孺．逊志斋集[M]．四部丛刊本．

方孝孺．方正学先生集[M]．丛书集成初编本．

杨士奇．东里集[M]．四库全书本．

杨士奇．东里文集[M]．北京：中华书局，1998.

李东阳．怀麓堂集[M]．四库全书本．

李东阳著，周寅宾点校．李东阳集[M]．长沙：岳麓书社，1984.

陈献章．白沙子[M]．四部丛刊本．

陈献章著，孙通海点校．陈献章集[M]．北京：中华书局，1987.

杨　慎．升庵集[M]．四库全书本．

杨　慎著，焦竑辑．升庵外集．清道光二十四年影明版重刊本．

何景明．大复集[M]．四库全书本．

李梦阳．空同集[M]．四库全书本．

徐祯卿．迪功集[M]．四库全书本．

郑善夫．少谷集[M]．四库全书本．

李攀龙．沧溟集[M]．四库全书本．

王世贞．弇州山人四部稿[M]．四库全书本．

王世贞．读书后[M]．四库全书本．

谢　榛．四溟集[M]．四库全书本．

胡应麟．少室山房集[M]．四库全书本．

胡应麟．少室山房笔丛正集[M]．四库全书本．

唐顺之．荆川先生文集[M]．四部丛刊本．

归有光．震川先生集[M]．四部丛刊本．

王慎中．遵岩集[M]．四库全书本．

茅　坤．茅坤集[M]．杭州：浙江古籍出版社，1993.

李　贽．李贽文集[M]．北京：社会科学文献出版社，2000.

汤显祖著，徐朔方笺校．汤显祖全集[M]．北京：北京古籍出版社，1999.

徐　渭．徐渭集［M］．北京：中华书局，1983.

袁宏道校注，钱伯城笺．袁宏道集笺校［M］．上海：上海古籍出版社，1981.

袁宗道著，钱伯城标点．白苏斋类集［M］．上海：上海古籍出版社，1989.

袁中道著，钱伯城点校．珂雪斋集［M］．上海：上海古籍出版社，1989.

袁中道．珂雪斋集近集［M］．上海：上海书店重印，1982.

谭元春．谭元春集［M］．上海：上海古籍出版社，1998.

钟　惺．隐秀轩集［M］．上海：上海古籍出版社，1992.

沈　泰．盛明杂剧［M］（二集）．北京：中国戏剧出版社，1958.

郑振铎．古本戏曲丛刊［M］（三集）．上海：古籍出版社，1957.

玩花主人著，钱德苍编，汪协如点校．缀白裘［M］．北京：中华书局，1930.

王季烈、刘富梁编．集成曲谱［M］（振集）．上海：商务印书馆，1925.

冯梦龙．警世通言［M］．上海：上海古籍出版社，1987.

凌濛初．二刻拍案惊奇［M］．上海：上海古籍出版社，1983.

陆西星．南华真经副墨［M］．无求备斋庄子集成续编本．

释德清．庄子内篇注［M］．无求备斋庄子集成续编本．

释德清．观老庄影响论［M］．四库全书存目本．

谭元春．庄子南华真经评［M］．无求备斋庄子集成续编本．

朱得之．庄子通义［M］．无求备斋庄子集成续编本．

归有光，文震孟．南华经评注［M］．无求备斋庄子集成续编本．

王世贞．南华经评点［M］．南华经集评．明刊五色套印本．

叶秉敬．庄子膏肓［M］．无求备斋庄子集成本．

沈一贯．庄子通［M］．无求备斋庄子集成续编本．

焦　竑．庄子翼［M］．无求备斋庄子集成续编本．

陶望龄．解庄［M］．无求备斋庄子集成续编本．

藏云山房主人．南华大义解悬参注［M］．无求备斋庄子集成本．

释性涵．南华发覆[M]．无求备斋庄子集成续编本．

韩　敬．庄子狐白[M]．无求备斋庄子集成续编本．

徐　晓．南华日抄[M]．无求备斋庄子集成续编本．

陈治安．南华真经本义[M]．无求备斋庄子集成续编本．

相关研究著作：

方　勇．庄子诠评[M]．成都：巴蜀书社，2007．

方　勇．庄子学史[M]．北京：人民出版社，2008．

熊铁基．中国庄学史[M]．长沙：湖南人民出版社，2003．

熊铁基．二十世纪中国庄学[M]．长沙：湖南人民出版社，2006．

郎擎霄．庄子学案[M]．上海：上海书店，1992．

陈鼓应．老庄新论[M]．上海：上海古籍出版社，1992．

关　锋．庄子内篇译解和批判[M]．北京：中华书局，1961．

刘笑敢．庄子哲学及其演变[M]．北京：中国社会科学出版社，1988．

崔大华．庄学研究[M]．北京：人民出版社，1992．

杨国荣．庄子的思想世界[M]．北京：北京大学出版社，2006．

蔡宗阳．庄子之文学[M]．台北：文史哲出版社，1983．

阮　忠．庄子创作论[M]．武汉：湖北人民出版社，2013．

孙雪霞．文学庄子探微[M]．广州：广东人民出版社，2006．

刘生良．鹏翔无疆——《庄子》文学研究[M]．北京：人民出版社，2004．

孙克强、耿纪平．庄子文学研究[M]．北京：中国文联出版社，2006．

陶东风．从超迈到随俗——庄子与中国美学[M]．北京：首都师范大学出版社，1995．

刘绍瑾．庄子与中国美学[M]．广州：广东高等教育出版社，1989．

漆绪邦．道家思想与中国古代文学理论[M]．北京：北京师范学院出版社，1988．

高起学．道家哲学与古代文学理论［M］．北京：中国社会科学出版社，2009．

周　群．儒释道与晚明文学思潮［M］．上海：上海书店出版社，2000．

杨　柳．汉晋文学中的《庄子》接受［M］．成都：巴蜀书社，2007．

李道湘．神秘与理性——庄子与中国传统文化［M］．北京：开明出版社，2000．

［德］H.R.姚斯，［美］R.C.霍拉勃．接受美学与接受理论［M］．沈阳：辽宁人民出版社，1987．

朱立元．接受美学［M］．上海：上海人民出版社，1989．

张文勋．儒道佛美学思想源流［M］．昆明：云南人民出版社，2004．

徐复观．中国艺术精神［M］．北京：商务印书馆，2010．

成复旺．中国古代的人学与美学［M］．北京：中国人民大学出版社，1992．

王振复．中国美学的文脉历程［M］．成都：四川人民出版社，2002．

朱良志．中国美学十五讲［M］．北京：北京大学出版社，2006．

李泽厚．刘纲纪．中国美学史［M］．北京：中国社会科学出版社，1987．

张　法．中国美学史［M］．上海：上海人民出版社，2000．

叶　朗．中国美学史大纲［M］．上海：上海人民出版社，1985．

宗白华．美学散步［M］．上海：上海人民出版社，1981．

陈望衡．中国美学史［M］．北京：人民出版社，2005．

徐复观．中国艺术精神［M］．上海：华东师范大学出版社，2001．

皮朝纲．中国美学沉思录［M］．成都：四川民族出版社，1997．

成复旺．中国文学理论史简编［M］．北京：中国人民大学出版

社，2004.

蔡钟翔．黄保真．成复旺．中国文学理论史［M］．北京：北京出版社，1987.

刘绍瑾．复古与复元古——中国复古文学理论的美学探源［M］．北京：中国社会科学出版社，2001.

赵士林．心学与美学［M］．北京：中国社会科学出版社，1992.

潘运告．冲决名教的羁络：阳明心学与明清文艺思潮［M］．长沙：湖南教育出版社，1999.

张廷玉．明史［M］．北京：中华书局，2000.

孟　森．明史讲义［M］．北京：中华书局，2006.

王　健．中国明代思想史［M］．北京：人民出版社，1994.

龚鹏程．晚明思潮［M］．北京：商务印书馆，2005.

嵇文甫．晚明思想史论［M］．北京：东方出版社，2013.

张学智．明代哲学史［M］．北京：北京大学出版社，2000.

杨国荣．杨国荣讲王阳明［M］．北京：北京大学出版社，2005.

徐复观．中国人性论史［M］．上海：华东师范大学出版社，2005.

黄　霖．原人论［M］．上海：复旦大学出版社，2000.

韦政通．中国思想史［M］．上海：上海书店出版社，2003.

葛兆光．中国思想史［M］．上海：复旦大学出版社，2001.

嵇文甫．晚明思想史［M］．北京：东方出版社，1996.

罗宗强．明代后期士人心态研究［M］．天津：南开大学出版社，2006.

蒙培元．理学的演变［M］．福州：福建人民出版社，1984.

葛兆光．中国思想史［M］．上海：复旦大学出版社，2009.

葛兆光．中国禅思想史［M］．北京：北京大学出版社，1995.

任继愈．中国道教史［M］．上海：上海人民出版社，1990.

卿希泰．中国道教史［M］（第三卷）．成都：四川人民出版社，1996.

孙以楷．道家与中国哲学[M]．北京：人民出版社，2004．

陈少峰．宋明理学与道家哲学[M]．上海：上海文化出版社，2001．

南怀瑾．禅宗与道家[M]．上海：复旦大学出版社，1996．

蜂屋邦夫．道家思想与佛教[M]．沈阳：辽宁教育出版社，2000．

李　霞．圆融之思——儒道佛及其关系研究[M]．合肥：安徽大学出版社，2005．

汤一介．中国传统文化中的儒道释[M]．北京：中国和平出版社，1988．

吕锡琛．道家与民族性格[M]．长沙：湖南大学出版社，1996．

张运华．白沙心学与道家思想[M]．广州：广州出版社，2004．

冯达文．回归自然：道家的主调与变奏[M]．广州：广东人民出版社，1992．

陈宝良．明代社会生活史[M]．北京：中国社会科学出版社，2004．

张维青．高毅清．中国文化史[M]．济南：山东人民出版社，2002．

秦　榆．中国文化性格[M]．北京：中国长安出版社，2006．

陈宝良．悄悄散去的幕纱——明代文化历程新说[M]．西安：陕西人民教育出版社，1988．

何绵山．闽文化概论[M]．北京：北京大学出版社，1996．

李文初．中国山水文化[M]．广州：广东人民出版社，1996．

吴小龙．适性任情的审美人生——隐逸文化与休闲[M]．昆明：云南人民出版社，2005．

么书仪．元代文人心态[M]．北京：文化艺术出版社，1993．

史小军．复古与新变——明代文人心态史[M]．石家庄：河北教育出版社，2001．

夏咸淳．情与理的碰撞——明代士林心史[M]．保定：河北大学出版社，2001.

左东岭．王学与中晚明士人心态［M］．北京：人民文学出版社，2000.

胡应麟．诗薮［M］．上海：上海古籍出版社，1979.

陈　田．明诗纪事［M］．上海：上海古籍出版社，1993.

傅璇琮，蒋寅．中国古代文学通论［M］（明代卷）．沈阳：辽宁人民出版社，2005.

谭家健．中国古代散文史稿［M］．重庆：重庆出版社，2006.

杨　民．万川一月——中国古代散文史［M］．北京：清华大学出版社，2002.

孙琴安．中国评点文学史［M］．上海：上海社会科学院出版社，1999.

周贻白．周贻白戏剧论文选［M］．长沙：湖南人民出版社，1982.

陈文新．中国文学流派意识的发生和发展——中国古代文学流派研究导论［M］．武汉：武汉大学出版社，2007.

熊礼汇．明清散文流派论［M］．武汉：武汉大学出版社，2003.

袁震宇．刘明今．明代文学批评史［M］．上海：上海古籍出版社，1991.

陈庆元．福建文学发展史［M］．福州：福建教育出版社，1996.

吴　海．江西文学史［M］．南昌：江西人民出版社，2005.

章尚正．中国山水文学研究［M］．上海：学林出版社，1997.

陈文新．明代诗学［M］．长沙：湖南人民出版社，2000.

陈文新．明代诗学的逻辑进程与主要理论问题［M］．武汉：武汉大学出版社，2007.

廖可斌．明代文学复古运动研究［M］．上海：上海古籍出版社，1994.

廖可斌．复古与明代文学思潮［M］．北京：文津出版

社，1994.

罗宗强，陈　洪．明代文学研究国际学术研讨会论文集［C］．天津：南开大学出版社，2006.

罗宗强．明代文学思想史［M］．北京：中华书局，2013.

廖可斌．明代文学论集［C］（2006）．杭州：浙江大学出版社，2007.

黄卓越．明永乐至嘉靖初诗文观研究［M］．北京：北京师范大学出版社，2001.

黄卓越．佛教与晚明文学思潮［M］．北京：东方出版社，1997.

黄卓越．明中后期文学思想研究［M］．北京：北京大学出版社，2005.

徐　艳．晚明小品文体研究［M］．南昌：江西教育出版社，2004.

李生龙．道家及其对文学的影响［M］．长沙：岳麓书社，2005.

张松辉．先秦两汉道家与文学［M］．北京：东方出版社，2004.

李炳海．道家与道家文学［M］．长春：东北师范大学出版社，1992.

王　凯．自然的神韵——道家精神与山水田园诗［M］．北京：人民出版社，2006.

周　群．儒释道与晚明文学思潮［M］．上海：上海书店出版社，2000.

崔大华．道家与中国文化精神［M］．郑州：河南人民出版社，2003.

徐永明．元代至明初婺州作家群研究［M］．北京：中国社会科学出版社，2005.

李　瑄．明遗民群体心态与文学思想研究［M］．成都：巴蜀书社，2009.

马积高．宋明理学与文学［M］．长沙：湖南大学出版

社，1989.

左东岭．明代心学与诗学［M］．北京：学苑出版社，2002.

左东岭．李贽与晚明文学思想［M］．天津：天津人民出版社，1997.

左东岭．明代文学思想研究［M］．北京：商务印书馆，2013.

宋克夫，韩　晓．心学与文学论稿：明代嘉靖万历时期文学概观［M］．北京：中国社会科学出版社，2002.

周明初．晚明士人心态及文学个案［M］．北京：东方出版社，1997.

陈建华．中国江浙地区十四至十七世纪社会意识与文学［M］．北京：学林出版社，1992.

周松芳．自负一代文宗——刘基研究［M］．广州：广东人民出版社，2006.

薛　泉．李东阳研究［M］．长沙：湖南人民出版社，2007.

章继光．陈白沙诗学论稿［M］．长沙：岳麓书社，1999.

陆复初．被历史遗忘的一代哲人：论杨升庵及其思想［M］．昆明：云南人民出版社，1990.

蒋鹏举．复古与求真：李攀龙研究［M］．北京：中国社会科学出版社，2008.

郑利华．王世贞研究［M］．上海：学林出版社，2002.

孙学堂．崇古理念的淡退：王世贞与十六世纪文学思想［M］．天津：天津古籍出版社，2004.

付　琼．徐渭散文研究［M］．上海：上海古籍出版社，2007.

张建新．徐渭论稿［M］．北京：文化艺术出版社，1990.

周育德．汤显祖论稿［M］．北京：文化艺术出版社，1991.

钟林斌．公安派研究［M］．沈阳：辽宁大学出版社，2001.

易闻晓．公安派的文化阐释［M］．济南：齐鲁书社，2003.

颜世安．庄子评传［M］．南京：南京大学出版社，1999.

黄宗羲．明儒学案［M］．北京：中华书局，1985.

钱谦益．列朝诗集小传［M］．上海：上海古籍出版社，1959.

山东大学文史哲研究所．中国历代著名文学家评传［M］（第四卷）．济南：山东教育出版社，1985.

吕立汉．千古人豪——刘基传［M］．杭州：浙江人民出版社，2005.

周　群．刘基评传［M］．南京：南京大学出版社，1995.

王春南，赵映林．宋濂 方孝孺评传［M］．南京：南京大学出版社，1998.

佚　名．明初高季迪先生启年谱［M］．台北："商务印书馆"，1981.

周金冠．高启评传［M］．杭州：西泠印社出版社，2004.

钱振民．李东阳年谱［M］．上海：复旦大学出版社，1995.

黄明同．陈献章评传［M］．南京：南京大学出版社，1998.

薛正昌．"前七子"领袖李梦阳全传［M］．吉林：长春出版社，1999.

姚学贤．何景明评传［M］．开封：河南大学出版社，1993.

丰家骅．杨慎评传［M］．南京：南京大学出版社，1998.

张祥浩．王守仁评传［M］．南京：南京大学出版社，1997.

张传元．归震川年谱［M］．上海：商务印书馆，1936.

徐建新．茅坤传［M］．杭州：浙江人民出版社，2006.

徐朔方．汤显祖评传［M］．南京：南京大学出版社，1993.

周　群，谢建华．徐渭评传［M］．南京：南京大学出版社，2006.

容肇祖．李贽年谱［M］．北京：三联书店，1957.

许苏民．李贽评传［M］．南京：南京大学出版社，2006.

周　群．袁宏道评传［M］．南京：南京大学出版社，1999.

郑利华．王世贞年谱［M］．上海：复旦大学出版社，1993.

徐朔方．晚明曲家年谱［M］．杭州：浙江古籍出版社，1993.

陈广宏．钟惺年谱［M］．上海：复旦大学出版社，1993.

严灵峰．周秦汉魏诸子知见书目［M］．北京：中华书局，1993.

傅惜华．明代传奇全目［M］．北京：人民文学出版社，1959.

傅惜华．明代杂剧全目［M］．北京：作家出版社，1985.

祁彪佳，黄　裳．远山堂明曲品剧品校录［M］．上海：上海古典文学出版社，1957.

叶　朗．中国历代美学文库［M］（明代卷）．北京：高等教育出版社，2003.

附录:明代《庄子》题材的戏曲、小说创作情况表

明代《庄子》题材的戏曲、小说创作情况表

存逸	作者	作品	存录情况	评介	内容梗概	原文	《庄子》典故出处
存录	冯梦龙编辑[1574—1646,万历至崇祯间人。字犹龙,又字子犹,号龙子犹、墨憨斋主人。别号顾曲散人、姑苏词奴、前周柱史等,长洲(今江苏苏州)人]	《庄子休鼓盆成大道》(小说)	《警世通言》	一	庄子师随老子学道,经老子点破前生悟得大道,学得分身隐形术后,云游访道。出游道中见得蝶妇胸坟急嫁一幕,使其对夫之情产生怀疑。妻子的日日自信誓天法消除其心中的疑云,庄子最终决定假死,并幻化出英俊多才的楚王孙来试探妻子的忠贞度。妻王最终未抵诱惑,为楚王孙所迷,并绝情地劈棺取脑救其新欢。庄子走出棺木揭开之而事实真相,庄妻因之而羞愧自经。庄子则彻底遁入道门。	1. 庄生尝昼寝,梦为蝴蝶,栩栩然于园林花草之间,其意甚适。醒来时,尚觉情形如两翅飞动,心甚异之。以后不时有此梦。 2. 楚威王闻庄生之贤,端安车驷马,聘为上相。庄生叹道:"牺牛身被文绣,口食刍菽,见耕牛力作辛苦,自幸其苦。及其牵入太庙,刀俎在前,欲为耕牛而不可得也。"遂却之不受。 3. 那庄周是达生之人,不育厚殓,再一斧去,棺盖裂开了。 4. 庄子妻死,庄子鼓盆而歌。	1.《齐物论》 2.《列御寇》 3.《列御寇》 4.《至乐》

211

续表

存逸	作者	作品	存录情况	评介	内容梗概	原文	《庄子》典故出处
存录	凌濛初 [1580—1644，万历至崇祯间人。字玄房，号初成，别号即空观主人，浙江乌程（今浙江吴兴）人]	《田舍翁时时经理 牧童儿夜夜尊荣》（小说）	《二刻拍案惊奇》	—	南华老仙庄子看剥牧童秉有慧根，遂派仙道指点其入道。仙道授主夜神儿与牧童，令其在梦境中历经人世的无常，助其了悟富贵繁华如梦的道理，最终引导牧童弃世入道。		
存逸	佚名	《蝴蝶梦》（杂剧）	李逢时《四大痴》"色卷"，共九折，即其删节本。《蝴蝶梦》九折，亦即《四大痴》本，但较《四大痴》多一折《叹骷》，而略去尾折《阴妒》。其余曲文有多处不同，大体皆同。原本《蝴蝶梦》或不止此。①	—	情节同于冯梦龙的《庄子休鼓盆成大道》	1. "叹骷" 2. 庄子妻死 3. 庄子与蝴蝶	1.《至乐》 2.《至乐》 3.《齐物论》

① 周贻白：《周贻白戏剧论文选》，湖南人民出版社 1982 年版，第 285 页。

续表

存逸	作者	作品	存录情况	评介	内容梗概	原文	《庄子》典故出处
存录	王应遴[字董父，号云来，别署云来居士。浙江阴(今浙江绍兴)人。万历四十六年(1618)以副榜恩贡，荐人中秘，修两朝实录，王朝明亡时殉节]	《衍庄新调》(又《逍遥游》)(杂剧)	《远山堂剧品》著录 今存于《盛明杂剧》二集	于尺幅中解脱生死，超离离名利。此先生觉世热肠，竟可与南华之旨·可令南华起舞(《远山堂剧品》)	道人庄子借法骷髅，令粱栋，道童破除名、利之执后，最终入道。	1. 几曾见五十只只牛做的钓饵 2. 几曾见三只脚的鸡公 3. 几曾见菌陀千里的树 4. 几曾见翼若泰山的鹏 5. 几曾见五十一岁不阄道话的孔子 6. 几曾见五个月会说话的孩童 7. 几曾见长于蛇的乌龟 8. 白于雪的黧狗 9. 几曾见烧不热的火 10. 能与蛇两个讲话的风 11. 威王饥聘桂偷门 12. 蝶梦醒来自鼓盆 13. 目今春秋之后，世道陵夷、七雄启衅，功利相尚，因崇有而大盗，饰礼训奸，借矢玄珠顷亡。速叹。哀哉纯素不体，衰哉玄耶复生。 14. 师父《南华经》中也说必持其名 15. 师父，你《南华经》中说，伯夷死利于首阳之下，盗跖死利于东陵之上 16. 借施法骷髅点醒粱栋	1. 《外物》 2. 《天下》 3. 《逍遥游》、《人间世》 4. 《逍遥游》 5. 《天运》 6. 《天运》 7. 《天下》 8. 《天下》 9. 《天下》 10. 《秋水》 11. 《列御寇》 12. 《齐物论》、《至乐》 13. 《天地》、《刻意》 14. 《盗跖》 15. 《骈拇》 16. 《至乐》

续表

存逸	作者	作品	存录情况	评介	内容梗概	原文	《庄子》典故出处
存录	谢国[字弘仪，一作弘义，又字简之，别署镜钧云，号藕湖]，浙江会稽（今浙江绍兴）人，约明万历后在世，曾以中丞出以镇粤系]	《蝴蝶梦》（又《蝴蝶奁》）（传奇）	《远山堂曲品》著录。明崇祯刊本，《古本戏曲丛刊三集》据之影印。明代徐炆《红雨楼书目》著录，作谢弘仪又提要。《曲海总目》页五十八写有本事，不曾著明撰人。《曲海目》、《曲考》、《今乐考证》、《曲录》，俱列本无名氏，有钞本，见《西谛藏本戏曲目录》。	瑞云功戚而不居，在世出世，特为潇洒。吾庭写青照，园更写青莲。自有青莲，不婆娶之家淡潇。文章立家诸府，将军旦戴娶曲矣。（《远山堂曲品·逸品》）	故事主线通过"观鱼"、"贫栗"、"试剑"等出戏，塑造了一个贫穷而富有才华的庄子形象。庄子后经仙人道以醒破生死而入道修行，最终功行圆满，救宅飞升。同时传奇又设以两条副线主子以假死戏妻，令其悟道修行，最终与之共升仙界的情节，另一条则围绕着庄子、惠施，展开，并写了庄子试图度化惠施而不成的故事。	1. "鲲鹏未解图南笑，蜩鸴何妨抟地喁，有阃咸道遥。"（"蝶梦"） 2. 他方才合眼，梦此身化为蝴蝶，还是蝴蝶梦为庄乎？快活，不知庄周梦蝶梦为庄乎？（"蝶梦"） 3. "贫栗"、"观鱼" 4. "贫栗" 5. "试剑"、"超聘"、"如意"、"说剑" 6. 丑："官人，这树如何这等大？"庄子："此名木栗。"丑：主人树，乃木材之木。无所用处，昨日店主人有两只雁。一只能鸣，一只不能鸣。小厮问，"宰那一只？"主人说："宰那不能鸣者。"今道劳之木以不材生，此之雁以不能鸣死。官人将以此处此？"庄子："吾将处于材不材之间。"（"梦回"） 7. 遇笛躞 8. "弹弓" 9. 子不见夫牺牛乎？衣以文绣，食以刍豆。及牟而入于大庙，虽欲为孤犊其可得乎？（"来聘"） 10. 庄子："学道之人，视幻身若其轻，死后不同殡埋。""在地上为乌鸢，在地下身蝼蚁食，夺彼与此，何其偏也！"我，天为棺椁，地是椁。"（"托疾"） 11. "螗贪"、"跨妇"、"遗逻"、"诮惠"	1.《逍遥游》 2.《齐物论》 3.《秋水》 4.《外物》 5.《说剑》 6.《山木》 7.《至乐》 8.《山木》 9.《列御寇》 10.《列御寇》 11.《秋水》

214

续表

存逸	作者	作品	存录情况	详介	内容梗概	原文	《庄子》典故出处
存录	陈一球〔1601—?，号非我，字蟪庵，生于万历辛丑，卒年不详。浙江温州乐清（今浙江温州乐清人）〕	《蝴蝶梦》（传奇）	原为温州梅冷生先生"劲风阁"藏本，后归温州图书馆。"永嘉乡著会"及黄氏"敬乡楼"均曾据之复录。	一球为人义侠，以气节自许，顾数奇，不偶者二十余年，华暨之气发于诗歌及《蝴蝶梦》，感愤解忧一时并集，今读者欲哭欲笑。（清·孙衣言《瓯海轶闻》）一球作的七律《蝴蝶梦》呈金陵《何玉泉先生》表明其创作思想："平生心事付庄周，万古灵元总是梦游。偶尔直言轻性命，致令侠骨做王侯。窗户净儿唯元草，江上晴沙卧白鸥。颌颔答提唯一树，共何时苦海回头？"	蔡琢散仙因与玉真女调情而被谪下界，托生为庄周。庄周不喜功名，数衔楚王之聘，其妻因之与其反目。后尹喜以之化庄周，庄周借鼓盆点化庄周，而辞家修道，并度化了其弟庄暴，表弟淳于髡、妻舅惠施。唯独其妻二娘不悟，庄周遂以假成真娘幻化出楚王孙的手段点化之。二娘悟所变化的后自经，庄周复入地狱引渡，最后同列仙班。	1. 惠子相梁 2. 却楚王聘 3. 遇骷髅 4. 庄子妻死	1.《秋水》 2.《秋水》 3.《至乐》 4.《至乐》

215

续表

存逸	作者	作品	存录情况	评介	内容梗概	原文	《庄子》典故出处
亡佚	佚名	《鼓盆歌》（杂剧）	见录于明代祁彪佳的《远山堂剧品》	虽末见超异，而语中转折，全不费力，是时时拈音律者，第限于才耳。剧中既多北词，不宜杂以南曲，且以北醉春风在上小楼后，亦非是。（《远山堂剧品·能品》）			
	冶城老人（生卒年、姓名、里居具不详。江苏江宁人，与汪廷讷、屠隆相友善）	《衍庄》（杂剧）	见录于《远山堂剧品》	长叹数调，于生死关头，几于勘透矣，而脱离之道安在? 当问之云末道人。（按：王应遴）。（《远山堂剧品·能品》）			

续表

作者	作品	存录情况	评介	内容梗概	原文	《庄子》典故出处
谢惠（字、号、里居、生平未详）	《玉蝶记》（传奇）	见录于祁彪佳的《远山堂曲品》	如此纯钝根，乃以作曲，正似酒肉道学王、谢衣冠耳。漆园叟叹髑髅数折，虽娄之云莱道人者，终不能掩其他曲之陋。（《远山堂曲品·具品》）			
佚名	《南华记》（传奇）	见录于《远山堂曲品》	记漆园叟尚不及《玉蝶》，则其鄙陋更可知矣。（《远山堂曲品·具品》）			

（存逸一亡佚）

217

后　记

丁酉 2017 年距辛酉 1981 年已历三纪，36 年的光阴仅是漫长历史中不足为奇的一瞬，然而它却可以是个体生命里至珍至贵的时光。在扎红之年，终于可以将红色外皮的博士论文变成有正规书号的出版物了。在这个国人忌讳多多的年景中，它的到来为之增添许多亮色和喜气。过往的岁月之所以可贵，是因为在此期间的种种人与事充实、完善了我的生命，是我生命里的美丽机缘，而正是借助这其中的机缘，这本小书才得以呈现于世。

首先，应感谢我的导师王洲明先生。2003 年蒙先生不弃，入于门下攻读硕士学位，继而又承先生提携继续跟随先生读博。此本小书即是此期间的成果。跟随先生学习的六年时光，耗费先生许多心血，而于己却是收获颇为丰厚的。虽然博士毕业已有多年，但先生当年的谆谆教诲犹然宛在耳边。毕业后，先生在事业、生活上仍多有关心，时时加以提点，每于此予心中泫然。希祝先生安康长寿。

其次，应感谢曾经给予我教导和帮助的师友和家人们。在书稿的成形过程中，曾得到母校山东大学和工作单位兰州大学的多位先生的帮助和指导，没有先生们给出的高屋建瓴式的意见，本书的完成将会更加艰难。同时，也要感谢家人对我无私地支持与体谅，给我提供坚强的后盾，于此祝愿家人康乐永远。

再次，应感谢襄助此书出版的种种人与事。前年冬天的一个下午突然接到博士同窗黄继刚同学的电话，说他正跟其胡友峰师兄一起出版系列丛书，出版单位是武汉大学出版社，邀请我加入。在听其侃侃而谈系列丛书的前景里，不禁为之所动，有了附骥之尾的心

218

思。而第二年恰好得到学校中央高校基本科研业务费的支持，从而有今年本书的出版。故于此借此小文一并致以谢意。

白宪娟

2017 年 2 月